信濃の戦国武将たち

笹本正治

宮帯出版社

はしがき

読者の皆さまは「信濃の戦国武将」と聞いて、誰を思い浮かべるのであろうか。信濃（長野県）の場合、盆地ごとに領主が分立し、甲斐（山梨県）の武田信玄《たけだしんげん》（晴信《はるのぶ》。信玄を称するのは永禄二年（一五五九）からであるが、本書では特別な場合を除いて信玄で統一）や越後（新潟県）の上杉謙信《うえすぎけんしん》（長尾景虎《かげとら》、上杉政虎。上杉謙信を名乗るのは元亀元年（一五七〇）からであるが、本書では特別な場合を除いて上杉謙信で統一）のような、国を代表する戦国大名が生まれなかったので、イメージできる武将も関心ある地域などを前提にして、人それぞれと思われる。

江戸時代の初めに書かれ、武田信玄などの動向を伝える本として有名な『甲陽軍鑑《こうようぐんかん》』は、信玄が侵入してくる時期の信濃の四大将として、府中（松本市）の林城（林大城）を根拠にする小笠原長時《おがさわらながとき》、埴科《はにしな》郡坂木（坂城町）の葛尾城《かつらおじょう》を根拠とする村上義清《むらかみよしきよ》、諏方《すわ》郡（戦国時代の一般的表記による）の上原城《うえはらじょう》（茅野市）を根拠地とする諏方頼重《すわよりしげ》、木曽の福島（木曽町）の上之段城《うえのだんじょう》を根拠とする木曽義康《きそよしやす》の四人を挙げている。『甲陽軍鑑』が書かれた時期には戦国時代の信濃を代表する領主として、この四人が意識されていたのである。実際に武田氏が侵入してくる以前の信濃では小笠原氏、村上氏、諏方氏、木曽氏の四氏が際立って大きな領主で、戦国大名への道を歩もうとして、互いに争ったり協力したりしていた。

この四人のうち、戦国時代の木曽（木曽は元来美濃国〈岐阜県〉に編入されていたが、戦国時代の意識としては信濃に属した）において義康より大きな活躍をしたのは、その子義昌《よしまさ》であった。彼は信玄の時代から徳川家康の時代まで生き抜いた。そこで、本書では義康に代えて義昌を取り上げ、近世へのつながりを述べることにする。

この四人はいずれも武田信玄と深い関係を持ったが、戦国時代の信濃においては信玄と上杉謙信が主演男優の位置にいたと言っても過言でない。信州人で四人以上に信玄と最も深い関わりを持った人物に、真田信繁《のぶしげ》（幸村《ゆきむら》で知られる）の祖父にあたる幸綱《ゆきつな》（一般に幸隆《ゆきたか》で知られるが、史料上は幸綱なので、本書では幸綱に統一）がいた。彼は信玄に仕えることによって勢力を大きくし、その子孫が近世大名として育っていったのである。

このために、本書では真田氏の出発点ともいえる真田幸綱とその子昌幸《まさゆき》を加え、六人を中心に置く。同時に地域にはとりわけ武田氏滅亡の頃から、歴史の表舞台に出てくる土豪たちがいる。本書においてはそうした者たちについて最後に触れ、全体として信濃の戦国武将ということにしたい。

なお、戦国時代という時期区分も問題になるが、本書ではだいたい応仁の乱（一四六七〜七七）あたりから、小田原の陣を契機にして、領主たちが関東に移封され、完全に全国支配の中に位置づけられた天正十八年（一五九〇）までを一つの区切りとしたい。

目次

はしがき
第一章　神の血筋 ―諏方頼重― 13
第一節　頼満の諏方統一 15
混乱する諏方／文明十五・十六年の戦乱／頼満と信虎
第二節　信玄と競う 29
襲いかかる自然／信虎の婿／信玄の侵攻
第三節　混乱の果てに 35
桑原城落城／頼重自刃／勝頼と諏方氏／頼重について
第二章　信濃守護の系譜 ―小笠原長時― 47
第一節　同族相争う 49
深志と松尾・鈴岡／長朝と伊奈／諏方氏との関係／長朝と定基
第二節　守護として 58
家督相続／信玄の佐久侵略／武田軍と戦う
第三節　本拠を去る 63

塩尻峠の合戦／松本平放棄／失地回復ならず／流浪の果てに／長時について

第三章　二度も信玄を破る　―村上義清―　77
第一節　根を張る村上氏　79
信濃惣大将／大塔合戦／領域拡大
第二節　戦勝に沸く　83
姿を見せる義清／志賀城陥落／上田原合戦／圧勝砥石合戦
第三節　信濃落去　95
葛尾城落城／川中島合戦／謙信のもとで／義清の墓／義清の文書／復帰ならず／義清について

第四章　信玄を支える　―真田幸綱―　115
第一節　流浪　117
幸綱の出自／上野への逃亡／信玄の動き／謎の多い記録
第二節　信玄とともに　125
信玄に仕える／約束手形／砥石城攻略／存在感を増す
第三節　川中島合戦と幸綱　132
合戦と人質／続く甲越の戦い／伝承の合戦

第四節　幸綱と上野　144
信玄の上野侵攻／箕輪城攻略／駿河に向かって／信玄死す／幸綱について
第五章　表裏比興の者 ―真田昌幸― 157
第一節　家督相続　159
人質から当主に／勝頼を支える／沼田支配の強化／新府城築城と沼田城奪還
第二節　武田家滅亡と家の維持　167
勝頼を見限る／北条から徳川へ／第一次上田合戦
第三節　豊臣秀吉との関係　174
秀吉と結ぶ／秀吉の小田原攻撃／広範な動き
第四節　天下分け目の関ヶ原　181
犬伏の別れ／第二次上田合戦／九度山配流／昌幸について
第六章　武田氏を滅亡に追い込む ―木曽義昌― 191
第一節　義昌の先祖たち　193
木曽氏の系図／疑問の多い出自／戦国時代前期の木曽氏
第二節　信玄に属す　203
武田軍との遭遇／降伏／親族と警戒

第三節　武田氏滅亡　213
長篠敗戦と勝頼／信長に来援を求める／鳥居峠の合戦／安曇・筑摩郡支配
第四節　家康と秀吉の間で　221
信長の死と混乱／貞慶の深志城回復／家康による所領安堵／秀吉と家康／
貞慶の木曽侵攻／木曽支配と移封／義昌について
第七章　武田氏滅亡と地域領主たち　241
第一節　下条信氏　242
信玄の姻戚／勝頼との関係／勢力を築く
第二節　小笠原信嶺　247
注意すべき家／家康の麾下となる／本庄城主として
第三節　保科正直　251
武田の家臣／混乱の中で／秀吉のもとで
第四節　諏方頼忠　257
武田氏の治下で／大名への道
第五節　依田信蕃　262
信濃先方衆／家康を選ぶ／夢半ばで

第六節　須田満親　269
須田氏について／戦国争乱の渦／謙信に属す／松倉城主／海津城代として
第七節　芋川親正　279
境目の防御と芋川一揆／景勝の家臣
第八節　岩井信能　284
上杉家臣として／飯山城主
あとがき

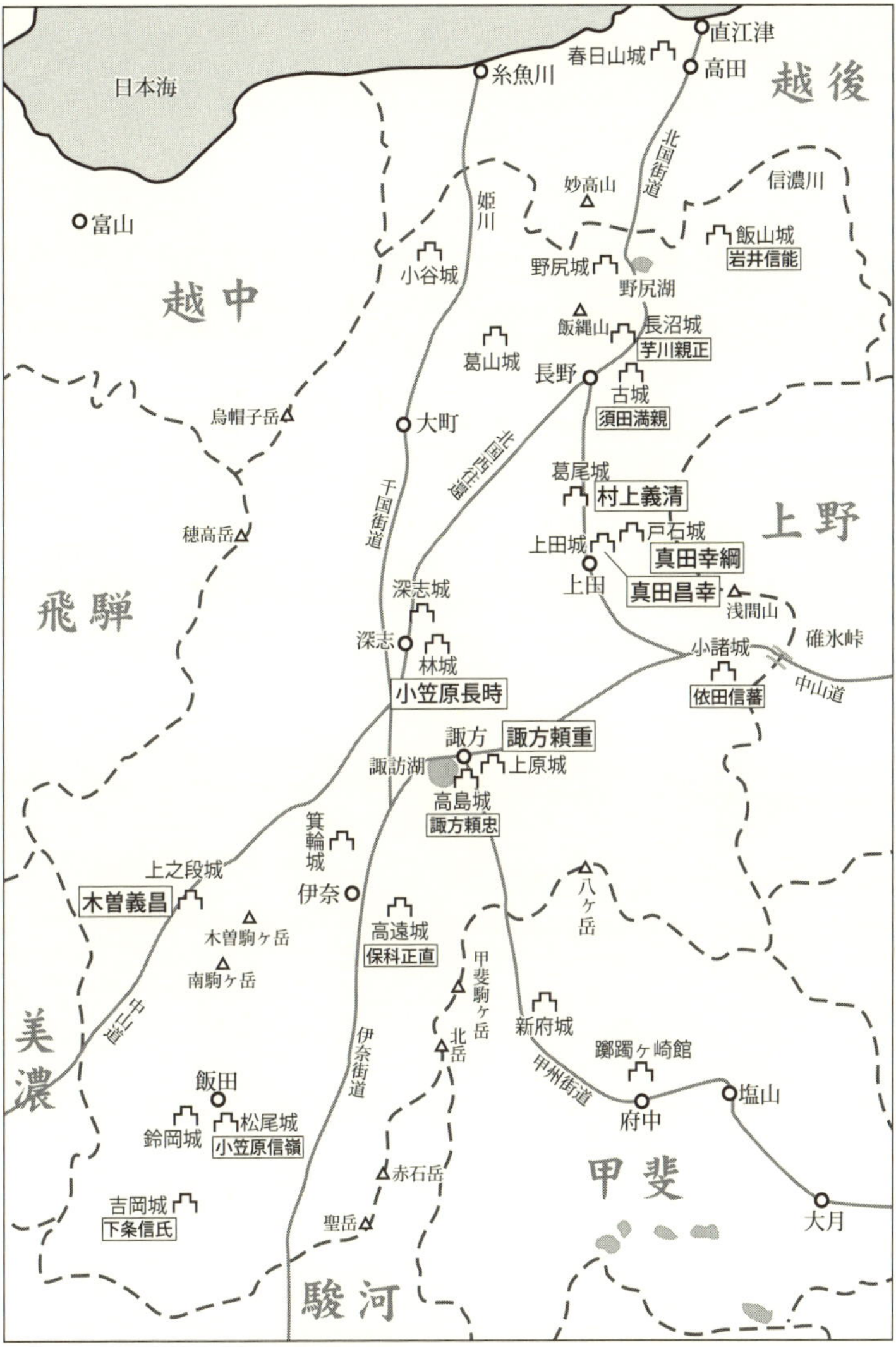

信濃の戦国武将と居城(時期は同じでない)

第一章　神の血筋

――諏方頼重――

武田信玄の父である信虎《のぶとら》と信玄に仕えた高白斎《こうはくさい》（駒井政武《こまいまさたけ》）が記した『高白斎記《こうはくさいき》』（別称『甲陽《こうよう》日記』）によれば、天文十一年（一五四二）七月二十一日の明け方四時頃、甲府の東光寺《とうこうじ》において諏方頼重が自刃した。彼は諏方氏の惣領《そうりょう》として、信濃の戦国時代を代表する武将だった。頼重と深い関わりのあった諏方社上社《かみしゃ》（現在の諏訪大社は上社と下社《しもしゃ》に分かれ、上社は前宮《まえみや》と本宮《ほんみや》、下社は春宮《はるみや》と秋宮《あきみや》とからなっている）の神長《じんちょう》（永禄四年〔一五六一〕より神長官。上社の神官の中で最高位）という地位にいた、守矢頼真《もりやよりざね》が書いた『守矢頼真書留』によれば、頼重の辞世の句は、

諏訪大社上社本宮
（『官幣大社諏訪神社写真帳』より）

おのづ《（自ず）》から　か《（枯）》れは《（果）》てにけり　草のは《（葉）》の　主あらはこそ　又もむす《（結）》はめ

であったという。

信濃の名族として第一に挙げるべきは、諏方社上社の大祝《おおほうり》（生き神）を勤めた諏方氏であろう。諏方氏は中世において、長男が世俗統治の中心者たる惣領職《そうりょうしき》（一族を統率する権限とそれに伴う利益）を握り、弟が宗教面の中心者になる大祝職（十四世紀の半ば頃に書かれた『諏方大明神画詞《すわだいみょうじんえことば》』

によれば、諏方大明神が初めて垂迹《すいじゃく》（仏・菩薩が人々を救うために仮に日本の神の姿をとって現れること）した時、御衣を脱いで八歳の童男に着せ、大祝と称させ、自分は体を持たないので、祝をもって体とすると神勅があったとする）に就任していた。

そんな彼が、なぜ諏方を離れて甲斐で自刃しなければならなかったのであろうか。最初に信玄によって殺された諏方頼重を取り上げたい。

第一節　頼満の諏方統一

混乱する諏方

戦国時代というと、一般には応仁元年（一四六七）の応仁の乱、あるいは明応二年（一四九三）に起きた足利《あしかが》将軍廃立事件（明応の政変）から始まり、永禄十一年（一五六八）の織田信長入京、もしくは元亀四年（天正元年。一五七三）に室町将軍足利義昭《よしあき》が信長によって追放されたのをもって終わりとされることが多い。

ところが、信州では応仁の乱以前から地域の有力者たちが互いに争い、戦国の様相を呈して

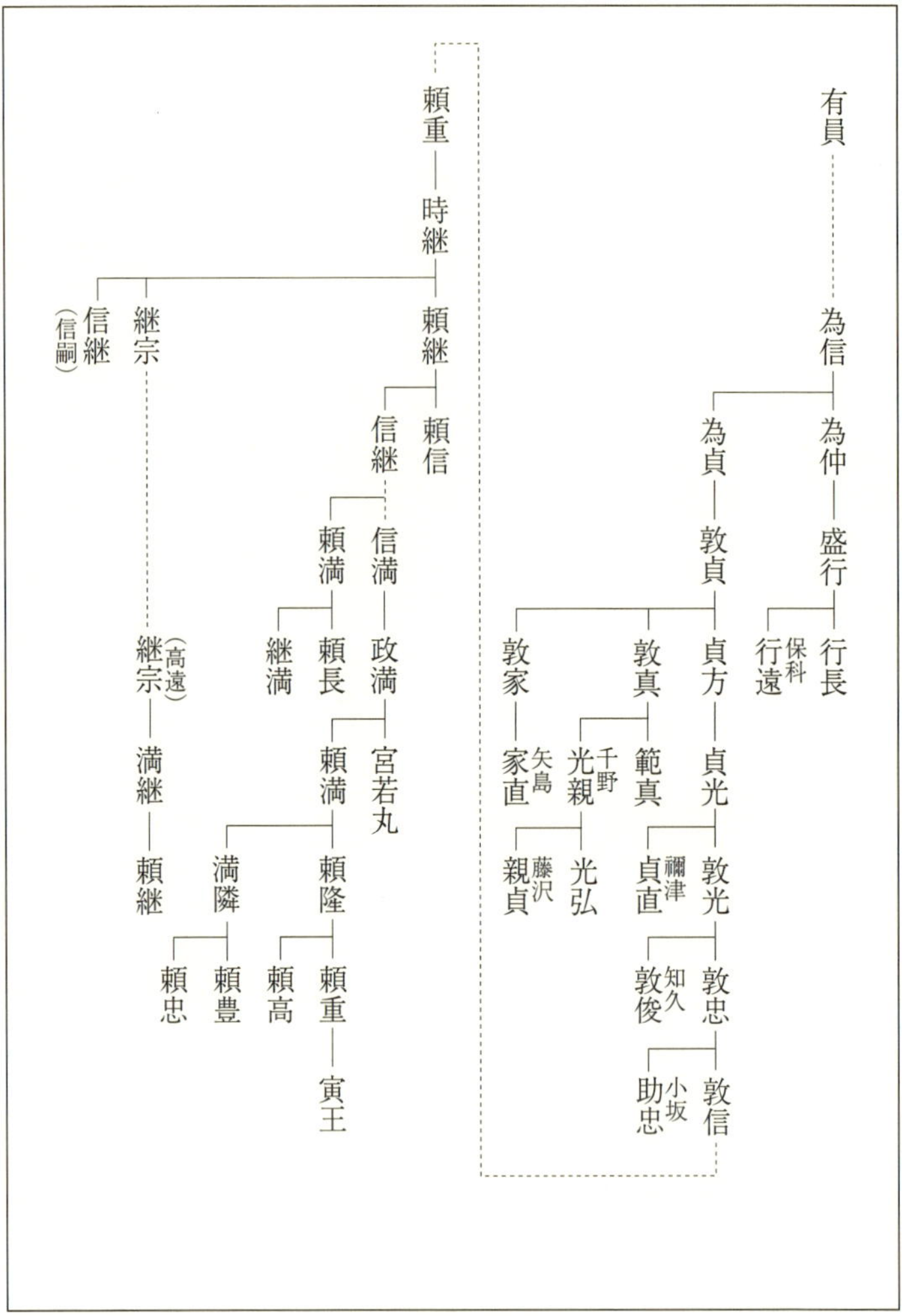
有員
為信
為仲
盛行
行長
保科
行遠
為貞
敦貞
貞方
貞光
敦光
敦忠
敦信
禰津
貞直
知久
敦俊
小坂
助忠
敦真
範真
千野
光親
光弘
藤沢
親貞
敦家
矢島
家直
頼重
時継
頼継
頼信
信継
信満
政満
宮若丸
頼満
頼長
継満
頼満
頼隆
頼重
寅王
頼高
満隣
頼豊
頼忠
継宗
（高遠）
継宗
満継
頼継
信継
（信嗣）

諏方氏略系図

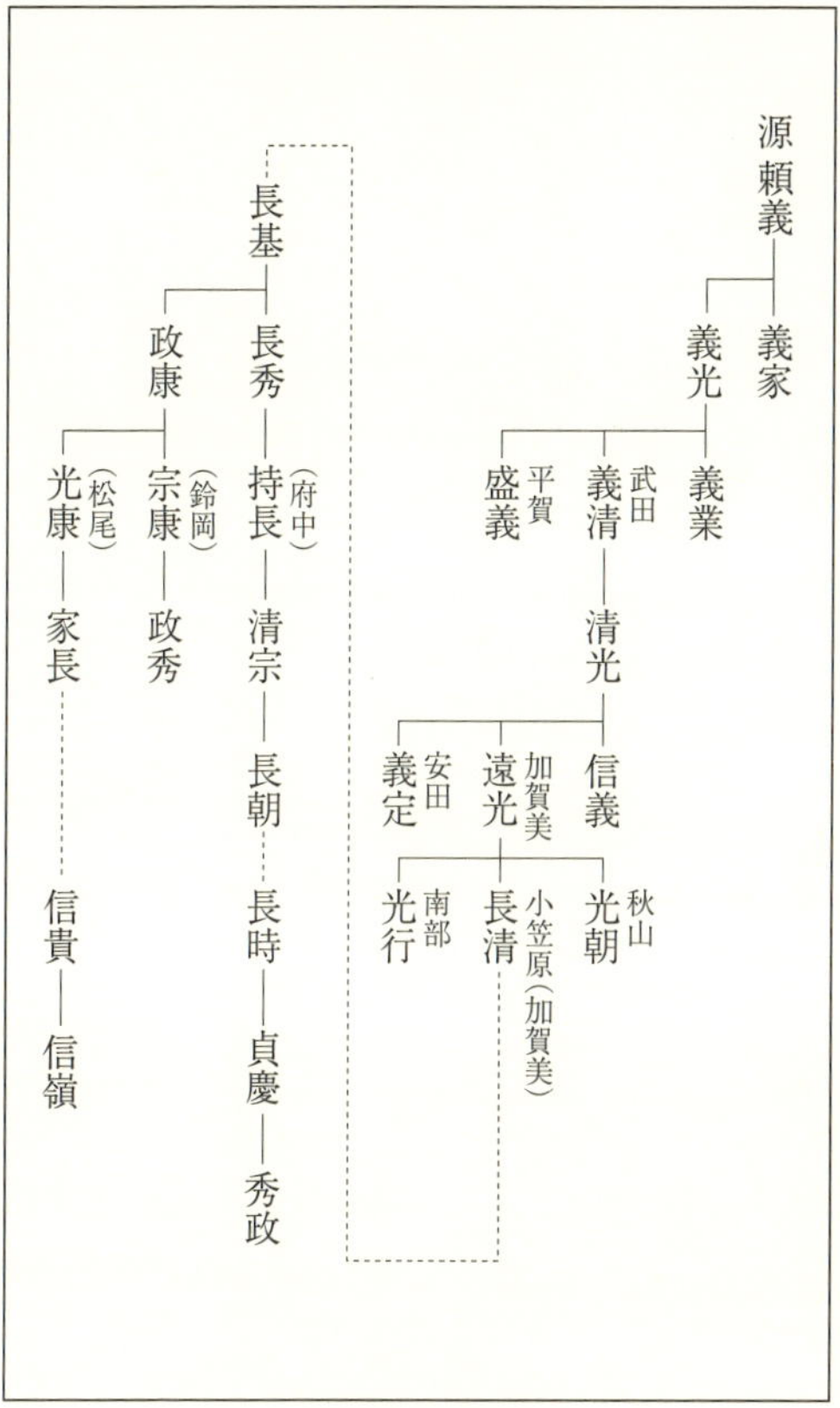

小笠原氏略系図

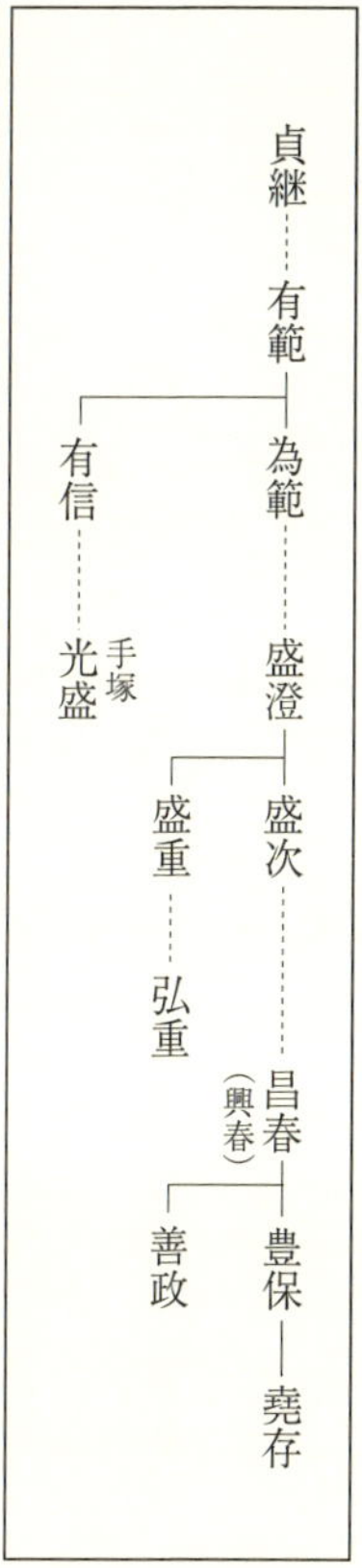

金刺氏略系図

いた。たとえば、諏方では長らく上社の大祝を勤めてきた諏方氏と、下社の大祝を勤めてきた金刺《かなさし》氏が争ってきた。また、諏方氏の内部でも惣領家と大祝家との争いが続いた。

応仁の乱が始まる前年の寛正七年（文正元年。一四六六）三月五日、先の大祝頼長《よりなが》の舎弟継満《つぐみつ》が十六歳で大祝に即位した。彼の父は頼長の前

安国寺（茅野市）

諏訪大社下社秋宮神楽殿
（大正7年頃・『官幣大社諏訪写真帳』より）

に大祝を勤めた頼満《よりみつ》だった。継満は文明十一年（一四七九）九月五日、高遠《たかとお》（伊那市）の高遠（諏方）継宗《つぐむね》とともに伊賀良庄《いがらのしょう》内の島田（飯田市）に出兵して、鈴岡城《すずおかじょう》（飯田市）に拠る信濃守護の小笠原政秀《おがさわらまさひで》を支援した。政秀は従弟《いとこ》にあたる松尾城《まつおじょう》（飯田市）の小笠原家長《いえなが》や、又従兄にあたる府中（松本市）の小笠原清宗《きよむね》と戦っていたので、彼に荷担することで利益があると考えたのであろう。

　文明十二年二月六日夜、下社の金刺興春《かなさしおきはる》や塩尻《しおじり》（塩尻市）の者など十二人からなる悪党が、安国寺《あんこくじ》（茅野市）近くの大町大橋詰（茅野市）に南風に乗じて火を放って略奪を行い、多くの人を殺傷した。黒煙の内に人々が泣き叫び、天地は震動したという。それから一カ月後の三月五日、小坂《おさか》御頭祭の当日にもまた悪党が西大町に火を付けた。南風が凄まじく吹く中だったため、上社前宮の神原《ごうばら》（上社大祝の始祖と伝えられる有員《ありかず》が職について以来、前宮が大祝代々の居館だった。居館は神殿《ごうどの》と呼ばれ、周辺が神原といわれた）に群集していた上下諸人・道俗男女は、それぞれ宿に置いた衣装・太刀・具足が気になって神原を乱れ出た。このため前宮大御門戸内の四目懸鳥居の付近では死人が数知れず出て、踏み殺され、切り倒され、太刀・刀・衣類をはぎ取られた。その死人の上を道として歩いた。西大町は焼け崩れ、黒煙が虚空に漂った。鬨《とき》の声が震い、社参の人々を射殺し切り伏せ、泣き喚《わめ》く有様は、仏法および仏教徒を護る帝釈天《たいしゃくてん》の修闘《しゅうとう》でさえもどうしてこれに勝ることがあろうかというほど悲惨であった。

同年八月十二日、継満は政秀とともに松尾の小笠原家長を伊賀良に攻め、その後諏方へ帰って、九月十九日に上社大祝の位に復帰した。現人神《あらひとがみ》である大祝は、諏方郡を離れてはならないとの鉄則があったため、伊奈郡（戦国時代の一般的表記による）出陣にあたって大祝の地位を離れ、諏方に戻ってから再び就任したのである。ちなみに、継満が大祝職から離れていた間は、弟（『神氏系図』によれば高家《たかいえ》）が大祝になっていた。

九月二十日には府中の小笠原清宗の子の長朝《ながとも》が、諏方氏と深い関係にあった山家谷《やまべだに》（現山辺。松本市）の山家光家《みついえ》を攻め、山家孫三郎を討ち取った。光家は仁科盛直《にしなもりなお》や西牧満兼《にしまきみつかね》と同心して長朝に背いたからであった。

翌年、諏方惣領職にあった政満《まさみつ》は山家光家を助けようと四月十九日に真志野《まじの》（諏訪市）まで軍を進め、四月二十三日に府中に到着した。そして、大町（大町市）の仁科氏や香坂《こうさか》氏などとともに和田城（松本市）を攻撃した。その後、小笠原氏と諏方氏の間に和議が成立し、政満の兵は五月六日に凱旋した。

高遠継宗は文明十四年六月、諏方から高遠への入り口にあたる藤沢（伊那市）に勢力を持つ藤沢貞親《さだちか》などと争った。諏方政満は七月二十九日に千野《ちの》入道（大熊城〔諏訪市〕主とされる）や保科《ほしな》氏一族などとともに高遠へ向かい、加わった藤沢氏の兵と一緒になって、翌日笠原（伊那市）で継宗および笠原氏などの軍と戦い勝利した。ところが、八月七日になると先に手を結んでいた藤沢氏と保科氏とが反目して、保科氏が藤沢城を取った。この際、政満一門は藤沢氏に味方した。府中の小笠原長朝も十五日に藤沢氏を支援して出兵した。藤沢・小笠原の連合軍は十七日（『諏訪御符礼之古書《みふれいのこしょ》』では二十日）に山田城（伊那市）を攻めたが、府中勢十一騎、藤沢勢五騎が討ち死にして敗れた。

文明十四年、諏方郡内には夜討ちや物取りが横行したために、人々は夜になると甲冑を身に着けて用心せざるを得なくなった。治安が悪かっただけでなく、自然も人々に襲いかかり、五月二十五日から大雨が降り、晦日《みそか》（二十九日）には大洪水となって、大町・十日市場・安国寺（茅野市）等の集落を押し流した。栗林南方・同北方（茅野市）は田畑作物一切が押し流され、人や牛馬、家屋も流され、人々は泣き叫んで安国寺の後ろの城山（干沢《ひざわ》〔樋沢〕城。上社前宮の東隣に位置する山城。茅野市）に逃れようとしたが、安国寺から大川の水が増して流されて行方不明になった。男女とも子供や財宝などを捨て、我先にと逃げる有様は、どんな合戦でもこれほどのことはないだろうと思うほどであった。万民が肝を冷やし、大町は湖の底になった。一連の雨によ

水害によって瓦礫の広場となったという安国寺周辺（茅野市）

り十日ばかり人馬の出入りが絶えた。
同年閏《うるう》七月二十五日と二十六日に大暴風雨となった。いったん止んだが、二十六日の夜また大暴風雨となった。一連の雨により大洪水となり、五日市場・十日市場・大町などが大海のようになった。数度の大水によって作物はことごとく流れ、田の面は変じて瓦礫《がれき》の広場となってしまった。
このように、戦国時代に諏方は度々の大水害に見舞われていた。自然災害は諏方地方だけを襲っていたわけではなかった。周辺諸国とも災害のために食糧が不足し、治安も不安定だったのである。

文明十五・十六年の戦乱

上社の大祝家と惣領家との力関係は、一族の統率権を握っていた惣領家の方が強かったので、大祝の継満は不満を持っていた。文明十五年（一四八三）正月八日、継満たちは一気に有利に立とうとして、政満と嫡子宮若丸《みやわかまる》等を前宮の神殿に招き、食事を饗して安心させ、伏せて置いた兵をもって不意打ちにして殺した。『守矢満実書留』は「死人切り臥せ置かれ、我が身血と成り、死人を挟み給う有様、当社大祝とは申し難し」と評している。

　惣領家側の反撃が予想されたので、継満は十五日に身の安全を守ろうと干沢城に立て籠もった。けれども二月十九日(西暦で四月五日)の夜、惣領方の矢崎政継《やざきまさつぐ》・千野入道の子孫・有賀氏・小坂氏・守矢満実などの攻撃を受けて、継満や兄弟たちは城を捨てて逃げたが、重病に冒されていた父の頼満が討たれた。当日は雨風が激しく寒気が甚だしかったため、逃げた者のうち老翁・老母・稚児が凍死した。現在の四月上旬に凍死者が出るほど寒かったことも、この当時の気候異常の一端を示している。

上社前宮付近から見た干沢城(茅野市)

　下社の金刺興春は上社側の混乱に乗じて、宿敵の諏方惣領家を滅ぼそうとした。三月十九日、継満を支援した興春は百騎ばかりを率いて、諏方氏の領する高島城(茶臼山城。諏訪市上諏訪桜ヶ丘。現在の高島城が築かれる以前のもので、天守閣が復元されている高島城とは場所が異なる)を陥れ、上桑原・武津《たけつ》(諏訪市)まで焼き払った。攻め込まれた諏方惣領家勢は矢崎政継など十七騎が迎え撃って、下社勢三十二騎をはじめとして多くの者を討ち取り、二十一日に勢いに乗って下社を焼き払った。この時、諏方氏に味方していた府中の小笠原長朝は、下社の社領であった小野・塩尻(塩尻市)を横領した。このために三月の祭礼はことごとく行われず、花会《はなえ》祭礼も五月会もなかった。

継満は翌年五月三日、小笠原政秀・高遠継宗等の支援を受けて惣領家を滅ぼそうと、伊奈勢三百騎を率いて杖突峠《つえつきとうげ》(伊那市と茅野市の境)を下って、前宮に近い磯並《いそなみ》前山(茅野市)に陣取り、六日には片山の古城に陣を置いた。このため干沢城に立て籠もった惣領方は一時期劣勢となったが、小笠原長朝が安曇《あづみ》・筑摩《つかま》両郡の大軍を率いて救援に来てくれた。詳細な結果は不明であるが、継満等の敗戦となったようである。

上社ではこの戦乱によって大祝が不在になったため、文明十六年十二月二十八日、政満の第二子宮法師丸師継《もろつぐ》が五歳で大祝に就任した。この宮法師丸こそ後に安芸守頼満《あきのかみよりみつ》、入道して碧雲斎《へきうんさい》と称し、諏方の統一をはかる人物で、本章の主人公頼重の祖父にあたる。ここに諏方社上社の祭礼を司る大祝職も惣領家の手に帰し、祭政一致となった。

大祝の住んだ上社前宮拝殿(茅野市)

延徳四年(一四九二)、真志野《まじの》(諏訪市)の田中方に質として置かれていた具足と上原重代の太刀を、夜盗が奪った。また、諏方社上社の神使《おこう》の装束が法華寺(諏訪市)から夜討ちに盗られてしまった。

当時は夜盗が跋扈《ばっこ》し、お寺の中に保管されていた諏方社の神事用の衣装まで盗まれるような、混乱した社会であった。このため、自らの身は自らで守らねばならない、自力救済の時代だった。

頼満と信虎

諏方頼満は永正十五年（一五一八）十二月十八日の夜、下社の大祝である金刺昌春《まさはる》を萩倉城《はぎくらじょう》（下諏訪町）で攻め破り、諏方郡を制圧した。

この頃、隣国の甲斐では武田信虎《のぶとら》が国内をほぼ統一しようとしていた。すなわち、永正四年（一五〇七）二月十四日に守護の武田信縄《のぶつな》が没し、跡を嫡男の信虎が継いだ。彼は叔父で大きな勢力を有していた油川信恵《あぶらかわのぶよし》（信縄の弟）を永正五年十月四日に倒し、政権を強固にした。

武田信虎像（大泉寺蔵）

信虎は永正十六年八月十五日に躑躅ヶ崎《つつじがさき》（甲府市。現武田神社）に館を築造したが、これが現在の甲府の出発点となった。翌年、信虎はいざという時に備え、館の北方に逃げ込むための山城、要害城《ようがいじょう》を築いた。

しかし、甲斐にもまだ平和は訪れなかった。大永元年（一五二一）九月十六日には駿河（静岡県）から侵攻した福島正成《くしままさしげ》が富田城《とだじょう》（南アルプス市）を落城させたため、信虎夫人は身の安全をはかって要害城に避難した。それから一月後の十月十六日、信虎の軍勢は荒川ほとりの飯田河原の戦いで福島軍を破った。それから間もなくの十一月三日、夫人は避難していた要害城麓の積翠寺《せきすいじ》（甲府市）で信虎の嫡男を産んだ。その赤子こそ後の武田信玄である。同月二十三日に信虎軍は荒川の上条《かみじょう》河原（甲府市）で駿河勢に勝利し、正成を討ち死にさせた。大敵を破ったことにより、信虎の甲斐における求心力は大きくなった。

　大永三年六月十日、信虎が信濃の善光寺（長野市）に参詣した。わざわざ信濃まで出かけたのは、単に信仰のためだけでなく、信濃侵略の下準備の意図もあったかもしれない。ちなみに、この年は大飢饉が富士山北麓《ほくろく》を襲っており、甲斐全体が食糧難の中での信濃行きであった。

武田氏館跡の堀（山梨県甲府市）

　大永五年四月一日、「諏方殿」は甲府へ行って信虎に住居を求め、その望みが叶って大喜びをした。この諏方殿は頼満に追われた下社の金刺昌春ではないかといわれている。下社に関わる者が信虎の庇護を受けようとしたことにより、諏方での争乱に信虎を呼び込んでしまったのである。信虎にとっては、諏方に進出する絶好の口実が自ら飛び込んできたのだった。

　大永六年六月十九日、室町幕府の将軍足利義晴《あしかがよしはる》は信虎を上洛させ

木曽義元像
（定勝寺蔵・長野県立歴史館提供）

ようとして、関東管領《かんとうかんれい》上杉憲房《のりふさ》の子の憲政《のりまさ》と諏方上社大祝《おおほうり》、木曽義元《よしもと》へ、等閑《なおざり》にせず申し合わせるようにと命じた。信虎の勢力は将軍も意識するほど大きくなったのである。同時に諏方氏、木曽氏が当時の信濃で特別な存在になっていたことがわかる。

大永七年、佐久郡前山《まえやま》（佐久市前山）の伴野《ともの》貞慶《さだよし》は周辺の土豪たちと争い、助けを信虎に求めた。信虎が同年六月三日に出陣しようとしたが、貞慶は敵と和睦した。その後七月八日、信虎は再び善光寺に参詣し、十七日に甲府へ帰った。

大永八年（享禄元年。一五二八）五月中旬、甲斐を大洪水が見舞い、多くの田畑の作物が損なわれた。ところが、六月から八月にかけては一転して大日照りとなって人々が苦しんだ。そんな中、信虎は八月二十二日に信濃と甲斐の国境へ軍を進め、轟木《つたき》の郷（富士見町）の小東の新五郎屋敷を城に取り立て、二十六日に青柳《あおやぎ》（茅野市）の下の「シラサレ山」（茅野市）に陣を構えた。甲斐国内が窮乏すればするほど、守護として信虎は食料などを他に求めざるを得なくなり、また国民の不満をそらすためにも他国侵略をするしかなかったのである。

頼満と嫡子の頼隆《よりたか》は武田軍を迎え撃ち、晦日に神戸《ごうど》と堺川《さかいがわ》（ともに富士見町）の二カ所で一日

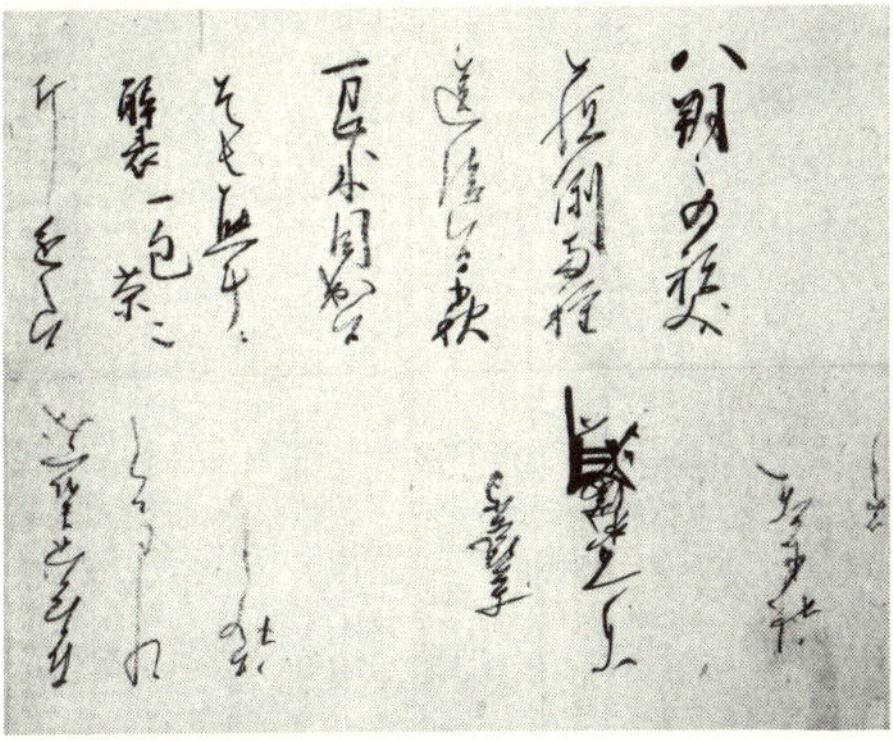

諏方頼満書状（個人蔵・神長官守矢史料館 提供）

に二度の合戦となった。諏方勢は朝に行われた神戸での合戦で敗れたが、晩の堺川の合戦で雑兵二百余人を討ち取る大勝利を挙げた。朝の合戦の勝利で油断していた武田勢に夜襲をかけて功を奏したのであろう。

享禄三年（一五三〇）四月、頼隆は病に罹《かか》り、十八日に三十二歳で亡くなった。

享禄四年正月二十一日、甲斐では栗原兵庫・飯富《おぶ》虎昌《とらまさ》らが信虎に背いて御岳《みたけ》（甲府市）に退去し、獅子吼城《ししくじょう》（江草城《えぐさ》、浦城。北杜市）を根拠とした今井信元《いまいのぶもと》（浦信元）も彼らに荷担した。彼らから支援を求められた頼満は、甲斐に攻め入って韮崎《にらさき》（山梨県韮崎市）に陣取り、四月十二日に塩川の河原（同）で今井・栗原・飯富とともに武田軍と戦ったが、約八百人を討ち取られ大敗した。

天文元年（一五三二）九月、諏方氏の支援によって今井信元が再び挙兵したので、信虎は甲斐国の人々を集めて獅子吼城を攻撃し、降参させた。現在の山梨県南都留郡富士河口湖町にある常在寺《じょうざいじ》の僧侶が書き綴った記録をまとめた『勝山記《かつやまき》』（その別本が『妙法寺記《みょうほうじき》』）によれば、これによって甲斐国は「一国御無異《ごぶい》」という状態になった。信虎は諏

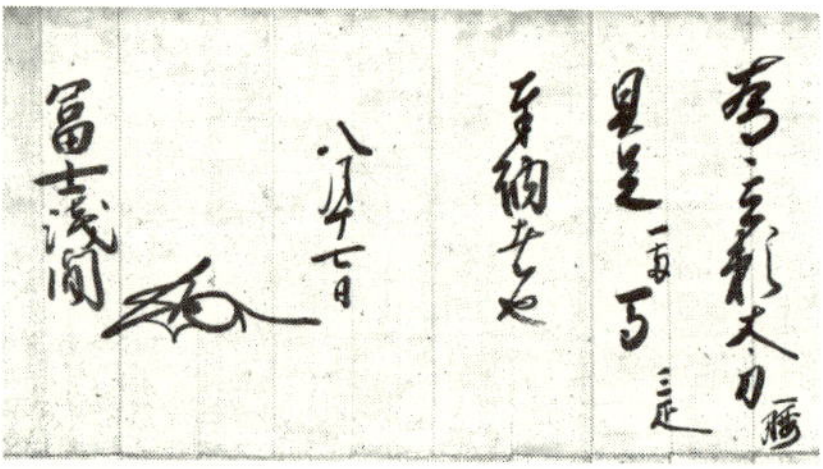

武田信虎判物（個人蔵・静岡県立中央図書館歴史文化情報センター 提供）

方氏の来援を他国からの侵略として位置づけ、甲斐の住民の心を一つにして信元を攻撃したのであろう。他国からの侵略を梃子《てこ》にして、甲斐は信虎のもとで統一されたのである。

天文四年九月十七日、頼満は信濃諏方郡と甲斐巨摩《こま》郡の境にある堺川《さかいがわ》（川の名前。現在の立場川《たつばがわ》）まで出張して、上社の神長を勤める守矢頼真が宝鈴《ほうれい》（鉄鐸《てつたく》で、三組現存する。メガホンの形をし六個一連で一組。誓約の場に神が立ち会う証として鳴らされた）を鳴らす中で、信虎と和睦した。頼満はこれによって武田氏から攻撃を受ける脅威が無くなり、信虎と自分が同格だと広く諏方郡内のみならず他国にまで示すことができた。頼満は急激に力を付けてきた信虎と戦うよりも、協力して信濃国内で勢力を広げた方が良いと判断したのであろう。頼満にとって和平は、成し遂げた諏方郡統一の証明ともいえた。

一方、信虎はこの年六月、今川氏を駿河に攻めたが、八月に至って甲斐都留《つる》郡山中で今川を救援した北条勢のために敗北を喫した。信虎は南と東の今川氏・北条氏に対処するため、背後を固めようと諏方氏との和睦をはかる必要があったのである。

翌年正月十七日、信虎の子太郎が従五位下に叙せられ、三月には元服し、将軍義晴の偏諱《へんき》

（将軍や大名が自分の名の一字を与える）を受けて晴信と名乗り、七月には三条公頼《きんより》の娘を娶《めと》った。後の信玄である。

第二節　信玄と競う

襲いかかる自然

頼重は天文六年（一五三七）二月二日、大将として初めて信濃守護であった小笠原長棟《ながむね》（長朝の子）の所領である塩尻（塩尻市）に攻め入り、赤木（松本市）・吉田（塩尻市）まで放火した。その後、十月十三日に塩尻の城を攻め、陥れた。諏方氏が松本平に攻め込んだのには、当時府中の小笠原氏と争っていた山家氏を救援する意味があった。

頼重は天文七年二月三日にそれまで勤めていた大祝の位を去り、弟の頼実《よりざね》が十一歳で大祝に就任した。同年十月十三日、小笠原長棟は府内における戦争が思うようにならないと上社に神鷹を二羽奉納した。神鷹や神馬の奉納には引き出物を出さないのが通例であったが、この時には白鍔《しろつば》の太刀を一腰出した。こうしたこともあって、頼重は天文八年六月二十六日に至って長棟と和談し、府中のある筑摩郡への進出を諦め、佐久・小県《ちいさがた》郡方面を次の目標に切り替えた。

鎌倉の鶴岡八幡宮の再建事業に従事した快元《かいげん》の造営日記『快元僧都記《かいげんそうずき》』によれば、天文八年八月十七日に諸国で大雨が降り、洪水が襲ったという。諏方も災害に見舞われていたであろう。

諏方を統一した頼満は天文八年十一月十三日に背中に腫《は》れ物《もの》ができたのがもとで、十二月九日に六十七歳で没した。上下とも諏方の人々が彼の死を惜しむことは、言いようもないくらいであった。嫡子頼隆は十年前に死去していたので、頼隆の嫡子で頼満の孫にあたる頼重が、二十四歳で諏方の家督を継いだ。いよいよ本章の主人公、頼重の時代に入ったのである。

すでに見てきたように、諏方氏内部の争い、そして下社との戦い、さらには武田氏との合戦など、諏方家の家臣たちは連年戦争にかり出されており、肉体的にも経済的にも疲労が蓄積していた。当然、戦争のための資金は領域の百姓たちの肩に重くのしかかっており、諏方の住民たちも疲弊していた。そんなところに、自然災害が来襲し、人々はさらに苦境に陥った。

頼満が亡くなった直後の十二月十四日(一五四〇年一月一日)・十五日と大雨が降って、諏方の橋はすべて流れ、西東の通路も止まった。十五日の夜に水も引き、天気もよくなったので、十六日に予定通り頼満の荼毘《だび》(火葬)が行われ、府中や伊奈の神家・源家といった関係者がたくさん集まった。しかし、小笠原長棟は高遠(諏方)頼継《よりつぐ》との関係が悪かったので一緒にいるのが悔しいと、次の日の十七日にやって来た。

天文九年八月十一日、諏方では夕方六時頃より南からの大風が吹き始め、八時頃いったん収まったものの、九時頃よりさらに強い北風となり、深夜十二時頃まで続いた。このため宮々の木々は吹き折れ、諏方上社の鉄塔(弘法大師が入唐した時「南天鉄塔」〔密教の根本秘伝を蔵した塔〕の口伝を耳にし、帰朝して高野山に鉄塔を建て、諏方に巡錫《じゅんしゃく》の折に上社にも鉄塔を建てた。その後、源頼朝《みなもとのよりとも》が再興したという伝説がある石の塔)も半壊するほどだった。磯並社《いそなみしゃ》(茅野市。上社では本宮、前宮に次ぐ社)の宮木は四十本も根から倒れた。この風は五百年前の「シハマクリ」風(「芝捲り」で、芝をもまくり上げるほどひどい風の意味か)より強かったのではないかといわれた。風だけでも五百年に一度と目されるほどの規模だったのである。しかも、風が鎮まった後に洪水が襲い、大町では家が十ばかり、人も三人流された。大水は五十年前のものより出たという。当然この災害は諏方だけを襲ったのでなく、信濃・甲斐の広い地域に被害を与えていた。

打ち続く戦争に加えて自然災害が襲ったことで、人心は不安の極に達した。天文九年十一月八日午後十時頃には諏方上社の神殿が夥《おびただ》しく三度鳴動し、翌年三月には上社上坊の裏にあった立石が鳴動した。当時は社殿など聖なる場所の鳴動は、よくないことが起こる予兆だと社会的に理解されていた。諏方氏が大祝を勤める上社の鳴動は、諏方地域の人々にとって諏方氏存亡の危機を告げているように感じられたことであろう。災害が続く中で、諏方上社が鳴動したことによって、諏方の住民は極度の不安に陥った。

信虎の婿

頼重は天文九年三月十四日より風邪に冒され、二十三日から二十五日にかけて危険な状態に陥ったが、二十五日の晩より持ち直し、その後全快した。

五月から武田信虎の佐久郡への侵略が始まり、一日に城を三十六も落とすという疾風怒濤のごとき勢いを見せた。頼重もこの作戦に参加していたようで、七月に長窪（長和町）を知行した。十一月二十九日、上原城の頼重のもとへ信虎の娘（信玄の妹）である禰々《ねね》が嫁いできた。頼重は五月の佐久侵入以前に信虎の娘と婚約することによって、武田氏とのつながりを強化していたのである。ちなみに、『二木家記《ふたつぎかき》』（『寿斎記《じゅさいき》』。近世初頭に小笠原秀政《ひでまさ》の家臣であった二木寿斎（重吉）がまとめた記録）や『小平物語《こだいらものがたり》』（貞享三年（一六八六）に伊那郡東箕輪村の漆戸（小平）向右衛門が書いた）によれば、信玄の妹を人質にする代わりにと、頼重の息女が甲府に送られたという。彼女が勝頼の母であろう。

上原城跡遠望（茅野市）

信虎の婿となった頼重は十二月九日、甲府へ行き、十七日に信虎が諏方を訪れるなどして、両家の関係が親密になった。十一月にも富士山の麓を大風害が襲い、災害は引き続き甲斐や信濃を襲っていた。

天文十年五月、頼重は村上義清とともに、武田信虎に協力するため海野《うんの》（東御市）へ出張し、海野・禰津《ねづ》氏らを攻め、十三日に尾山（上田市）を落とし、翌日海野平に禰津元直《もとなお》を破った。その戦いのさなか大雨が降り、近年にないほどの洪水になったので、同じ神家の一族だからと、頼重は禰津氏を本拠地に帰してやった。

同年八月十一日には甲斐・信濃を台風が襲い、大きな被害を出した。災害の頻発は住民たちから食べるものを奪い、飢饉をもたらした。

信玄の侵攻

天文十年六月十四日、信濃から帰ったばかりの信虎が娘婿である駿河の今川義元《いまがわよしもと》のもとへ赴くと、信玄は父が帰国できないようにして、武田の家督を握った。一般的には信虎が次男の信繁《のぶしげ》を偏愛したので、信玄が先手を打ったのだとされる。しかし、若い信玄に家臣をまとめ上げて当主を追放するほどの統率力も経験もあるはずがなく、信虎に反発した家臣たちが主導し、信玄はその旗印にされたのであろう。諏方家と武田氏の関係を良好なものにしてきた信虎が武田氏を追われたことで、両家のつながりも新たな段階に入った。

信虎の連年に及ぶ戦争で、甲斐の住民は「皆々迷惑至り候」（『勝山記』）という状態だった。そ

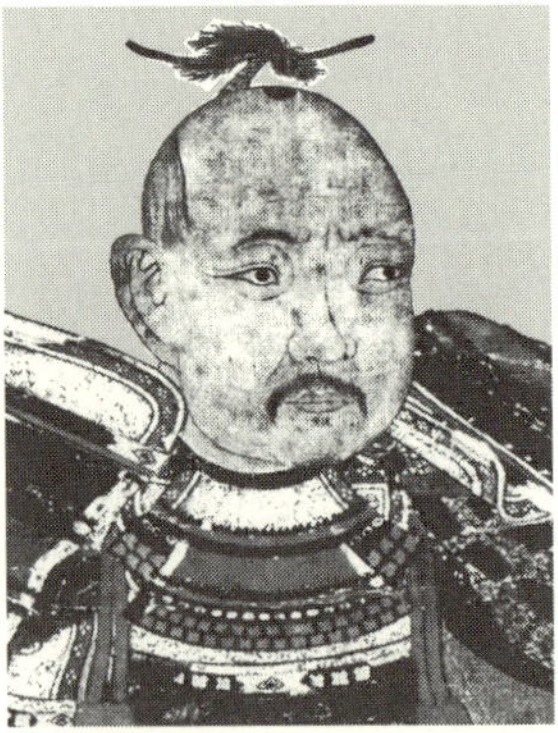

武田信玄像（伝吉良頼康像）
（東京某寺蔵）

れに加え、甲斐も連年自然災害に見舞われていたので、戦乱と自然災害にいかに対処していくかは、家督を継いだ信玄の最大の課題になった。信玄は食糧などを求めて、また家臣たちにより多くの所領を与え、満足感を植え付けるためにも領域を拡大させねばならず、父以上に信濃への侵略を強化していく必要があった。

そこで、信玄は諏方を侵略目的地とし、諏方頼重と戦う道を選んだ。信玄は、頼重が信濃でも強大な領主の一人であり、さらに勢力を強めようとしていたため、遅からず衝突せざるを得ないとして、これ以上強力になる前に戦うことが得策と判断したのであろう。そして、諏方の地が手に入れば、ここを根拠として信濃全域を傘下に置くことも可能になる。

これより先、諏方一族の高遠頼継はまだ頼重の惣領職の立場が盤石でないとして、諏方惣領職を狙った。高遠氏は南北朝時代に諏方頼継が兄でありながら諏方の惣領職を継がず、祖となってできた氏であった。諏方氏の惣領職を弟の信継が継ぎ、その子孫がそのまま受け継いでいたので、高遠氏には自分たちが惣領職を継ぐべきだとの意識があった。高遠頼継の祖父にあたる継宗は、文明十四年（一四八二）以降、たびたび諏方氏と戦った。そして、頼継も頼重と対立して、その地位を取って代わろうとして、信玄と結びついたのである。

諏方上社の神官の内部にも不和があった。神長の守矢頼真の書いた『守矢頼真書留』によれば、先の禰宜《ねぎ》の矢島満清《やじまみつきよ》は信玄と頼重の間を隔て、高遠頼継と結びついた。さらに頼満の代に劣勢に立たされた下社の金刺氏などの勢力は、諏方氏による諏方支配を快く思わず、足元をすくってやろうと目論んでいた。

頼重の知らないところで、信玄はこうした反諏方氏の勢力と密かに手を結んでいたのである。

第三節　混乱の果てに

桑原城落城

天文十一年（一五四二）四月四日、頼重は信玄の妹である禰々との間に嫡子寅王《とらおう》（後に千代宮《ちよみや》という）を授かった。寅王は同年六月十一日に諏方上社の遷宮があった際、初めて同社にお宮参りをした。父親として頼重は喜んだことであろう。

それからわずか十三日後の六月二十四日夕方六時頃、頼重は居城の上原城で突然、信玄・頼継・下社に関係する人々が一緒になって攻めてくるとの情報を得た。親族が攻め込んできたことが予想外で、真偽が不明だったため、頼重は何の対応策もとらずに、二十八日まで空しく四日間を過ごした。天文四年に神に誓って諏方氏と武田氏は和議を結んでおり、子供を産んだばかりの妻の兄が攻めてくるなどと夢にも思わず、茫然自失の状態になっていたのであろう。

二十八日の夜十時頃、ようやく事実が明らかになったので、頼重は重い腰を上げて法螺貝《ほらがい》や鐘を鳴らし、人を集めようとした。諏方上社の神長守矢頼真も早速具足を着けて上原城へ移ったが、その時城内では頼重の近衆（近習。主君のそばに仕える者）が三十人ばかり具足を着けていただけであった。頼重だけでなく家臣たちも緊張感に欠けていたのである。やがて家臣たちや諏方一族が駆け集まってきたが、この夜に攻撃はなく、翌日も敵の姿が見えなかった。一方、武田勢はこの日すでに御射山《みさやま》（富士見町・原町）に陣を張っていた。

七月一日、諏方勢は矢崎原・犬射原《いぬいばら》（茅野市）まで出陣し、長峰・へたか馬場（茅野市）方面へ偵察の兵を派遣した。彼らの報告によれば、敵は二千の騎士に歩兵二万の大軍で押し寄せてきたとのことであった。実際の軍勢ははるかに少なかったはずであるが、攻撃される側では意気が上がる敵を目の前にして、怯《おび》えもあり、このような大軍だと見誤ったのであろう。すでに諏方軍は精神的に武田軍に圧倒されていた。

迎え撃つ諏方勢は連年の合戦でくたびれて「やうやうおかしき馬」（『守矢頼真書留』）に乗った

騎士三百五十騎ばかりと、歩兵七、八百ほどで犬射原に陣取り、筒口原へ物見の兵を出したにすぎなかった。この日の夕方には「夜襲をかけたらどうか」と多くの者が頼重へ具申したが、結局採用されず、夜八時頃に十日町に陣取った。

武田勢は長峰・田沢（茅野市）の辺に進んで陣を敷いた。諏方勢は夕食を摂る者もあり、摂らない者もあったが、十時頃に上町より敵が夜襲をかけてくると連絡が入った。そこで諏方勢は急いで上町・犬射原口に出て、敵の攻撃に備え、兜も脱がないまま夜を明かしたが、襲来がなかった。

翌二日の早朝、諏方勢が早朝に犬射原の楡《にれ》の木まで打って出ると、武田勢が筒口原まで押し寄せ、両者は一触即発の状況になった。これを見て付近に住む者たちは、戦乱を避けるために皆逃げ去った。

この時、高遠頼継の軍が杖突峠を越えて諏方に攻め込んで、安国寺の門前大町に放火した。このため、諏方頼重の軍は武田勢と高遠勢との挟み撃ちにされる形になったが、両軍の小競り合いのみで、大きな戦にならなかった。こうした状況のなかで諏方勢は軍議をこらし、家臣が「このままここに陣取っていると明日には両方から挟撃されて敗北し、諏方氏の名跡が絶えてしまうので、桑原城（諏訪市）に退くように」と頼重に進言した。これを聞いて頼重は殊の外立腹し、「あくまでここで討ち死にすべきだ」と主張した。しかし、近衆や一族が馬の口を持って、「只々

梵字 諏方明神旗
（雲峰寺蔵）

諏方明神旗
（雲峰寺蔵）

桑原城へ退却して運の開けるのを待ちましょう」と説得したため、頼重は夜十時頃に桑原城へ移った。その後、諏方勢は自ら上原の居館に火をかけた。この模様を見て敵が城下に押し入り、五日町・十日町・上原町堀廻りにことごとく火をかけ、諏方の地は目もあてることのできない状況になった。

三日早朝、武田軍が桑原の高橋口へ攻め寄せたが、諏方勢は迎え撃って押し返したので、敵勢が上原に備えを置いた。諏方軍は桑原方面において上原とをつなぐ上下両道に出て、上道は塔の下、下道は「つしやなき」を守り、一日敵と対峙した。

一方、大熊口（諏訪市）へは高遠の軍勢に武田勢の一部が加わって押し寄せてきた。諏方氏一

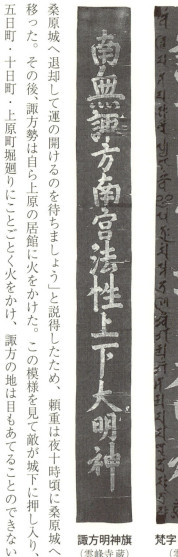

族で大熊に根拠を置いていた千野伊豆入道とその弟南明庵は、年寄りだということで在所の用心に残っていた。そこで、足軽二十人ばかりを率いて打って出、敵を押し返し、四、五騎を討ち取ったが、南明庵が討ち死にした。

この日の夕方六時頃から大雨が降って大洪水になった。そうした中で頼重は桑原城へ上り、明日の戦闘に備えるため検分をしようと、本城から下へ降りた。一連の戦いで劣勢の状態に置かれていた家臣たちは、これを見て大将が城を捨てて逃げたと思い、急いで頼重が下った方へ落ちていった。頼重はこれを知らないで本城へ戻ったが、誰も城中にいないのを見て、「譜代（代々仕えてきた家）の者どもはどこへ行ったのか。自分一人になってもこの城で戦い、腹を切る」といって、舎弟の大祝頼高《よりたか》や末弟の稚児等、かれこれ二十人ばかりで夜を明かした。

桑原城本丸跡（諏訪市）

翌四日の朝、大《お》和《わ》・高島（諏訪市）に落ちた兵たちは、大将の頼重が桑原城にいることを知って、それぞれ城へ帰ってきた。しかしながら、敵軍がすでに桑原の近くまで迫り、火を放ったので、頼重を探し回っていた者たちは城に入ることができなかった。たとえば、守矢頼真は矢島某とともに下社に行き、頼重が桑原城に残っていることを聞いて、城に戻ろうと道筋に出たが、頼重が府中に移ったと異なる情報を耳にして、引き返そうとした。すると、重ねて頼重はまだ桑原城に留まっているとの報《しら》せを得、城に行こうとしたが、あちこちに放火があり、城への道を失い、帰城できなかった。

武田軍が次第に桑原城に近付いてきたので、頼重は討ち死にの覚悟を決めて斬って出ようとした。そこへ武田方より「桑原城を開城すれば和談に応じて帰陣する」と申し入れてきた。家臣たちが「提案に従うように」と意見したので、頼重は納得し、武田氏に降参し、信玄の兵力を借りて高遠頼継を討とうと城を開いた。

頼重自刃

頼重は期待に反して捕らえられ、翌五日甲府に送られた。そして、板垣の会下《えげ》（甲府市の東光寺）に預けられ、二十日の夜に切腹させられた。

『守矢頼真書留』によれば、頼重は若年ながら文武両道の達人であった。そこで前掲（一四頁）のような辞世の歌を詠んだのである。頼重が切腹にあたって、酒と肴《さかな》を求めたところ、武田の家臣は酒は持ってきたが、「肴はない」と言って持ってこなかった。頼重は「さては武田の家では腹を切る作法をご存じないのか。肴というのは脇差のことだ」と言って、脇差を請い、十文字に腹を掻き切り、三刀目に右の乳の下に突き立て、天目茶碗の大きさくらいに切り落として、やがて後ろへ倒れたという。これより以前に、「自分ほどの侍に腹を切らせられることは、武田の家では初めてだろう」と話したという。彼の死を知って、諸人が惜しんだことは言いようもないくらいであった。

なお『高白斎記』は頼重の切腹を、二十一日の明け方四時頃としている。弟の頼高は禰宜の矢島満清のもとに預けられていたが、七月九日に甲府に送られ兄とともに自殺したと伝えられている。

甲府市東光寺の墓地には頼重の宝篋印塔《ほうきょういんとう》（供養塔）があるが、横には信玄の嫡男でありながら、同じように東光寺に幽閉され、死んでいった義信の五輪塔が並んでいる。信玄によって殺された二人の墓が並んでいるとは、なんという奇遇であろうか。頼重の菩提寺は桑原城に近い神戸にある頼重院《らいじゅういん》（諏訪市）で、ここにある供養塔は頼重が自刃した際、密かに遺髪を持ち帰り菩提を弔ったものだと伝えられている。

諏方頼重の供養塔
（山梨県甲府市・東光寺）

こうして名族諏方氏の惣領家は滅亡し、その領地は宮川を境として西側が高遠頼継、東側が武田信玄の領するところとなった。

勝頼と諏方氏

頼重の没後、夫人の禰々御料人は、子供の寅王とともに甲府にいたが、翌天文十二年正月十九日に、享年十六歳で亡くなった。その後の寅王の動向は不明である。

信玄の没後に武田氏を継いだ勝頼《かつより》は、信玄が滅ぼした頼重の娘を母として天文十五年（一五四六）に生まれた。彼の名前は、諏方頼重の跡目を継ぐために武田の通字である「信」の字を用いず、諏方の通字《とおりじ》（実名に祖先から代々伝えて付ける文字）の「頼」が使われた。実際、勝頼は永禄七年（一五六四）十一月に小野神社（塩尻市）へ寄進した梵鐘銘《ぼんしょうめい》に、自らを「郡主勝頼」「大檀那諏方四郎神勝頼」と記し、伊奈郡の郡主であり、諏方氏の血を継ぐとの意識を明確に示している。

武田勝頼像
（高野山持明院蔵）

信玄は永禄八年頃に嫡男の義信との溝が大きくなると、後継者を考えねばならなくなったが、次男の次郎信親《のぶちか》（竜芳《りゅうほう》）は盲目だった上に海野民部丞《うんのみんぶのじょう》の養子に

小野神社（塩尻市）

武田勝頼が寄進した鐘
（小野神社蔵）

なっており、三郎信之《のぶゆき》は早世していたため、勝頼しか候補者がおらず、必然的に彼へ家督を託した。

勝頼が高遠から甲府へ移ったのは、元亀二年（一五七一）の二月から三月頃で、前年に信玄が将軍足利義昭の近臣一色藤長《いっしきふじなが》に、義昭に万疋の御料所《ごりょうしょ》（将軍の直轄領《ちょっかつ》）、藤長に五千疋の所を進上すると約束し、勝頼の官途（官吏の職務や地位）と偏諱を願ったのは、勝頼を当主にすえる格式を得ようとしたためであろう。

勝頼は、元亀三年十月一日に越中の勝興寺《しょうこうじ》（富山県高岡市）に信玄と連名で遠江国（静岡県）における戦線の状況を報せ、同年十一月二十四日に駿河国臨済寺《りんざいじ》（静岡市）へ寺領を寄進し、寺の規則を定めるなど、対外的にも信玄の後継者であることを印象づける文書を出し、また軍事的にも信玄の代わりに戦の先頭に立つことが多くなった。そして勝頼が甲府に移ってから二年後に信玄は死亡した。

武田氏は頼重と戦った信玄と頼重の娘との間に生まれた勝頼が家督を継ぎ、彼の代に滅亡した。信玄によって殺された頼重は、この状況を知ったら喜んだのであろうか、それとも悲しんだのであろうか。武田氏と諏方家の因縁の深さを思わずにはいられない。

頼重について

諏方氏は諏方社の生き神と関わる神代からの系譜を引く名門である。しかも、諏方大明神は古来戦の神として知られていた。戦国時代に諏方氏は諏方という小さな盆地の中において、下社の金刺氏と争い、上社の中でも惣領家と大祝家で争ってきた。そうした結果、頼満の代に諏方郡を統一し、頼重はさらに勢力を拡大しようとした。しかしながら、隣国甲斐の戦国大名、武田信玄に攻められ、降伏し、結局は自刃して果てたのである。

頼重にとって信玄と戦わずに、自刃しないで済む道はあったのであろうか。一つは信玄の家臣となって生き延びることが考えられる。しかし、諏方氏が諏方大明神の血を引き、戦に特別な力を持っていると信じていたなら、当時の状況で武田の配下に入ることは考えられなかったであろう。また、大祝職の方に主体をおき、諏方社とともに生きる道も考えられるが、惣領家として勢力を拡大してきた家として、この道を取ることも不可能だったであろう。頼重の置かれた状況と、戦国時代の大きな流れからすると、自らの発想を変えて信玄に屈服するようなこ

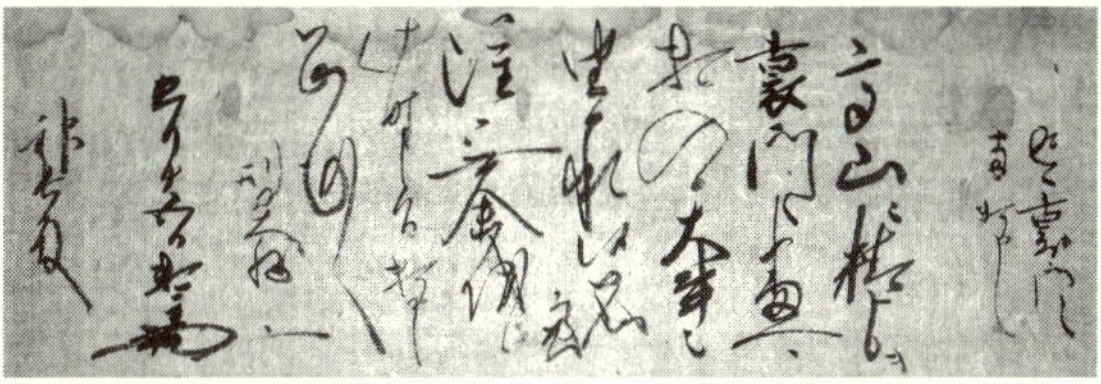

諏方頼重 書状（個人蔵・神長官守矢史料館 提供）

とは、とうていできなかった。

　もし頼重がまったく無能な人物で、そのまま信玄に組み込まれ、あのような悲劇的な死を遂げなかったら、私たちは頼重という人物にこれほど着目しないだろう。また、仮に信玄のもとで生き延びた場合であっても、武田の家臣として重要であればあるほど、武田氏滅亡の折に殺された可能性が高い。戦国騒乱の状況を見るならば、頼重の家系がそのまま、現在につながる保証はないのである。

　歴史の中で人が死に、そして生まれていく。その中で歴史に記憶されるとはどういうことなのであろうか。歴史の大きな流れと、地域の歴史、個人の力を超えて大きな歴史の渦巻きに飲み込まれることは多々ある。その際には家柄や富の大小、人柄といったことは大きな意味を持たない。歴史の大きな流れと個人の生き方がいかに関わるのか、頼重の人生は多くを考えさせる。

第二章　信濃守護の系譜――小笠原長時――

天文十七年七月十九日（西暦一五四八年九月一日）、早朝の六時過ぎ、小笠原長時は精神的にも軍事的にも、混乱の極にあった。

これより先、同年二月十四日に武田信玄は村上義清と上田原《うえだはら》（上田市）で刃を交え敗北を喫した。これを機会に勢力の挽回を図った長時は、諏方湖西岸に住んで西方衆《にしかたしゅう》と呼ばれていた武士たちや、諏方氏一族の矢島・花岡氏らと連絡を取った。そして、七月十日に信玄が領国に組み込んだばかりの諏方で謀反を起こさせた。翌日この知らせを聞いた信玄は、即日出馬したが、十八日になってやっと大井ヶ森《おいがもり》（山梨県北杜市）から諏方に入った。この間、直線距離で約七十キロ、一日に十キロも動かない、ゆっくりとした進軍であった。

塩尻峠合戦の首塚（塩尻市）

長時は武田軍の情報を得て、五千余の軍勢を揃え、諏方から自分の領域の松本平に入ってくる入り口にあたる塩尻峠（この塩尻峠は現在国道二〇号線が走る塩尻峠ではなく、その南側の勝弦峠《かつつるとうげ》とされている）に陣を張って、武田軍を待ち受けた。

十九日の早朝、長時は敵がこれまでゆっくりした動きをとっていたので、遠方にいてまだまだ攻めてこないだろうと思っていた。しかも、陣地を有利な峠の上に構えたので、敵も慎重になるはずだと考えていて、不意を突かれてしまった。当然、小笠原の軍勢も同様に急には攻めてこないと意識しており、「峠の御陣には武具致す人一人もこれ無く、過半は起き会わず体に候」（守矢家文書）と、武具をしっかり着ける暇もなく、寝ぼけ眼のままで、一方的に武田軍の攻撃を受けて敗北を喫し、将兵一千余人が討ち取られた。

なお、地元では塩尻峠で長時が敗れたのは三村長親《みむらながちか》や西牧四郎左衛門が裏切ったためだとする。三村氏は洗馬《せば》（現在の塩尻市西南部から朝日村）を根拠地とし、長時に次ぐ勢力を有していたので、信玄に味方することによって勢力を拡大しようとしたのであろう。その後、天文二十三年（二十四年とも）に至り、甲府で主を裏切る者は再び裏切るとして信玄に殺されたという。

惨敗を喫した長時はほうほうの体で林城（松本市）に逃げ帰るしかなかった。この敗戦が、長時の運命と信濃のその後を決したように見える。それでは、小笠原長時とはどのような人物だったのであろうか。

第一節　同族相争う

深志と松尾・鈴岡

信府《しんぷ》という地名を聞いたことがあるだろうか。甲府、駿府《すんぷ》(静岡市)と並べれば、この地名が信濃の政治的中心地、府中の意味だと理解できよう。古代の一時期を除き信濃の国府は現在の松本市にあったといわれ、中世の府中も同じ場所だった。そこに根拠を置いたのが甲斐源氏の一族、小笠原氏であった。

信濃守護の小笠原長基《ながもと》(一三四七～一四〇七)の三男で、将軍義持《よしもち》から重用されて信濃守護となった政康《まさやす》(一三七六～一四四二)は、第二子の光康《みつやす》を伊奈の松尾《まつお》(飯田市松尾)に住まわせ、父祖伝来の伊賀良庄(飯田市)を支配させた(この一族を松尾小笠原氏と呼ぶ。一七頁 小笠原氏略系図参照)。政康が嘉吉二年(一四四二)に没すると、長男の宗康《むねやす》と従兄の持長《もちなが》(長基の長男である長将《ながまさ》の子)との間で、小笠原氏の惣領職をめぐって争いが起きた。応仁の乱が起きる二十五年前であった(一七頁 小笠原氏略系図参照)。

持長は結城《ゆうき》合戦(永享十二年〔一四四〇〕に関東地方で起きた室町幕府と結城氏ら関東の諸豪族との間の戦い)や嘉吉の乱(嘉吉元年〔一四四一〕に播磨・備前・美作の守護 赤松満祐《あかまつみつすけ》が将軍足利義教《よしのり》を暗殺し、播磨で幕府方討伐軍に敗れるまでの乱)で功績を上げ、幕府の実力者である管領畠山持国《はたけやまもちくに》とも縁戚関係にあったため、一見すると有利であった。しかし、在京期間が長く、信濃との縁が薄い持長では国人たちをまとめきれないと判断されて、信濃守護職には宗康が任じられた。このために小笠原氏内部が、府中の持長方(この一族を府中小笠原氏、あるいは深志《ふかし》小笠原氏と呼ぶ)と伊賀良の宗康方とに分かれて抗争し、それにともなって国人衆も二派に分裂して対立した。諏方氏の内部で争いがあったことを見たが、内部対立は諏方氏だけの問題ではなかったのである。

宗康は自分が討ち死にした場合、惣領職を弟の光康に譲り渡すと取り決め、文安三年(一四四六)に北信濃の漆田原《うるしだはら》(長野市)で持長の軍と戦って敗死した。このため家督は約束通り光康に渡され、幕府も信濃守護職と小笠原氏惣領職を彼に与えた。幼少だった宗康の子政秀は、持長軍の攻撃を恐れて伊奈に逃れ、叔父の光康を頼り、後に南の鈴岡《すずおか》(飯田市)に住んで伊賀良庄の一部を領した(この一族を鈴岡小笠原氏と呼ぶ)。

持長は諏方社の上社と下社の対立が激化すると、宝徳元年(一四四九)に下社を支援した。同年に光康と関係の深い細川勝元《ほそかわかつもと》が管領を辞任し、代わって勝元と対立していた持国が就任すると、宝徳三年(一四五一)に持長が信濃守護に任命された。しかし、享徳元年(一四五二)に勝元が管領に再任すると、光康が享徳二年(一四五三)に再び守護に任命された。信濃守護を追われた持長は、寛正三年(一四六二)六月十五日に失意のまま没し、その跡は子供の清宗《きよむね》が継いだ。

ところで、持長は現在のＪＲ松本駅の南方約六〇〇メートルほどに位置する井川《いがわ》(松本市井川城）の居館に住んでいた。目下松本市教育委員会による発掘調査が進んでいるが、大規模な造成跡が見られ、遺物も出ている。注目されるのは堀跡から大量にサイカチの花粉が出ていることで、防御のため堀の周囲にはトゲの多いサイカチが植えられていたようである。ここは江戸時代に小島村であったが、周囲から多くの川が集まる低湿地帯にできた島のような場所だった。このような地形のため、サイカチなどを植えて防御を固めても、比較的狭い範囲なので包囲されたら逃れるすべが無く、戦乱が大きくなると城として不十分になった。そこで、清宗は井川の東約四キロに位置する林（松本市里山辺）に居館を移し、山城も整備した。

井川城跡（松本市）

現在、居館の正式な位置はわかっていないが、かつて館があったと思われる大嵩崎《おおつき》の集落に立って南面すると、小さな谷のように傾斜して前方が開けており、西に林の大城（こちらが小笠原氏の詰城）、東に林の小城が翼を広げたように取り囲み、背後は山である。いざという時に逃げ込むのには大城があり、背後を行くと山家谷や素晴らしい縄張りを持つ埴原城《はいばらじょう》（松本市）などにも容易にたどり着くことができる。防御は谷の広まった南方だけに注意すればよく、守りやすい地形である。平成十四年（二〇〇二）度に松本市が行った発掘では、集落の下方にあたる位置から礎石を持った建物の遺構が出ており、ここに居館があった可能性が高い。

清宗は戦乱が激しさを増す中で、いざという時に逃れ難い盆地の中央部の井川から、長い間籠城することができ、しかも攻撃が難しくなる盆地周囲の山に城を築こうと、林を選択し、その麓に居館を設けたわけである。

大嵩崎の発掘で出た建物の礎石（松本市）

応仁元年（一四六七）五月に応仁の乱が勃発すると、清宗は西軍の山名方に味方したが、伊奈郡の小笠原氏は諏方上社の諏方氏・大町の仁科氏・木曽の木曽氏等とともに東軍の細川方に味方した。七月十五日、清宗は鈴岡の政秀《まさひで》（政貞《まささだ》。宗康の子）から不意に府中を攻撃された。これに、深志（松本市）を根拠とする同族の坂西光雅《ばんざいみつまさ》が味方したため、清宗の軍は混乱に陥って若干の死者を出した。

清宗は翌応仁二年十一月四日に府中で没し、清宗の子の長朝《ながとも》が当主となった。

長朝と伊奈

府中小笠原氏は清宗の時代すでに鈴岡小笠原氏の前に劣勢になっていたが、清宗が亡くなったことで、その動きが加速した。政秀から引き続き攻撃を受けた長朝は防ぎきれず、母や一族と一緒に家に伝わった文書などを携えて、牧之島城《まきのしまじょう》（長野市信州新町）に難を避けた。

政秀は長朝がいなくなった間に府中を占拠して、自分こそ小笠原の宗家だと主張したが、周囲はもちろん信濃の国人たちからも認めてもらえなかった。窮地に陥った政秀は、長朝と和睦する方が立場を有利にすることができると判断し、彼を養子にして、改めて府中を渡して鈴岡に帰った。政秀は面目を保持し、将来的に宗家であることを主張したいと考えたのであろう、府中小笠原家に伝来した貞宗以来の文書類を長朝から譲り受け、鈴岡に持ち帰った。

文明五年（一四七三）十一月二十一日、松尾の家長（光康の子）は管領の細川政国から美濃国の大井（岐阜県恵那市）・荻島《おぎしま》（岐阜県瑞浪市）の両城を攻略した戦功を賞された。同日、将軍の足利義政《よしまさ》は家長へ、鈴岡にいる政秀と相談して美濃国の守護土岐成頼《ときしげより》を討伐するように命じた。また、家長の子である定基《さだもと》へも木曽家豊《いえとよ》に協力して土岐氏を討つように指示した。ちなみに、年未詳の十一月三日に鈴岡の政秀は将軍の足利義政より信濃国守護に補任された。このように、当時は伊奈の小笠原氏の方が府中の小笠原氏よりも優勢で、幕府の信任も厚かった。

林に帰還した長朝は文明五年十二月二十五日、新たに将軍になった義尚《よしひさ》が初めて宮中に参内した時、弟の貞政《さだまさ》とともに、細川政元・畠山義統《はたけやまよしむね》・山名政豊ら大名二十人に加わって参内行列に供奉《ぐぶ》した。

（上）**松尾城跡**・（下）**その堀跡**
（飯田市・同市教育委員会提供）

文明七年八月、義政は松尾の家長へ延暦寺衆徒討伐にあたっている近江国守護の六角高頼《ろっかくたかより》への合力を命じた。さらに、三年後の文明十年五月、義政は遠山加藤左衛門尉《じょう》を飛騨国小島（岐阜県飛騨市）・古河（同）両郷の代官に任じ、同月十三日彼を入部させるため小笠原の三氏と下伊奈の知久《ちく》氏・木曽氏の五氏に支援させた。これと前後して、美濃国の斎藤妙純《さいとうみょうじゅん》（妙椿《みょうちん》）が織田敏春《おだとしはる》を助けて斯波義寛《しばよしひろ》の将織田敏定《としさだ》を尾張国清洲城《きよすじょう》（愛知県清洲市）に攻めたので、家長は敏定から十二月二十八日に救援を求められた。

諏方氏との関係

小笠原氏の分立は同じ信濃で近隣の人々に影響を与えた。とりわけ、隣接する諏方では地理的関係もあって下社を中心とする勢力が府中小笠原氏に、上社を中心とする勢力が鈴岡小笠原氏にそれぞれ味方をして、立場を有利にしようとした。

鈴岡の政秀は文明十一年(一四七九)九月五日、諏方上社の大祝継満と高遠継宗の支援を受けた。文明十二年二月に安国寺近くの大町大橋詰(茅野市)に火が放たれ、略奪がなされ、多くの死傷者が出た事件は、下社の勢力が府中小笠原氏と結んで起こしたようである。以後も小笠原氏の分立に諏方氏が関わる争乱が続いたので、諏方の兵は八月十二日にまたも政秀を支援しようとした。彼らが帰陣したのは九月十日だった。

この間の八月十六日、府中の長朝は宿敵だった大町(大町市)の仁科盛直《もりなお》の軍を穂高(安曇野市)で破った。また、九月二十日には諏方氏の庇護を受けたこともある山家氏を攻め、山家孫三郎を討ち取った。翌文明十三年四月、諏方政満が山家氏を助けるために府中に入り、仁科氏・香坂氏とともに和田城(松本市)を攻めたので、長朝は山家氏と和議を結ぶことを決め、五月六日に政満軍が帰陣した。

山家氏の根拠地だった山家城跡
(松本市)

長朝と定基

鈴岡の政秀は諏方氏の支援によって、松尾の家長を押さえて南信濃に威を張ろうとし、文明十三年八月、遠江（静岡県）に出陣して負傷した。その後も政秀は鈴岡城に住んで信濃守護としての地位を保ちながら活動を続け、松尾小笠原氏との溝を大きくしていった。一方、松尾の家長は父光康の死後わずか四年後の延徳二年（一四九〇）十月十五日に没し、子の定基がその跡を継いだ。

明応二年（一四九三）正月四日、松尾の定基は知久七郎らとともに鈴岡の政秀を急襲して討ち取った。下条氏の出身であった政秀の妻などは下条《しもじょう》（下伊那郡下條村）に逃れ、府中の長朝に支援を求めた。この間に定基は鈴岡へ乱入し、城を落とすとともに、先に秀政が府中小笠原家より強引に譲り受けていた小笠原家歴代の文書を奪い取り、伊賀良庄を横領した（一説には文書は政秀の妻が下条に持ち去り、これが府中小笠原氏に渡されたという）。

鈴岡城跡（飯田市・同市教育委員会 提供）

政秀の妻から支援を求められた長朝の軍勢は、下条氏とともに定基を攻めた。定基はいったん田中城（飯田市）に逃れたが支え切れずに、鈴岡より奪った文書類を携えて甲斐に走り、武田氏のもとに身を寄せた。

程なく定基は松尾へ復帰できた。政秀の死去によって事実上鈴岡小笠原氏は滅亡し、支配力も失われたので、伊賀良庄も復帰した定基が掌握した。

第二節 守護として

家督相続

文亀元年（一五〇一）閏六月、尾張国（愛知県）守護の斯波義寛《しばよしひろ》が遠江鎮圧のため松尾の定基へ協力を求めてきた。斯波氏は府中小笠原長朝の子貞朝に対しても、松尾と同様に遠州鎮圧の要請をした。しかし、両家は協力する体制を整えておらず、遠州も次第に平静を取り戻したので、出兵が不要になりそうだった。そこで、小笠原氏の庶流である赤沢宗益《あかざわそうえき》（朝経《ともつね》）が、松尾の定基に書状を送って和解すべきだと勧告し、府中と松尾の両小笠原家は次第に仲直りしていった。

文亀元年八月十二日、府中の長朝が五十九歳で没し、その跡を子の貞朝《さだとも》が継いだ。一方、松尾の定基は伊賀良庄を領し、南信濃の実力者としての地位を確立した。

永正三年（一五〇六）九月二十一日、伊豆の北条早雲《ほうじょうそううん》（伊勢《いせ》盛時《もりとき》、通称新九郎、入道して宗瑞《そうずい》）は、駿河の今川氏親《うじちか》とともに三河の戸田憲光《のりみつ》を支援するために今橋城（愛知県豊橋市）主の牧野成時《しげとき》を攻めるに際し、誼《よしみ》を通じようと定基へ戦況を知らせた。さらに、九月二十七日にも使者を派遣して協力を求めてきたので、定基は十月に三河の横林（愛知県富山村）へ兵を出した。松尾の定基は十六世紀の前半に、隣国の大名から協力を求められるほどに、勢力を蓄えたのである。

一方、林城を根拠とする府中の貞朝は永正十二年（一五一五）六月三日に亡くなり、次男の長棟が跡を継いだ。彼は天文二年（一五三三）七月二十三日に五百騎ばかりで伊奈に着陣し、二十八日に知久頼元《よりもと》や高遠頼継の軍勢と戦って勝利し、八月六日に頼継と片桐（中川村）で会見した。いったん府中に戻った長棟軍は、八月十六日に再び伊奈に出兵した。こうして、府中小笠原氏の勢力は伊奈にまで及ぼうとしていた。

林大城跡遠望（松本市）

天文三年前後、長棟はついに松尾小笠原氏を圧倒し、政秀伝来の文書をも手に入れ、松尾城に次男の信定《のぶさだ》を配置した。こうして府中小笠原氏は安曇郡と筑摩郡、それに伊奈郡を押さえ、戦国大名への道を歩もうとしていた。

ところで、諏方氏と府中小笠原氏の関係は相変わらず悪く、天文六年二月二日には諏方頼重の軍が塩尻に攻め寄せ、赤木・吉田の辺まで放火し、十月十三日に塩尻の城を攻め落とした。これに呼応するように、この年に諏方氏と深い関係にある山家氏は小笠原氏と戦った。

天文七年十月十三日に長棟は諏方上社へ神鷹二羽を奉納し、翌天文八年六月二十六日、諏方頼重と和談した。長棟は同年十一月十三日に頼重の祖父頼満が亡くなると、十七日に弔問した。

隣国の甲斐では天文十年に信玄が父親を追放して家督を継いだ。長棟はその翌年、天文十一年二月十五日に出家し、跡を長時に託した。なお、長棟が没したのは天文十八年十月八日であった。

信玄の佐久侵略

これより先の天文十二年九月十七日、信玄は長窪城（長和町）を攻め、十九日に大井郷（佐久市）に勢力を持つ大井貞隆《さだたか》を生け捕り、翌日望月一族を殺した。しかし、貞隆の子貞清《さだきよ》が内山城（佐久市）に拠って屈服しなかったので、天文十五年五月三日再び軍を動かして、九日から攻撃を始め、十四日に主郭（本丸）以外を奪取した。この日、府中の小笠原氏が信玄の軍に参陣した。抵抗を続けた内山の城兵は二十日に降伏し、貞清も城を明け渡して野沢（佐久市）へ移った。

佐久郡のほとんどが信玄の勢力下に入っても、志賀城（佐久市）の笠原清繁《かさはらきよしげ》は上野国平井（群馬県藤岡市）に住む関東管領上杉憲政《うえすぎのりまさ》などの支援を受けて、頑強に抵抗した。天文十六年七月、信玄は志賀城攻撃の軍を動かし、自身も二十日に桜井山城（佐久市）へ着いた。守る志賀城には親戚である上野国菅原城（群馬県富岡市）主の高田憲頼《たかだのりより》からの援軍も入り、対決姿勢を強めた。武田軍は二十四日午前六時頃から攻撃を開始し、正午頃まで激しく攻め立て、翌日に城兵の命綱である水の手を切った。この日、小笠原氏は山家氏などとともに武田方の援軍に加わった。笠原軍はよく持ち堪えながら上杉憲政に救援を求め、応じた上野軍が小田井原（北佐久郡御代田町）まで来たが、武田軍に迎え撃たれ、八月六日に潰走《かいそう》した。結局、志賀城は十一日に城主父子や城兵三百人ばかりが討ち死にして陥落した。

笠原清繁のものと伝えられる五輪塔（佐久市）

武田軍と戦う

佐久を勢力下に置いた信玄は、ついに北信濃から東信濃にかけて勢力を持つ村上義清と争うことになった。信玄は天文十七年（一五四八）二月一日に村上氏の根拠地である坂木《さかき》（埴科郡坂城町）に向けて出馬し、上田原（上田市）に陣を張った。義清も千曲川《ちくまがわ》を挟んで武田軍と対峙し、十四日に上田原で武田軍を破った。

小笠原長時は信玄の佐久攻撃に協力していたが、信玄が諏方を支配するようになると領域を接したこともあり、対立するようになった。

天文十四年四月十一日、信玄は高遠攻略のため甲府を出発して、十四日の午後二時頃に上原城に着き、十五日に杖突峠で陣を張った。高遠頼継がなすすべもなく、十七日に城を捨てて逃亡したので、信玄は十八日に高遠に入り、二十日に高遠を発って箕輪へ着陣し、福与城《ふくよじょう》（箕輪城。上伊那郡箕輪町）の藤沢頼親《よりちか》を攻撃した。

福与城跡（箕輪町）

龍ヶ崎城跡遠望（辰野町）

小笠原長時は妹の夫が頼親であったこともあり、救援しようと龍ヶ崎城《りゅうがさきじょう》（辰野町）に入った。福与城は自然の要害である上に多くの人数が立て籠もり、背後から小笠原勢が来援したため、武田勢は攻めあぐねた。五月二十二日、武田軍に今川義元の援軍が加わった。六月一日に長時の入った龍ヶ崎城が板垣信方《いたがきのぶかた》軍の攻撃によって落城し、長時は帰陣した。頼親はこうした状況を見て六月十日に和議に応じ、十一日に信玄に服属して叛かない旨の起請文を提出し、弟の藤沢権次郎を人質として武田方の穴山信君《あなやまのぶただ》の陣所に送った。この日、福与城には火が放たれた。

　信玄は六月十三日に塩尻(塩尻市)に陣所を構え、府中(松本市)にまで迫った。六月十四日には信玄が佐久の大井上野介へ「この度信府において頸《くび》一つ、その方被官《ひかん》中嶋善四郎討ち捕るの事、忠節の由」(「諸州古文書」)と信府での戦功を賞しており、一連の信濃侵略に佐久の武士が従って、小笠原軍と戦っていたことがわかる。

第三節　本拠を去る

塩尻峠の合戦

　天文十四年に信玄が福与城の藤沢頼親を攻めた時には、救援のため龍ヶ崎城に軍を出して敗れ、塩尻を武田軍に荒らされるなど、小笠原軍はやや劣勢に立たされた。

　天文十七年二月十四日に信玄が上田原の戦いで敗れ、諏方郡代の板垣信方も戦死したことは、長時にとって劣勢を跳ね返し諏方を手に入れる絶好の機会に見えた。

　四月五日、長時は村上義清や仁科道外《どうがい》（成能《もりよし》）、長時の妹婿で先に信玄に降参した藤沢頼親などとともに、諏方下社に討ち入り近辺に放火した。六月十日にも再び下社に攻め入ったが、共同して迎え撃った下社の地下人のために、馬回りの十七騎と雑兵百人余りが討ち取られ、長時も二カ所に傷を負った。

　諏方社上社の神長の記した『神使御頭之日記《こうとのおとうのにっき》』によれば、この時の状況は次のようである。天文十七年七月十日に長時と通じた諏方湖西岸の武士（西方衆）や、諏方氏一族の矢島・花岡氏らが、武田氏の領する諏方に乱入した。神長の守矢頼真と千野氏だけが河西から上原へ移った。

村井城跡（松本市）

信玄は十八日に大井ヶ森（山梨県北杜市）から諏方に入り、翌十九日早朝六時頃に塩尻峠の小笠原軍を急襲した。小笠原勢は一方的に攻め込まれ、将兵一千余人が討ち取られ、長時も府中へ逃げ帰った。

　武田軍はその直後に西方衆を追討し、家々に火を掛けた。信玄は残った小笠原勢を掃討し、諏方を安定させ、二十五日に馬を上原城に納め、八月十日に諏方上社へ勝利を報告して、太刀一腰を奉納、今後の武運長久を祈った。

　九月になると信玄は諏方から佐久に入り、前山城（佐久市）を攻めて失地を回復し、背後の憂いをなくしてから、本格的に松本平へ侵攻した。信玄が小笠原氏攻撃の基地にしたのが村井城《むらいじょう》（小屋城。松本市）で、十月二日の夕方六時頃、高白斎が南南東の方向に向かって鍬立《くわだて》（地鎮祭）を行い、四日に普請を開始した。

村井は小笠原氏の本拠林城から南にわずか八キロメートルほどなので、長時にとってここに城を築かれたことは、喉元に刃を突き付けられたようなものだった。

松本平放棄

信玄は翌天文十八年（一五四九）、佐久・上伊奈の経略に追われ、松本平へ攻め入ることをしなかった。このために生じた小笠原氏にとっての束の間の平和の中で、長棟は没した。

天文十九年四月二十一日に信玄の武将高白斎が諏方の高島城に着き、二十二日に大町（大町市）の仁科道外と面談しているのは、小笠原氏攻撃のための打ち合わせであろう。閏五月二十三日、信玄は甲斐一宮の浅間神社《あさまじんじゃ》（山梨県笛吹市）に、信府が支配下に入りますようにと願文を捧げたが、六月二日に姉の今川義元夫人が病死したため出陣が遅れ、七月三日に甲府を出て、十日に村井に着城した。

七月五日に長時は将軍の代替わりを祝って太刀や馬などを足利義輝《よしてる》に贈った。将軍と結びつくことで、不利な立場に置かれている信玄との関係を、将軍権威を背景にして良くしたいと考

長尾景虎宛 足利義輝御内書（国宝・米沢市上杉博物館蔵）

えたからであろう。しかしながら、これで信玄の動きを止めることはできなかった。

　小笠原勢は十五日の夕方六時頃、武田軍に林城の出城の一つイヌイ城（場所不明）を奪取された。勝利した武田勢は勝鬨《かちどき》を挙げて午後八時頃、村井の城へ馬を納めた。この情報を耳にして、長時の本拠地である大城（林城）をはじめとして、小笠原方の深志・岡田・桐原・山家《やまべ》（すべて松本市）の五カ所の重要な城に籠もっていた兵は、深夜零時頃みな戦わずして逃亡し（自落《じらく》）、島立・浅間（ともに松本市）の二城も降参した。この間に山家氏・洗馬《せば》の三村入道・赤沢氏（松本市浅間温泉のある旧浅間郷に勢力を持った）・深志の坂西《ばんざい》氏（現在の松本市街地の中心部にあたる深瀬郷（深志郷）に勢力を持った）・島立氏（松本インターチェンジのある旧島立村を中心に勢力を持った）・西牧氏（松本市の東部旧梓川村にあたる西牧郷に勢力を持った）など、小笠原氏のおもだった侍衆が続々と武田方に寝返った。以前から武田氏に通じていた仁科道外も信玄のもとに出仕した。

　本拠地を追われた長時は平瀬城（松本市）に落ち延び、やがて村上義清を頼った。

府中を領した信玄は小笠原氏の本拠であった林城を破却して、新たな信濃経略の基地、松本平の支配拠点として、深志城《ふかしじょう》（後の松本城）を修築することにした。深志城の普請は七月十九日夕方六時頃に高白斎が北西に向かって鍬立式を行い、信玄も深志にやって来て、二十三日から物普請が開始された。

長時が根拠地としていた林の地は松本平の東端に位置し、領域の中で東に偏っていた。また、山城の林城は逃げ込み場の要素が大きく、支配の拠点として設けられた施設ではなかった。信玄は松本平全体の支配拠点となる城を造る必要があったため、奈良井川《ならいがわ》と田川《たがわ》の合流点に近く、川を利用しての物資輸送に都合が良く、後に善光寺街道となる道路の拠点にもなる深志の地を選んだ。信玄は統治と軍事の拠点機能を備えた、これまでとはまったく異なる深志城を築いたのである。この城が松本城の前身になり、城下町はそのまま現在の松本の町につながった。松本市役所東側の堀際に打ち込まれていた先端の尖った杭は、武田時代のものではない

一般にいわれる平瀬城跡
（松本市・同市提供）

松本城外堀で発掘された先端が尖った杭（松本市）

かとの説もある。

失地回復ならず

天文十九年十月一日、村上軍が武田軍を砥石（戸石。上田市）合戦で撃破すると、義清は信玄への攻勢を強めた。義清の勝利とその後の動きは信州の武士たちを勇気づけ、反武田の動きが一気に噴出した。

長時も義清の支援を受けて平瀬城に戻り、深志城を奪還しようとした。この知らせを十月二十一日に甲府で受けた信玄は、二十三日に中下条《なかしもじょう》（山梨県甲斐市）まで出陣した。この頃、義清が三千の兵を率いて塔ノ原城《とうのはらじょう》（安曇野市）に陣を張ったので、長時は氷室（松本市）に陣取った。小笠原氏の旧家臣たちは、信玄を破った義清が背後にいる長時の方が信玄より優勢だろうと判断し、信玄に寝返った島立・山家・三村氏など地域有力者の城を陥れた。長時はこの勢いに乗って、翌日深志城に総攻撃を加えることにしたが、信玄の出馬を聞いた義清が長時に無断で、夜のうちに兵を納めて帰ってしまった。

その後、義清は矛先を転じて佐久に侵入し、十一月一日に小諸《こもろ》（小諸市）へ移り、十三日に野沢・桜井山（ともに佐久市）などに放火したので、信玄も翌日若神子《わかみこ》（山梨県北杜市）へ向かい、対処しようとした。

一方、長時に従う者は義清が引き上げたために、八百から千人ぐらいに減ってしまった。長時は自軍が野々宮(松本市)で馬場信春・飯富虎昌などの率いる敵軍と戦って撃退したので、この勝利を思い出に潔く切腹しようとしたが、重臣の二木《ふたつぎ》豊後守に諫められて、二木氏の山城である中塔城(同)に籠城した。一方、武田方では駒井高白斎が十二月十四日に深志城に入った。

翌天文二十年(一五五一)二月五日、信玄は信府が自分の手に入った礼として、甲斐一宮の浅間神社《あさまじんじゃ》(山梨県笛吹市)に社領を寄進し、社殿も修復した。信玄にとってもはや小笠原長時は脅威でなくなっていたのである。

小岩嶽城跡に設けられた公園(安曇野市)

同年五月、義清の配下にあった砥石城《といしじょう》(上田市)が武田方の真田幸綱によって攻略された。砥石城の陥落をきっかけに、佐久郡でただ独り信玄に抵抗していた岩尾城(佐久市)の岩尾弾正(大井行頼《おおいゆきより》)も降伏し、出仕した。

義清の軍は秋になると丹生子《にゅうのみ》(大町市)を陥れた。十月十四日にこの情報が甲府に届くと、信玄は翌日に出馬して、二十日に深志城に入った。十月二十二日、堀金(安曇野市)を根拠とした堀金氏が出仕してきた。十月二十四日、小笠原勢の籠もった平瀬城は、武田軍

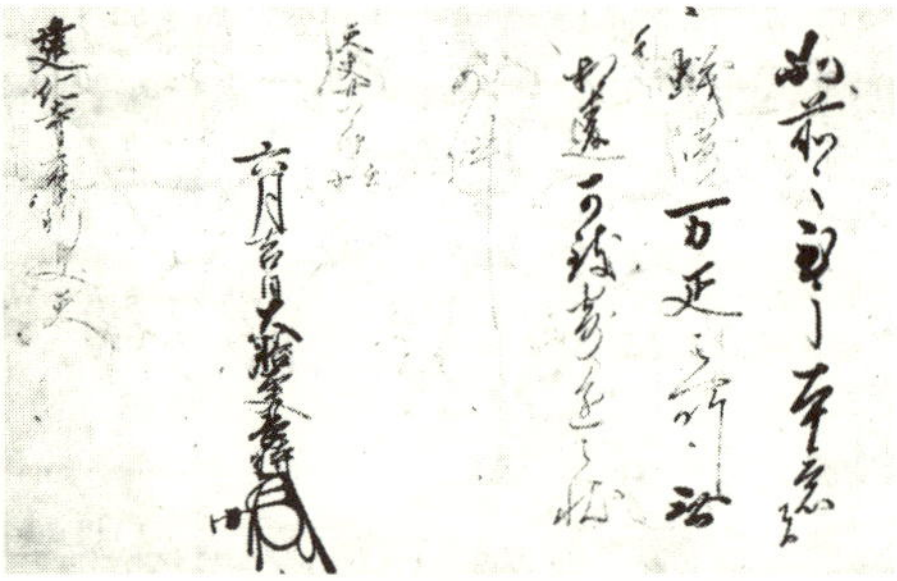

小笠原長時願文
（建仁寺禅居庵 蔵・長野県立歴史館 提供）

の攻撃に城兵二百余人を討ち取られ、ついに陥落した。十月二十七日、武田軍は小笠原方の小岩嶽城《こいわたけじょう》（安曇野市）にも放火した。翌日、平瀬城の城割を行い、鍬立を行った。ちなみに、平瀬城は一般的に松本市島内下田集落の東側にある山城とされるが、ここは筑摩郡である。安曇郡に属し、二百人以上もが籠もって戦い、しかも全滅させられることから、私は平地の現鶴宮神社（松本市）がその跡だと考えている。

結局、信玄は小岩嶽城を落とすことができずに、十一月十七日に高島城（諏訪市）へ馬を納め、二十一日に甲府へ戻った。

長時は翌天文二十一年六月に山城建仁寺《けんにんじ》塔頭《たっちゅう》の禅居庵《ぜんきょあん》の摩利支天《まりしてん》へ戦勝を祈り、自分の思う通りに所領が回復できたなら、蟻ケ崎《ありがさき》（松本市）で万疋の地を寄進すると願文を出した。信玄は七月二十七日に甲府を出発し、八月一日に再び小岩嶽城を攻撃した。城兵は支え切れず、十二日に城主が自害し、五百余人が討ち死にして落城した。

流浪の果てに

中塔城に拠って信玄に抵抗を繰り返していた長時は、安曇野の拠点であった小岩嶽城が落城し、長時に味方していた丸山氏の籠もった日岐大城《ひきおおじょう》（生坂村）も落ちると、孤立無援になった。そこで、大晦日の夜陰に乗じて三男の貞慶《さだよし》などとともに草間《くさま》（中野市）に向かった。残っていた家臣の二木重高・重吉も、翌天文二十二年正月十六日に草間へ着き、長時一行は越後の上杉謙信と深い関係にある高梨《たかなし》氏の手引きによって、謙信の保護を受けることになった。

長時は天文二十三年に旧家臣の溝口長勝《みぞぐちながかつ》が迎えにやって来たのを契機に、貞慶などを謙信に託し、百余人とともに弟の信貞がいた鈴岡城（飯田市）に入った。しかし、下伊奈も武田氏に侵略され、鈴岡城も八月七日に落城したため、長時は溝口氏らを従えて下条（下條村）に至り、下条信氏《しもじょうのぶうじ》の庇護を受けたが、四、五日すると近隣の者たちが彼を捕まえようとして攻めてきたので、下条氏の案内で新野《にいの》（阿南町）に出た。ここから駿河（静岡県）を経て、伊勢（三重県）に行き、伊勢神宮外宮《げくう》（豊受大神宮）御師《おんし》の榎倉武国《えのくらたけくに》のもとに身を寄せた。この家には小笠原氏の旧臣である犬甘政徳《いぬかいまさのり》も逗留していた。

高梨居館跡（中野市）

翌弘治元年（一五五五）、長時は京都に上って同族の三好長慶《みよしながよし》（三好氏は甲斐源氏の小笠原氏の傍流）を頼った。彼は長慶に摂津芥川

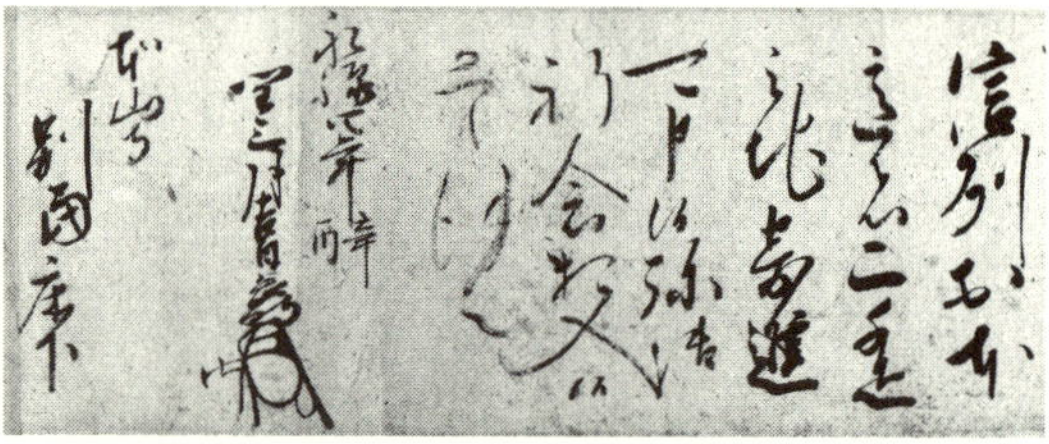

小笠原長時書状（本山寺蔵・高槻市教育委員会 提供）

城（大阪府高槻市）で厚く遇され、後に将軍足利義輝の弓矢の師範となり、河内の高安郡（大阪府八尾市）において百貫文を給された。また、弟の信貞と藤沢頼親にも三百貫ずつが与えられた。この後、長時は永禄六年（一五六三）七月十三日に家臣二十三人の射手を率いて百手の的を興業するなど、弓矢の名手として活躍した。

　長時の後ろ盾となっていた三好氏は、永禄七年七月に長慶が死に、松永久秀《まつながひさひで》が政権を握ったことにより勢力を減じ、永禄十一年に織田信長が将軍義昭《よしあき》を奉じて上洛した時には、対抗する術がなかった。長時が身を寄せていた芥川城も九月末に信長軍の攻撃によって落城した。長時の妻は十月一日に摂津郡山で捕らえられたが、長時と貞慶は逃げのび、再び上杉謙信を頼った。そこで、長時は謙信に厚遇され五百貫の地を与えられた。

　長時は十年間越後に留まったが、天正六年（一五七八）に謙信が亡くなると会津若松（福島県会津若松市）に行き、黒川城主の三浦（蘆名《あしな》）盛氏《もりうじ》のもとに身を寄せた。盛氏も長時を厚遇して、弓矢の師範とした。翌年に貞慶もやって来て合流したので、家宝の名剣や文書などを授けた。これによって貞慶の家督相続がなった。天正八年、貞慶は畿内に向かった。

天正十年、武田氏が滅亡し、織田信長も本能寺の変で亡くなると、貞慶は徳川家康の支援を得て七月に旧領を回復し、同年冬、父を迎えるため、平林弥右衛門を派遣した。喜んだ長時は、「厳寒の冬だから来春暖かくなったら帰郷しよう」と答えた。しかし、長時は翌天正十一年二月二十五日、突然家臣の坂西弾左衛門によって殺され、故郷に帰ることができないまま、流浪の生涯を終えた。

長時について

長時が家督を継いだのは天文十一年で、前年に武田信玄も家督を継いでいる。信玄は大永元年（一五二一）に生まれ、元亀四年（一五七三）に五十三歳で亡くなった。一方、長時は永正十一年（一五一四）に生まれ、天正十一年（一五八三）に、七十歳で没した。長時の方が七歳年長であるものの、死ぬのは十年後、つまり、長時の人生の期間中にすっぽりと信玄の人生が入ってしまうのである。

両者の出発点もよく似ている。信玄は信虎が甲斐の統一を果たしてから家督を握った。一方、長時も父の長棟が松尾小笠原氏を圧倒し、守護として大きな力を持つようになって、家督を継いだ。ただし、長棟によって信濃統一はならなかった。おそらく、両者が相まみえた時点では、守護という地位も、経歴も、そして領した領域すら遜色がなかったであろう。

歴史で仮定の話はすべきではないが、塩尻峠の合戦で武田軍の急襲を受けずに戦っていたら、あるいは油断なくきちんと戦っていたら、その後の歴史的展開がどのように変わっていたかわからない。諏方頼重の場合、おそらくああなるしかなかったであろうが、長時の場合にはわずかの判断の違いによって、信玄に取って代わる可能性もあったように思う。

彼の人生においては、およそ三十年にもわたって信府を去って転々としていたことが目につく。しかもこの間、各地の大名によって厚遇されていた。それは小笠原家が名家であり、特に弓術をはじめとして礼式の家として名高く、彼をかくまうことが対応者側の権威を高める意味を持つからであった。

天正七年と推定される六月三日付の文書で、長時(正麟《しょうりん》)は陸奥国の田村郡を支配していた田村一族の田村清康《たむらきよやす》に次のように伝えた。

未《いま》だ申し通ぜず候と雖《いえど》も、一筆啓せしめ候。仍《よ》ってこの度彦七郎(田村顕俊)方同心候て罷り越され候。宗林慮因《りょいん》を成し置くに付いて、斟酌《しんしゃく》候と雖も、今般別して京都に候同名備前守(小笠原稙盛)同然に相定め候間、その分別《ふんべつ》相極め候。重々然るべき様のためその憑《たの》み入りなされ候。また自今以後

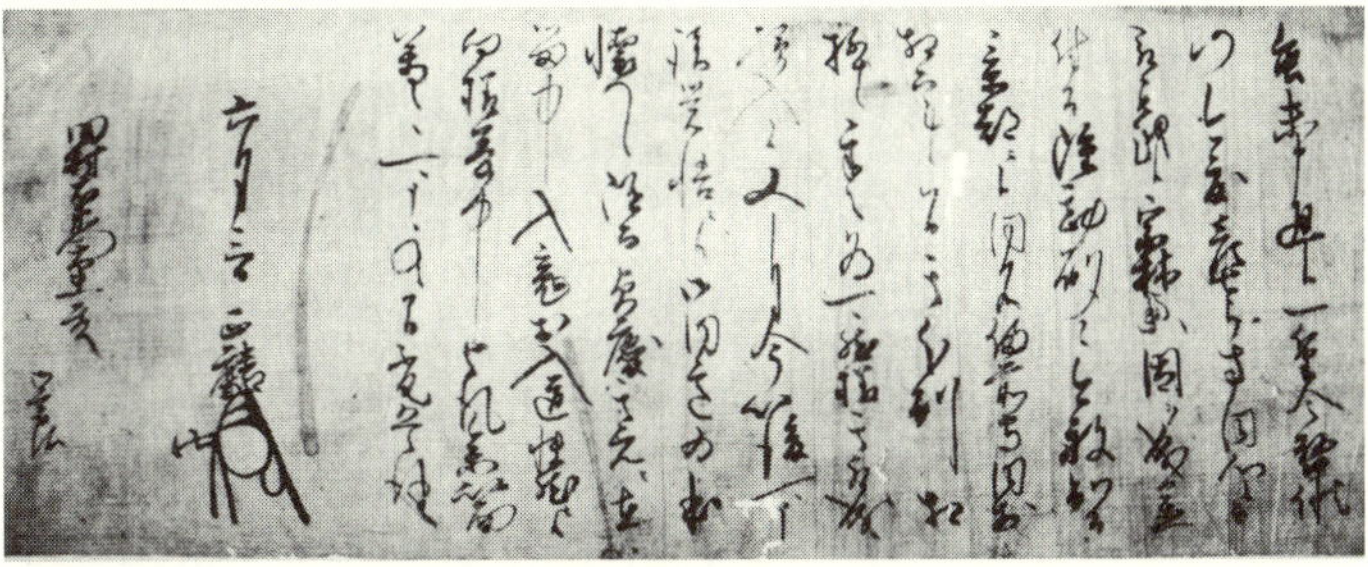

小笠原正麟（長時）**書状**（長野県立歴史館蔵）

申し談ずべき覚悟に候。御同意本懐《ほんかい》たるべし。随って貞慶そこ元に在留中、入魂《じっこん》、入道において快然に候。向こう様夏中、ふと参り、面を以て万々申し承るべく候間、具《つぶさ》にせず。恐々謹言。

六月三日　正麟（花押）

田村右衛門大夫（清康）殿

御宿所

（長野県立歴史館蔵）

これまで手紙等のやりとりをしておりませんが、一筆お手紙を差し上げます。この度彦七郎（田村顕俊）配下の者が同じ気持ちになってやって来ました。宗林がいろいろ慮《おもんばか》ってくれたことについて斟酌しましたが、この度特別に京都の小笠原備前守稙盛《たねもり》と同様にすることを定めましたので、その道理に合うように致します。重ね重ね最もあなたに良いように稙盛へ頼んでみてください。またこれから以後話をするつもりです。ご同意していただけたら本望です。したがって、貞慶がそちらに在留中は昵懇《じっこん》にしていただき、私としては気持ちよく感じています。夏の間に突然にそちらにうかがって、直接顔を合わせていろいろ申し上げるつもりなので、ここでは細かいことを申し述べません。恐れながら謹んで申し上げます。

すでに長時が京都で一族の三好長慶の厚遇を受けたことを見たが、同族の小笠原稙盛ともつながっていた。つまり、小笠原一族の結びつきは国を超えて存在しており、そのネットワークを利用したいと考えた戦国大名もたくさん存在したのである。

中世において、国を去ってもこのような厚遇を受けることのできる人が、どれだけあっただろうか。また、日本全体に通用する礼式の文化とはどのようにつくられ、どのように維持されてきたのか、一族のつながりはどのように維持されてきたのかなど、さまざまな側面でも気にかかる人物である。

なお、彼は息子の貞慶が松本に復帰してから、帰郷を求められている。彼が戦った武田氏は息子の勝頼の代に滅んだのと比較すると、雲泥の差である。戦争には負けていたものの、人生において長時は案外信玄以上に幸せだったのではないかとも思う。

第三章　二度も信玄を破る
——村上義清——

天文十九年八月二十八日（一五五〇年十月十八日）、村上義清に属していた砥石城《といしじょう》（上田市）の守備兵たちの目に、城際に武田軍が陣を据えたのが見えた。翌日の正午頃、敵の大将信玄が城の際まで状況を見に出てきて間もなく、砥石城に向かって武田軍から矢が射られ始めた。

武田軍は九月三日に城際まで陣をよせ、六日後の九日夕方六時頃になると再度攻撃を開始した。砥石城に籠もっていた兵たちはよく戦って持ちこたえたが、九月十九日にこれまで義清側だった須田郷（須坂市）に根拠を置いた須田新左衛門（信頼《のぶより》）が信玄の配下に入った。義清に従っていた土豪たちは、武田軍の動きを見て信玄の方に利があると判断し、鞍替えを始めたのである。

こうした状況を打開するため、村上義清は二十二日、現在の中野市方面に勢力を持って、中野に居館を構えていた高梨政頼《たかなしまさより》と、互いの領域の中間点で落ち合って和談をした。義清は北信濃の有力者と協力することによって、信玄に立ち向かおうとしたのである。

義清と政頼の連合軍は二十二日に武田方の寺尾城（長野市）を攻撃したので、武田側から真田幸綱が救援に赴いた。

この間も武田軍の砥石城への攻撃は続き、武田氏親族衆である勝沼《かつぬま》氏の軍勢が城の虎口《こぐち》（城の出入り口）を攻撃していた。二十八日に義清は雨宮氏とともに砥石城を出たが、間もなくこの情報が武田軍にもたらされた。翌二十九日、武田軍では兵を撤退させる話し合いがなされ、十月一日の午前六時頃に撤退を開始した。これを遠くから眺めていた義清は、総攻撃を命令し、午後六時頃に村上方の圧倒的な勝利となった。『勝山記』によれば、村上勢はこの時の戦いで横田高松《よこたたかとし》をはじめ、武田軍の有力者たち千人ばかりを討ち取ったという。俗に砥石崩れと呼ばれるこの合戦は、信玄の生涯において最大の敗戦であった。

しかも、義清はこれ以前にも上田原の合戦で信玄を破っていた。江戸幕府を開いた徳川家康でさえ、信玄には勝利できなかった。織田信長も正面切っては信玄と戦っていない。義清はそんな信玄を二度までも破った唯一の武将だった。それでは義清はどのような経歴を持ち、これ以降どのような人生を送っていったのであろうか。

第一節　根を張る村上氏

信濃惣大将

義清の先祖である村上義光《よしてる》とその子義隆《よしたか》は、元弘元年（一三三一）十一月に護良《もりよし》親王が大和国の般若寺《はんにゃじ》（奈良市）を出て紀伊（和歌山県）の熊野に向かった際に供奉し、翌年四月に親王が熊野を出て大和に赴いた時に軍功をあげたことで知られる。そこで、これまで取り上げてきた人物たちより、少し古い時代から語り始めよう。

建武二年(一三三五)九月二十二日以前、「当国惣大将軍村上源蔵人《くろうど》」(信貞)軍は、北条時行の党が坂木北条《きたじょう》(坂城町)に構えた城郭を攻め落とした。同年十二月十一日、村上信貞の一族四十人余りが足利直義《あしかがただよし》軍に属し、新田義貞《にったよしさだ》軍を箱根・竹ノ下(静岡県小山町)の戦いで破った。翌年正月、信濃国の香坂心覚《こうさかしんがく》が牧之島城《まきのしまじょう》(長野市)に拠って挙兵したので、二十三日に「惣大将軍村上源蔵人」信貞が市河経助《いちかわつねすけ》などを率いて攻めた。さらに、「信州惣大将軍」の信貞は翌建武三年十一月三日以前、市河親宗・同経助たちを率いて越後に攻め入った。

「信濃惣大将軍」に対応する職制は確認できないが、名称からすると信濃国全軍の指揮にあたる役割である。当時、国には軍事指揮官として守護が存在したにもかかわらず、他国で見ることのできない惣大将が置かれたのは異例である。信濃の文化は南と北で大きな差があり、政治的にも土壌が異なっていた。村上氏は中世に北の文化を代表したので、足利尊氏も守護の小笠原氏と異なる新たな名称で位置づけるしかなかった。そこで、「信濃惣大将軍」という名称を用いたのであろう。

元中四年(一三八七)四月二十八日、村上頼国《よりくに》は小笠原清順(長国)などと守護の斯波義種《しばよしたね》に背き、善光寺で挙兵した。六月九日、幕府は信濃守護代の二宮氏泰《うじやす》を信濃に派遣し、息子で代官の種氏《たねうじ》を支援させたので、頼国軍は氏泰に従った市河頼房《よりふさ》と水内郡常岩《みのちぐんとこいわ》（飯山市）で戦った。

このように、村上氏は南北朝の内乱に足利氏に味方して勢力を拡大し、その後、勢力を小県《ちいさがた》・佐久方面にまで広げ、南北朝の内乱が終結すると、次第に善光寺の方まで支配域を拡大した。

満泉寺から見た葛尾城
（坂城町）

なお、村上氏の本拠地として名高い葛尾城は明徳三年（元中九年。一三九二）に村上義次により築城されたとも伝わるが、築城時期は明らかでない。十四世紀末までには現在の満泉寺（坂城町）に居館が置かれ、葛尾城も築かれたのであろう。

大塔合戦

応永七年（一四〇〇）七月二十一日、新たに信濃守護となった小笠原長秀《ながひで》が佐久郡の大井光矩《おおいみつのり》の館で信濃国の政治について談じ、使者をもって信濃の国人たちに言うことを聞くように伝えた。しかし、信濃惣大将を任じていた村上満信《みつのぶ》ならびに大文字一揆《だいもんじいっき》の者たちは命令を拒み、幕府に守護を替えるよう求めた。

長秀は大規模な行列を組んで善光寺（長野市）に入り国務を執ろうとしたが、満信などの国人たちは、根拠もなく新しいことを始めたとして、八月に至って一揆して背いた。一揆軍は九月二十四日に善光寺を発した小笠原軍と四宮河原（長野市）で戦い、十月二十日に勝利した。長秀はようやく塩崎城（長野市）に逃れたが、長秀の将坂西長国《ばんざいながくに》一隊は大塔《おおとう》（長野市）の古要害（かつて城だった場所）に立て籠もった。村上軍が城の周囲を取り囲んだので、長国たちは動くに動けなくなり、食糧に窮し、ついに馬までも食べた。結局、古要害に籠もった兵たちは打って出たが、多勢に無勢の上、飢えて体力が衰えていたこともあって、ほとんどの者が殺された。一方、塩崎城の長秀は、その後なんとか京都に逃げ帰ることができた。

大塔合戦後、室町幕府は信濃国を直轄国として国人の懐柔策を取ったが、混乱は鎮静しなかった。長秀の弟である政康《まさやす》は、応永二十三年（一四一六）十月の上杉禅秀の乱、応永三十年の足利義持が起こした乱で戦功をあげ、応永三十二年に信濃国守護に補任された。

領域拡大

永享八年（一四三六）十二月二十日以前、村上頼清《よりきよ》は小笠原政康（正透）と境を争って敗れたので、関東管領の足利持氏《あしかがもちうじ》に支援を求めた。これに応じた持氏は軍を信濃に発向させようとしたが、執事の上杉憲実《うえすぎのりざね》の諫めにより、思いとどまった。当時、村上氏は幕府の敵対勢力として意識されていたので、二十日に将軍足利義教が政康の軍功を賞して太刀などを与えた。

村上頼清は永享九年に幕府に降り、八月十八日に上洛して将軍に謁見した。幕府は永享年中（一四二九～四一）以来の将軍御番衆の結番を定めたが、その中に村上右京亮《うきょうのすけ》入道・村上彦三郎・村上弥四郎が、文安年中（一四四四～四九）結番を定めた中にも、村上右京入道・村上掃部助《かもんのすけ》の名前が見える。

長禄三年（一四五九）九月に村上顕胤《あきたね》は、紀伊国（和歌山県）高野山蓮華定院《れんげじょういん》を領民の宿坊に定めており、地域領主としての性格を見せている。

寛正六年（一四六五）六月九日、幕府は小笠原光康に上杉房定と一緒になって村上兵部少輔・高梨政高《たかなしまさたか》などを討つよう命じた。村上氏と小笠原氏の確執はその後も続いていたのである。

応仁元年（一四六七）十月十八日に村上頼清は海野氏幸《うじゆき》と小県郡海野《うんの》（東御市）で戦い、敗死させた。これにより村上氏は小県郡で所領を拡大し、この地域で勢力を伸ばしていった。

第二節　戦勝に沸く

姿を見せる義清

本章の主人公である、村上顕国の子として文亀元年（一五〇一）に生まれた義清が記録上に最初に姿を現すのは、諏方社上社の神長守矢頼真が書いた『神使御頭之日記』で、「この年五月十三日、頼重《（諏方）》、武田信虎合力のため海野へ出張。同じく村上殿、三大将同心にて尾山攻め落とされ候」と記載されている。

甲斐を平定し諏方郡へ攻め込んだ信虎は、天文十年（一五四一）五月に戦っていた諏方頼重と和睦して、佐久・小県方面に矛先を変えた。義清も信虎や頼重とともに海野に向かい、海野氏・禰津氏・矢沢氏などを攻めた。守矢頼真は村上義清を諏方頼重と武田信虎と合わせ、「三大将」として扱っている。しかも、この記録で頼重と信虎には敬称を付けず、義清だけに「殿」を付けており、信濃の中で彼がどのくらいの地位にいたかがわかる。要するに、彼は特別な人だったのである。

この結果、「次の日海野平《うんのだいら》、同じく禰津悉く破り候。この時頼重より神長采配《さいはい》を切られ候間、この如く御本意満足候」（『神使御頭之日記』）という状態になった。信虎とその連合軍が海野平を平定し、禰津氏を破ることができた理由を、上社側は頼重の依頼により神長が采配を切ったので、勝てたのだと主張しているのである。当日は大雨が降り、洪水になった。禰津氏は諏方氏と同じ神一族なので、頼重の口利きによって召し返された。「矢沢殿も色々侘び言申され候。海野殿は関東へ越し、上杉殿頼み申され」と、地域の盟主だった海野棟綱《むねつな》は関東管領の上杉憲政を頼って上野（群馬県）に落ちていった。

一連の軍事行動を『高白斎記』は、「天文十辛丑《かのとうし》五月小丁亥《ひのとい》、二十五日海野平破る。村上義清、諏方頼重両将軍出陣」とする。義清を頼重より先に書いており、ここでも義清が当時甲州側の武将によって、いかに高く評価されていたかが窺える。同年七月、海野氏に味方した上杉憲政軍が佐久郡や小県郡に攻め込んできたために、長窪（小県郡長和町）まで出馬した頼重は憲政と和睦した。

頼重が憲政と結んだので、義清も信虎も出し抜かれた形になり、上杉軍が信濃の奥深くまで攻め込んでくるだろうと身構えたが、敵は芦田郷（北佐久郡立科町）を攻撃して、そのまま帰陣した。

信玄が武田氏の当主となった当初、義清と信玄は協力関係にあり、両者の中間地帯にあたる佐久郡や小県郡を挟み撃ちしていた。ところが、両者とも勢力を拡大し、やがて領域が接すると嫌でも衝突するようになった。

志賀城陥落

諏方を手に入れた信玄は天文十一年十二月、小県郡禰津（東御市）の豪族禰津元直の娘と祝言をあげ、血縁関係をテコにして、佐久郡侵略の布石を敷いた。翌年九月九日、武田軍は大井郷（佐久市）を中心に勢力を持つ大井貞隆を討とうと甲府を出発し、十七日に長窪城を攻め、十九日に貞隆を生け捕った。

天文十五年五月六日、信玄は内山城（佐久市）で抵抗を続けた大井貞清を攻撃するため、前山城（佐久市）に着いた。武田軍は九日から攻撃を開始し、翌日水の手を断ち、十四日に本城以外を奪取した。結局、貞清は二十日に降伏し、城を明け渡して野沢（佐久市）へ移った。貞清父子は天文十六年五月六日に甲府へ出仕した。

志賀城跡遠望（佐久市）

志賀城（佐久市）の笠原清繁は、西上野の豪族や、関東管領上杉憲政などの支援を受け、頑強に抵抗した。信玄は天文十六年七月十八日、志賀城攻撃の軍を動かし、閏七月十三日に自身も出馬して、二十日に桜井山城（佐久市）に着いた。

武田軍は二十四日午前六時頃から正午頃まで激しく攻め立て、

翌日水の手を切った。その上、武田軍には小笠原氏や山家氏などの援軍も加わった。金井秀景《かないひでかげ》の率いる上野軍が志賀城支援のためにやって来たが、小田井原（北佐久郡御代田町）で板垣信方・甘利虎泰・横田高松《よこたたかとし》・多田三八などの迎撃を受けて、八月六日に大将格十四、五人と雑兵三千人ばかりを討ち取られて潰走した。武田軍が討ち取った首を城のまわりに並べて、籠城する者たちの恐怖心をあおったので、志賀城の兵たちは長い間水不足で苦しんでいたこともあり、士気を喪失した。結局、十一日に至って城主父子や城兵三百人ばかりが討ち死にして城は陥落した。

上田原合戦

天文十七年正月十八日に信玄は具足を着け、信州が自分の思う通りになったら、戦功に応じて領地を与えると、家臣たちに約束手形を与え、上田原（上田市）に向けて出陣した。その状況は『高白斎記』に、次のように記されている。

十八日乙未《きのとひつじ》、御具足召し始める。信州本意においては相当の地宛行《あてが》うべきの由御朱印下され候。二月大丁未《ひのとひつじ》、坂木へ向かう。雪深く積もり候間、大門峠より御出馬、細雨、夕方、みぞれ、二日戊申《つちのえさる》、小山田出羽守（信有）出陣、十四日庚申《かのえさる》、板駿（板垣信方）・甘備（甘利虎泰）そのほか討ち死に。十五未刻申し来る。十七日辛亥《かのとい》、甘利藤三を呼ぶ。兵始めて仕始める。申刻門に並び東方に出向く。十九日相模（今井信甫）と高白談合いたし御北様へ申し上げ、野村筑前守・春降出雲守両人の陣所へ参り、御帰陣の御意申し上げる。

二月一日、信玄は大門峠（茅野市と小県郡長和町の境）から義清を攻めようと坂木へ向かった。その日の夕方、それまで細かく降っていた雨がみぞれに変わった。二日に甲斐郡内《ぐんない》の領主小山田信有《おやまだのぶあり》が出陣した。二月十四日、義清と信玄は上田原（上田市）で刃を交え、武田軍の板垣信方、甘利虎泰その他が討ち死にした。十五日の午後二時頃、彼らが戦死したという報告が信玄のもとへ来た。十七日になって信玄は甘利昌忠を呼び、情報を得るとともに作戦会議を開き、四時頃になって陣所の門に並んで東方に出向いた。信玄は上田原に留まり、巻き返しを狙っていたが、十九日になって今井信甫《いまいのぶすけ》と高白斎とが相談し、信玄の母親になんとか帰陣を促して欲しいと依頼した。彼女はこれに同意し、彼女からの指示を受けた野村筑前守と春降出雲守が信玄の陣所に行き、帰陣するよう説得した。

重臣の戦死情報が丸一日もかかって伝えられたほど、武田軍は混乱していたのである。その後も信玄は上田原に留まったので、家臣たちが配慮して信玄の母親を通じて、帰陣を勧めたほど、大きな敗戦だった。

『勝山記』には、この年二月十四日、村上氏の館の近所にある塩田原という場所において、信玄と義清で合戦をした。互いに見合って、千曲川支流の産川《さんかわ》を軍事上の最前線にし、攻撃軍を出したり引いたりした。結局は武田軍が負けて、板垣信方・甘利虎泰・才間信綱《さいまのぶつな》・初鹿野《はじかの》伝右衛門《でんえもん》といった人々が討ち取られた。今回の合戦では武田信玄も怪我を負った。武田勢は力を落としたが、信玄は本陣に踏みとどまったままだ、と記されている。

完全な敗戦にもかかわらず信玄が一向に退却せず、そのまま陣を動かそうとしなかったのは、戦場に留まることが負けていない証拠だと主張する根拠になると考え、さらなる対抗策を練ろうとしたためであろう。

板垣信方を祀った板垣神社（上田市）

地の利を知り尽くしていた義清は、上田原の合戦で信玄の重要な家臣たちを多く討ち取り、信玄にまでも傷を負わせて、圧倒的な勝利を得たのである。この敗戦によって甲斐は「一国に歎き限りなし。去れども軍《いくさ》止まず」（『勝山記』）という状況になった。

二月二十二日に村上義清が、関東管領の上杉憲政に従い当時上野にいた小林平四郎に書状を書いた（A）。

この度御合力《ごうりき》の儀について、諸山上総介《もろやまかずさのすけ》をもって申し出で候ところ、御納得祝着《しゅうちゃく》の至りに候。然れば大井方一諾《いちだく》申され候。下地《したぢ》方の事、義清に於いて別条あるべからず候。去又《さてまた》本主ある地に至りては、前々相定め候員数の如く、替え地をもって申し断るべく候。早速御越山《えつざん》専要候。去る十四一戦を遂げ、板垣（信方）を始めとして究竟《くっきょう》の者ども討ち取り候上、敵陣敗北程あるべからず候。その内御意に懸けらるべき事待ち入るばかりに候。委曲《いきょく》彼の口上にこれを付与せしめ候の間、具《つぶさ》ならず候。恐々謹言。

村上
義清（花押）

二月二十二日
小林平四郎殿

（個人蔵）

この度、自分たちに味方していただきたいと、諸山上総介を使者にして申し出たところ、納得してくれたので大変ありがたく思います。このことについては、大井方も了承しております。もし、自分が勝った場合、土地に関しては約束した通りあなたに渡すようにします。ただし、持ち主がある場所に関しては、前々から決めておいた収益の数字に従って替え地を与えます。それ故に、早速こちらに来ることが最も大事です。なお、去る二月十四日に武田信玄と一戦を行い、板垣信方をはじめとして屈強の者たちを討ち取った

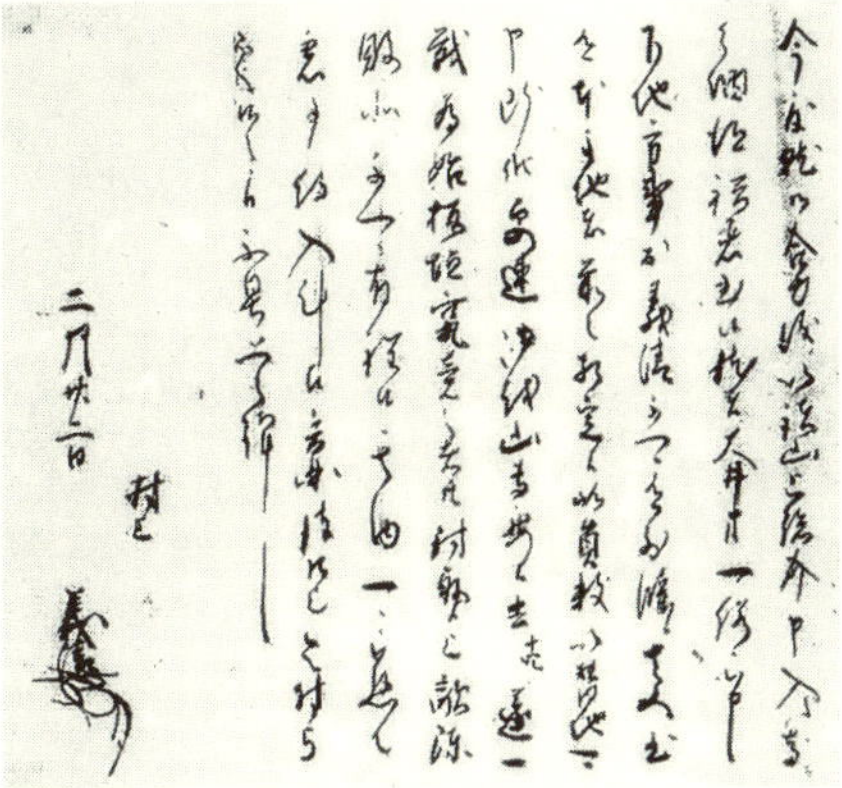

村上義清書状
（個人蔵・群馬県立歴史博物館 提供）

ので、敵は間もなく敗北することでしょう。そのうちにあなたの意に添うようになることを待っています。詳しいことは使者に口上するようにと申し伝えてありますので、ここでは簡単に記すに留めます。恐れながら謹んで申し上げます。

この文書は上田原合戦から八日後に小林平四郎に対して参陣を促した内容であるが、合戦で勝利した義清の意気揚々たる感情がにじみ出ている。

圧勝 砥石合戦

信玄は七月十九日に至って、塩尻峠で小笠原長時軍を急襲して勝った。信濃守護の軍を破ったことによって、上田原合戦の痛手から立ち直り、再度信玄の信濃侵略が進められた。

村上義清はそうした信玄を天文十九年（一五五〇）に砥石（戸石）合戦で再度敗戦に追い込んだ。

『高白斎記』をもとにして武田軍の側から戦いの概観をまとめると、次のようになる。

八月二十四日に砥石城偵察のために、今井藤左衛門と安田式部少輔が辰刻（午前八時頃）に陣所を出て、酉刻（午後六時頃）に帰った。翌二十五日、同様にまた大井上野助（信常）・横田備中守（高松）・原美濃守（虎胤）が出かけたが、長窪《ながくぼ》（小県郡長和町）の陣所の上、辰巳《たつみ》（南東）の方角に黒雲の中に赤雲が立ち、西の雲が先になびく気があった。二十七日の辰刻、武田軍は長窪を出発した。二十八日、砥石の城際、屋降（場所不明。屋降《むねくだり》で米山城から南西の尾根とする説もある）という地に陣を据えた。二十九日の午刻（正午頃）に信玄が敵城の際へ見物のため出て、兵は矢を射始めた。九月一日の申刻（午後四時頃）、清野氏が信玄に出仕してきた。九月三日に武田軍は砥石の城際まで陣を寄せ、九日の夕方六時頃から攻撃を開始した。九月十九日に須田新左衛門が信玄に誓いの言葉を述べて、配下に入った。こうして義清の周辺にいた人たちは、次々と武田の軍門に降った。

二十三日の午前四時頃に清野方より、村上義清と現在の中野市方面に勢力を持っていた高梨《たかなし》政頼《まさより》が、行路の半ばにおいて対面し、和談した上で一緒になって二十二日に武田方の寺尾城（長野市）を攻撃したとの注進があった。

当時の信濃では地域ごとに住む領主が互いに争い、国としてまとまっていなかった。そこで、信濃に攻め込んだ武田軍は、遠交近攻策をとり、攻めようとする地域の領主と対立する他地域の領主と結んで、小さな勢力しか持たない敵を一つ一つつぶしていった。ところが、この時には北信濃において村上氏に次ぐ勢力を持っていた高梨氏と村上氏とが和談をし、連合して信玄に立ち向かう態勢を調《ととの》えたのである。

真田幸綱は寺尾城を助けるために出陣した。『高白斎記』には、その後の様子が「勝沼《かつぬま》衆虎口を一騎合い同心始終存知候。二十八日雨宮《あめのみや》と坂木は退出仕るの由注進。子刻真田弾正（幸綱）帰陣、晦日御馬を納めらるべきの御談合。十月小辛酉（一日）、卯刻御馬を入れられ、御跡衆終日戦う。酉刻敵敗北。その夜望月《もちづき》の古地御陣所」と記されている。

信虎の弟の信友に始まる親族衆である勝沼氏の軍勢が、砥石城の虎口を攻撃した。二十八日に雨宮氏と村上義清が城を去ったと信玄に連絡が入った。深夜零時頃に真田幸綱が陣所に帰ってきた。翌日、武田軍では兵を撤退させるべきだと話し合い、十月一日の午前六時頃に撤退を開始した。これを村上勢が攻撃してきたが、午後六時頃に武田軍が勝利した。一日戦っていたが、その夜は望月の古城に陣所を置いたという。

信玄の重臣が書いた記録だけあって、武田方の敗戦の模様は記されていない。ただ、黒雲の中に赤雲が立ち、西の雲が先になびく気があったなどと、不思議なことが記されている。これが敗戦を暗示していたと理解されたのであろう。

砥石城跡遠望（上田市）

同じ甲州でも富士山北麓に住んだ僧侶がまとめた『勝山記』には、敗戦の状況が次のように示される。九月一日に信玄は信州の砥石城を取り除こうとしたが、横田高松をはじめとして有力者たち千人ばかりが討ち死にした。「されども御大将はよく引きめされ候」（御大将の信玄公はさすがにたいしたもので、うまく引き退くことができた）。郡内の住民としては、小沢式部殿・渡辺雲州が討ち死にした。遠くでは国中《くになか》（甲斐国の郡内を除く地域）の人々が皆命を捨ててしまった。このために「歎き言語道断限りなし。されども信州の取り合い止まず」（人々の嘆きは言いようもないくらいだった。しかし、武田軍が信州で行っている戦争は止まなかった）と続けている。

武田軍の敗戦に至る状況を見ると、砥石城を攻撃して膠着《こうちゃく》状態に陥り、落城させることができないからと退却を始めたところ、背後から村上軍に襲撃されて一気に崩れ去ったようである。村上軍は武田軍の油断を狙い、なおかつ地形などをよく知っていて地の利を活かして攻撃を加え、勝利したのである。

戦争で重要な要素に、地域・地理・地勢を知っていること、士気が上がっていることがあるが、村上方は武田軍の侵略に対して祖国防衛の意識もあって士気が高かった上、地理を熟知していて攻撃場所を選んだ。これに対して勝ち続けてきた武田軍は、簡単に城が落ちるだろうとやや安易に考え、地理も詳しく調査しなかったのであろう。村上義清はよく冷静に時期を見て、武田軍を攻撃したといえる。

第三節　信濃落去

葛尾城落城

義清は武田軍を砥石合戦で撃破すると、信玄に対する攻勢を強めた。彼の再度の勝利は信州の武士たちを勇気づけ、反武田の動きが一気に噴出した。義清は府中の小笠原長時を援助し、平瀬城（松本市）に戻らせ、深志城を奪還させる手助けをしたので、小笠原軍が優勢になった。しかし、信玄の出馬を聞いた義清は長時に無断で川中島に帰った。本拠に戻った義清は佐久に侵入し、十一月一日に小諸へ移り、十三日に野沢（佐久市）や桜井山（同）などに放火した。

天文二十年（一五五一）五月、義清の配下にあった砥石城が武田方の真田幸綱によって攻略された。砥石城の陥落をきっかけに岩尾城（佐久市）の岩尾弾正（大井行真《ゆきまさ》）も信玄に降伏し、出仕した。

秋になると義清の軍が武田方の丹生子《にゅうのみ》（大町市）を陥れたが、小笠原勢の籠もっていた平瀬城は十月二十四日、武田勢の攻撃を受けてつ

内山城跡 遠望（佐久市）

いに陥落した。十月二十七日、武田軍は小笠原方の小岩嶽城（安曇野市）にも放火した。この時に小岩嶽城は落ちなかったが、翌天文二十一年八月一日に武田軍が再び攻撃を開始したため、十二日に城主が自害し、五百余人が討ち取られて落城した。こうして安曇・筑摩の両郡は信玄の支配下に入り、長時を支援してきた義清の影響力が失われた。

天文二十二年（一五五三）正月二十八日、信玄は佐久郡の内山城の城代小山田《おやまだ》昌成《まさなり》へ、「閏正月六日に長男の義信と出陣するが、砥石城再興のためであって、軍事行動ではないと申し触れよ」と命じた。その後、三月二十九日に信玄は深志城を発って苅屋原（松本市）に着いた。翌日、武田軍は苅屋原城の近辺に放火し、四月二日に城を攻め落とし、城主太田長門守を捕虜にした。武田軍の勢いに圧倒されて、同日夕方には塔ノ原城（安曇野市）も開城した。四月三日、武田軍は虚空蔵山（松本市）へ放火し、苅屋原城を破却して鍬立を行った。

塔ノ原城跡の堀切（安曇野市）

四月六日、十二人の武田勢の先陣が、義清の本拠地である葛尾城の攻略に向かった。義清は武田軍に抗しきれないと判断し、上杉謙信のもとへ落ち延びることを決めたので、九日午前八時頃、戦うことなく葛尾城が落城した。信玄のもとへは午後の四時頃に、九日の午前八時頃に葛尾城が自落したと情報が入った。この日、信玄のもとに屋代政国《やしろまさくに》（千曲市）と塩崎氏（長野市）が出仕した。十日に石川方へ使いのために朝見越前がやって来た。十二日には武田信繁のお供をして高白斎も葛尾へ使者として行った。四月十五日、信玄は苅屋原を発ち、青柳（筑北村）へ着陣した。この場へ石川氏（長野市）が出仕し、大須賀久兵衛（坂城町）もやって来た。久兵衛は義清に属していたが、これより以前に信玄に帰属し、葛尾城の防衛線である狐落城《こらくじょう》（坂城町）を攻めて、小島兵庫助らを討ち取っていた。

戦国争乱の時期においては地域の領主であっても、危なくなったら山城へ逃げ込み、降伏するか、他所へ逃げてしまえば命が助かるので、戦わずに「自落」する。村上義清が逃げ込んだ葛尾城の周囲をすべて取り囲んで、蟻《あり》の子一匹入れないようにするだけの力は信玄といえどもなかった。したがって、義清が逃げようと思えば、葛尾城から北方に尾根伝いに簡単に逃げることができたのである。

屋代家に伝わる旗指物
（千曲市教育委員会蔵）

戦国時代には、敗色が濃くなったら自分が籠もっている山城などを自落させた。信濃の守護であった小笠原長時にしても、北信の村上義清にしても、信濃に住んでいた重要な人たちのほとんどが命を永らえているのは、自落によって逃げたからである。

葛尾城を自落させた義清は高梨政頼を介して上杉謙信

に助勢を求めた。これに応じて、上杉謙信が信濃に兵を進めてきた。この結果、いわゆる川中島合戦が始まった。

川中島合戦

天文二十二年(一五五三)四月九日に葛尾城が落城すると、信玄の攻撃目標は川中島四郡(更級《さらしな》郡、埴科《はにしな》郡、高井《たかい》郡、水内《みのち》郡)に移り、やがて北信濃支配の拠点として永禄二年(一五五九)から海津城《かいづじょう》(後の松代城。長野市)が築かれた。

四月二十二日、謙信の支援を受けた村上義清は上杉勢と北信濃の連合軍とともに五千人ほどで、八幡《やわた》(千曲市)へ向かっていた武田軍に攻撃をしかけた。連合軍は優勢で、二十三日に葛尾城を守っていた於曽《おぞ》源八郎などを討ち取った。信玄は決戦を避けて、二十四日の午前八時頃に苅谷原(松本市)に退いた(第一回川中島合戦)。勝利した義清勢は、坂木《さかき》(坂城町)をはじめ和田(小県郡長和町)・塩田(上田市)方面を回復し、塩田城(上田市)へ入った。

上杉謙信像
(常安寺蔵・長岡市提供)

信玄は三カ月後に佐久口から再び信州に入り、八月一日に長窪（長和町）に陣を敷いて、和田城（同）を攻め、城主以下を皆殺しにした。四日には高鳥屋城《たかとやじょう》（上田市）を落とし、籠城衆を全滅させ、内村城（同）も落城させた。翌日、義清が籠もっていた塩田城も陥落し、義清が逃亡したため、信玄はこの城を飯富虎昌に守らせた。こうして、信玄は対謙信の初戦における敗退を挽回した。

謙信は劣勢の義清を支援しようと信濃に攻め入り、武田軍と布施《ふせ》郷（長野市）で戦い、九月一日に更級郡八幡《やわた》（千曲市）等で勝利し、やがて青柳城《あおやぎじょう》（東筑摩郡筑北村）などを攻撃した。

義清と信玄が取りあった塩田城跡
（上田市・同市 提供）

天文二十四年（弘治元年。一五五五）、村上義清が高梨政頼などとともに支援を求めたので、上杉謙信は七月に信玄を討とうと善光寺に兵を進めた。信玄も大塚（長野市青木島町）に陣を敷き、十九日に両軍が戦った。

『勝山記』によれば、七月二十三日に信玄が信州へ馬を出したので、義清は高梨政頼とともに越後の上杉謙信に救援を依頼し、謙信も二十三日に出馬して善光寺に陣を張った。謙信が寺社に宛てた願文によれば、彼が信州に出馬した理由は、信玄が悪逆非道で、村上殿、高梨殿に頼まれたからだとする。

善光寺平で戦争を続ける名目のために、謙信は懐に飛び込んできた義清や政頼を手放すことができなかった。信玄が信濃侵略をしているのに対し、我が軍は正統な善光寺平の支配者である村上義清に救援を依頼された、正義のために戦争をしているのだと主張する根拠になったからである。

旭山城跡遠望（長野市）

信玄に味方した善光寺の別当だった栗田《くりた》氏は旭山城（長野県庁のすぐ西側の高い山）に入城した。そこに「武田の晴信人数を三千人さけはり《下げ針》をいる《射》程の弓を八百丁、てつはう《鉄砲》を三百から（武田晴信（信玄）が配下の人数三千人、下げた針を射ることができるほど精度の高い弓を八百挺、鉄砲を三百丁）」を入れた（『勝山記』）。記載が事実だとすると、鉄砲が日本にもたらされた天文十二年（一五四三）からわずか十二年で、信玄は実に三百丁もの鉄砲を旭山城に入れたことになる。しかも、所有するすべての鉄砲をここに総動員するわけがないので、武田の鉄砲配備は相当な数であったことになる。

以後長年にわたって川中島合戦が展開されるが、武田氏滅亡までの上杉氏との関係を年表にすると、概略次のようになる。

天文二十二年（一五五三）四月二十二日　武田軍と上杉・村上の連合軍が八幡（千曲市）で戦う（第一回川中島合戦）。
八月　両軍が布施（長野市）で戦う。
九月一日　武田軍が上杉軍に八幡で敗れる。
天文二十四年（一五五五）七月十九日　両軍が川中島で戦う（第二回川中島合戦）。
閏十月十五日　今川義元の調停により講和、双方とも兵を引く。
弘治元年（一五五五）八月　真田幸綱が尼飾城《あまかざりじょう》（長野市松代）を落城させる。
弘治二年（一五五六）二月十五日　武田軍が葛山城（長野市）を落城させる。
弘治三年（一五五七）三月二十四日　これより先、武田勢が飯山城（飯山市）に高梨政頼を攻める。この日、謙信が高梨から飯山城を支えることが難しいと連絡を受けて出陣する。
四月二十一日　謙信が善光寺に陣を敷く。
四月　謙信が飯山城に後退する。
五月十日　謙信が小菅山元隆寺（飯山市）に願文を奉納する。
五月十二日　謙信軍が高坂（飯綱町）を攻めて放火、翌日坂木・岩鼻（坂城町）まで攻める。

		謙信が飯山に引き返し、野沢の湯（野沢温泉村）に陣を進める。
	七月五日	武田軍が小谷《おたり》（小谷村）を攻略する。
	八月二十九日	両軍が水内郡上野原（長野市）で戦い、謙信がこの日戦功のあった者を賞する（第三回川中島合戦）。
永禄二年（一五五九）		信玄が海津城（長野市松代）を築かせる。
永禄三年（一五六〇）	八月二十五日	謙信が関東出兵の留守中における掟を定め、信濃を飯山城の高梨政頼に任せる。
	九月	信玄が佐久郡松原明神（南佐久郡小海町）に亀倉城（飯山市）の陥落を祈願する。
永禄四年（一五六一）	九月十日	両軍が川中島で激突する（第四回川中島合戦）。
永禄五年（一五六二）		信玄が飯山城を攻める。
永禄七年（一五六四）	三月十八日	武田軍が野尻城（信濃町）を攻略する。
	三～四月	武田軍が飯山口の番所を占領する。
	四月二十日	謙信が岩井信能《いわいのぶよし》を派遣して、上倉下総守などに飯山周辺の陣所の警固を命じる。

七月二十九日　謙信が善光寺に着く。
八月三日　謙信が川中島に陣を張る。
八月　謙信が塩崎（長野市）に出陣、武田軍と対陣する（第五回川中島合戦）。
十月一日　謙信が飯山城を修築して目付を置き、信玄の軍に備えさせた上で春日山城（上越市）に帰る。
永禄十一年（一五六八）　七月十日　信玄が飯山城を攻撃、赤見源七郎に感状（戦功のあった者へ主家や上官が与える賞状）を与える。
元亀四年（一五七三）　四月十二日　信玄が没する。
天正三年（一五七五）　五月二十一日　武田軍が長篠《ながしの》合戦で敗退する。
天正六年（一五七八）　三月十三日　謙信が没する。
五月十三日　謙信の跡目をめぐって景虎《かげとら》と景勝《かげかつ》が対立し、景虎が御館《おたて》城に逃げ込んで御館の乱が始まる。景虎方に飯山城から援軍が来る。
六月　景勝が勝頼と和睦して、飯山地方を譲る。
天正七年（一五七九）　三月二十四日　景虎が自害する。

十月二十日　勝頼の妹が景勝に輿入《こしい》れする。

天正十年（一五八二）　三月六日　勝頼配下の飯山城将禰津常安の求めに応じて、景勝が勝頼に援軍を送ることを約束する。

三月十一日　勝頼が戦死し、武田氏が滅亡する。

第一回の川中島合戦が善光寺平の最南端で行われ、第二回が長野市南部、第三回が水内郡上野原と次第に善光寺平の北部に戦線が進んでいく。勝頼の代になると上杉氏の信濃の砦であった飯山城（飯山市）すら、武田氏の支配下に置かれるようになった。全体としては武田氏に有利に展開していくのである。

謙信のもとで

村上義清がその後どうなったかについては、史料が残っていないため、ほとんどわかっていない。

義清は永禄八年（一五六五）、越後国頸城《くびき》郡の根知《ねち》（新潟県糸魚川市）に移って、後に剃髪したとされる。根知に移ってから四年後と推定される永禄十二年(一五六九)、彼は飛騨の高原諏訪城《たかはらすわじょう》(岐阜県飛騨市)主江馬輝盛《えまてるもり》の家臣で、中地山城《なかちやまじょう》(富山市)主の河上式部丞《しきぶのじょう》に宛て、次の書状を出した(B)。

重ねて濃州《のうしゅう》用所について若林采女《うねめ》差し越し候。路次《ろじ》中上下の儀悉く皆頼み入る迄に候。随ってはご正印より輝虎へ仰せ入れず候。然らば御造作などは御無用に候。御書中ばかり御越しならば、この方にて用意申すべく候。くわしくは若林申すべく候の条、具《つぶさ》に能わず候。恐々謹言。

村上
義清(花押)

七月十七日
河上式部丞殿
参

(古守家文書)

重ねて美濃国の織田信長への用事について若林采女を派遣致します。往復の道中のことはすべてそちらにお願いします。御正印からは上杉謙信に対して申し入れをしておりません。それ故、手間や費用のかかるもてなしなどは無用にお願いします。手紙だけいただければ、私の方で用意致します。詳しくは若林采女が申し上げますので、細かくは書きません。

義清がこの書状を出す前に、上杉輝虎(謙信)が次の書状を出している。

以前、若林采女允《うねめのじょう》をもって、輝盛《てるもり》へ申し届け候処、初儀ならず候と雖も、其の方の取り成し故、いよいよ入魂《じっこん》の旨、喜悦に候。向後の儀も無二に申し談ずべき心中に候。畢竟《ひっきょう》、取り成し任せ入り候。猶《なお》、村上源五方演説有るべく候。恐々謹言。

追って、織田信長へ音信のため、使僧差し遣わし候。路次中相違無き様に、馳走頼み入り候。以上。

七月二日　　輝虎(花押)

河上伊豆守殿

同　中務少輔殿

(長岡市立図書館所蔵文書)

以前、若林采女允を通じて江馬輝盛へ意を伝えたところ、これが初めてのことではありませんが、あなたが取りなしてくれたおかげで、これまでにも増して昵懇になり、大変喜んでおります。これからのことも無二に親しく申し談じていきたいと思っています。つまるところ、引き続き取り成しをお任せします。なお詳しくは村上国清《くにきよ》（山浦景国《やまうらかげくに》。義清の子）の方から直接話をするようになっております。追って、織田信長へ連絡するために使僧を差し遣わしました。途中の道筋で間違いが起きないように、奔走することをお願い致します。

内容から永禄十一年（一五六八）頃と推定されるこの書状で、謙信は河上氏に江馬輝盛への仲介の礼を述べ、あわせて織田信長へ派遣した使僧に道中における便宜をはかって欲しいと依頼した。宛名の河上氏は江馬輝盛の家臣で、中務少輔は中地山城主の富信《とみのぶ》である。ちなみに、江馬氏は永禄七年頃から上杉家と接近し、親交を深めようとしていた。

現在知られる義清が信州を去ってからの確実な文書は、この（B）の一点だけである。義清がほとんど文書を出していないのは、謙信の家臣としてそれほど重要な役割を与えられていなかったためであろう。しかしながら、謙信にとっては義清がその家柄や経歴、親族関係からして、他国と上杉家との外交に十分使え、さまざまな面で利用価値が高かったのである。

義清の墓

義清は一般には永禄八年（一五六五）に越後の根知城で亡くなったとされるが、水戸村上家の史料では元亀四年（一五七三）元旦に死亡したという。後者なら、宿敵ともいえた武田信玄と同じ時期に亡くなったことになる。これも両人の因縁といえるだろう。

義清の墓や供養塔は各地にある。新潟県糸魚川市根知の安福寺敷地内にある壊れた五輪塔が彼の墓だとされる。また、新潟県上越市直江津国府にある光源寺の裏の五輪塔も墓だとされるが、一説にこれは義清が先祖の冥福を祈るために建立したものだともいわれる。新潟県津南町芦ヶ崎赤沢の根津墓地には根津氏の末裔《まつえい》により建立された供養塔がある。村上氏の根拠地である坂城町坂城には、明暦三年（一六五七）に代官長谷川利次が義清の子孫や義清の家臣の子孫等にはかり、自ら施主となって建立した供養碑がある。さらに、長野県飯綱町芋川田中にある村上墓地の石塔も墓だといわれる。

村上義清の墓
（新潟県上越市・光源寺）

義清の文書

村上義清の文書は全部で三点しか知られていない。

一つはすでに見た天文十七年（一五四八）に武田信玄と上田原で戦ったことに関連する文書

（A）である。二つめは『岐阜県史』編纂の際に発見されたもので、永禄十二年（一五六九）に出されたと推定されている前述の書状（B）である。

三つめは従来知られていた、次の文書である（C）。

御差符の事承り候。前々の如く無沙汰これなく申し付け候。御神前に於いていよいよ御祈念頼み入り候。委曲《いきょく》御使い申し届けらるべく候。恐々謹言。

六月九日　　　　義清（花押）

神長殿

御返事　　　　（守矢家文書）

諏方社の御頭の役割について承りました。私としては従来通り無沙汰のないようにと命じました。諏方明神のご神前において、これまでにも増して、いよいよ私のためにお祈りをしてくれるようにお願い致します。細かい点については、私の方から遣わす使者が申し上げます。

これまでは（B）だけが正しい文書だといわれてきたが、（C）の花押と（A）の花押が似ている。

もし(A)の文書が本物だとしたら、(C)の文書も信用できる可能性が高くなる。(A)の文書が本物であるなら、村上義清は戦争に際し家臣に対して約束手形を出していたことになる。(A)の文書が特別なものでないとすると、こうした文書がいくつか出ていたはずである。

武田信玄については千五百点以上の史料が残っているので、信玄は文字(文書)を媒介にして家臣や領民を支配していたといえる。これに対して村上義清はほとんど文書を出していないのである。

文書をあまり出していない支配は、おそらく音や言葉などを媒介とした支配であろう。音と文字とでは支配の徹底度が異なるが、信玄と義清の文書を出す時の差はハンコの有無である。ハンコは時間をかけずに大量に発給者を示すことができる。また、本人が捺《お》さなくても人に任せることが可能である。何かあった時、信玄の家臣が百でも二百でもハンコを捺して文書を出せば、信玄が出した文書として効力を持つ。戦国大名が印判状を用いるようになる以前は、いちいち本人がサインをして文書を発給していたが、ハンコを用いると時間をかけずに大量に文書を出すことができた。

義清はハンコを使った文書が伝わっていないので(印判状の偽文書《ぎもんじょ》(偽造や変造した文書)は存在する)、全部サインで自分を示していた可能性が高い。ということは、一度にたくさんの文書を出せなかった。先にあげた文書の内容も、(C)は神長を通じた諏方大明神への祈禱の依頼

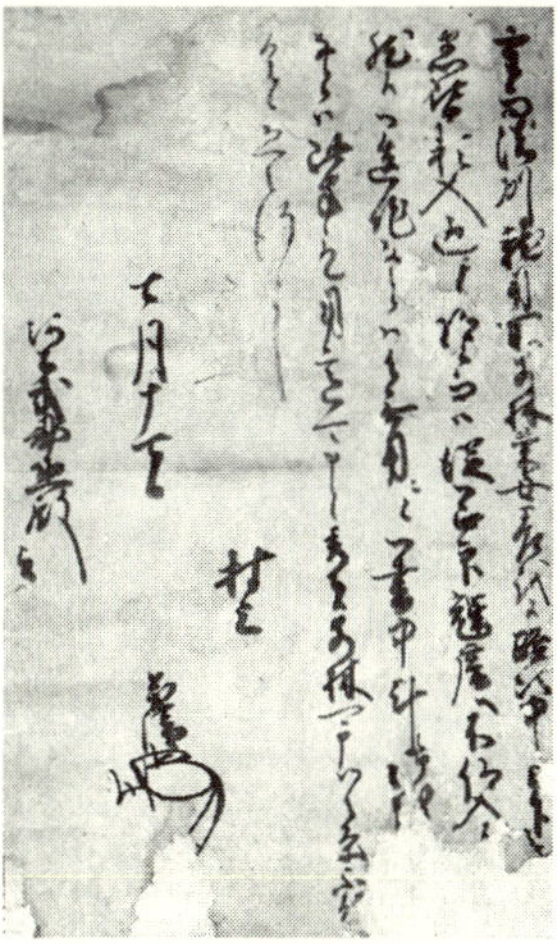

村上義清書状
（個人蔵・長野県立歴史館 提供）

なので、領域支配に関わらない。（B）は上杉謙信の家臣としての活動である。直接的な領域支配に関わるのは、（A）だけである。前掲の文書三点がすべて本物だとしても、支配のための文書は一点に過ぎない。

長野県内で偽文書が多く作られているのは、武田信玄と村上義清のものである。信玄も義清もそれだけ後世の人に人気がある。しかも、両氏とも本家が滅亡しているので、何を主張しても子孫から、それは事実と違うと反対されることがない。ある程度の名家が自分の家の経歴を良くしようとして、証拠となる古い文書を用意する。まったく経歴の無い家は作っても社会的に認めてもらえないから、文書を作らないのである。その意味で、偽文書は偽文書として、独自の歴史を伝えてくれる重要な史料である。

復帰ならず

義清の子供の村上国清（山浦景国）は、天文二十二年（一五五三）に父とともに謙信を頼った。謙信も名家である村上氏を大事にし、国清は謙信の猶子《ゆうし》となり、謙信の養女を娶り、後に山浦上杉家を継いで山浦国清と称した。謙信死後、上杉景勝に仕えて御館の乱の功績により、景勝から一字を与えられて山浦景国と名乗った。天正十年（一五八二）には、海津城代となり父の旧領を回復し、統治を開始した。

天正十二年四月、徳川家康の配下の小笠原貞慶と上杉景勝との争いが激化し、同じく徳川方となった真田昌幸とも緊張関係が大きくなった。そうした中で、景国の下にいた海津城副将の屋代秀正《やしろひでまさ》が室賀氏とともに出奔し、徳川方に味方して荒砥城《あらとじょう》（千曲市）へ立て籠もった。

海津城（松代城、長野市）

屋代秀正の出奔は上杉方にとって大きな痛手となった。同様の動きが広がれば、上杉に味方している北信濃の諸将によって、海津城が奪取される可能性もあったため、景勝は急いで飯山城の軍を海津城へ送り、越後からも援軍を派遣した。一方で信濃の諸将には安堵状を発給して慰撫に努め、景勝自ら海津城に入って、体制の再構築を行った。これほど大きな事件であったため、山浦景国は責任を問われ、城代を解任され、越後山浦領へ帰還した。山浦氏の名跡と所領は辛うじて安堵されたが、再び信濃へ戻ることはできなかった。

山浦景国は天正十八年(一五九〇)、豊臣秀吉(秀吉が豊臣の姓を賜ったのは天正十四年(一五八六)九月九日であるが、混乱を避けるため以下すべて豊臣秀吉で統一する)の小田原征伐において上杉軍の先鋒を務めて活躍した。慶長三年(一五九八)、上杉景勝が会津百三十万石に加増されると、六千五百石を知行し塩之森城(福島県岩代町)代となった。以後の状況は不明であるが、一説には上杉家の米沢移封《いほう》の際に出奔して、浪人となったという。

諏方氏、小笠原氏、真田氏、木曽氏が近世に大名となっていったのと比較すると、村上氏は領地に復旧できない、やや残念な結果になったのである。

義清について

義清については、信玄を破った武将というところに目が向けられ、統治等が話題にされない。江戸時代に日本で最も尊敬された武将は、東照大権現《とうしょうだいごんげん》と神にまでなった江戸幕府の創始者の徳川家康であった。彼は同じく豊国大明神《とよくにだいみょうじん》と神になった豊臣秀吉にすら負けていない。そんな家康を徹底的に破ったただ一人が信玄だった。その信玄が二度までも負けたのが義清ということで、義清の武将としての評価が極めて高いのである。

義清は文亀元年三月十一日(一五〇一年三月二十九日)に生まれ、元亀四年正月一日(一五七三年

二月三日）、あるいは永禄八年（一五六五）に亡くなったとされる。信玄が大永元年十一月三日（一五二一年十二月一日）に生まれ、元亀四年四月十二日（一五七三年五月十三日）に亡くなったのと比べると、義清は二十歳年長ながら、ほぼ同じ時代を生きたことになる。しかし二十歳の年の差は大きい。同じ時代に生きたとは言っても、発想法や統治の仕方は両者で随分異なっている。

その差異の一つに印判状の有無がある。印判状は文書の大量発給につながり、文書を媒介として領域を統治するには重要な手段である。にもかかわらず、義清の発給した文書に確実な印判状がないことは、戦国大名が印判状を利用して統治を行ったことからすると、一昔前の統治方法のように思える。また、伝わっている義清発給の文書数がわずかなのも、印判状を用いて文書を大量発給しなかったこととつながっている。

戦争において二度も信玄に勝ちながら、それが領域統治に結びつかなかったのも、領域を意識しない一昔前の武将だったからであろう。信濃を去ってからの彼の行動でも、特別な能力を発揮しているようにも見えない。村上義清が好きな人は彼を極めて高く評価するが、信玄や謙信に取って代わるほどの能力を持っていたかどうかには、疑問が残る。

第四章　信玄を支える——真田幸綱——

真田幸綱（幸隆）**像**（長国寺 蔵・真田宝物館 提供）

天文十四（一五四五）、五年頃、上野国箕輪城《みのわじょう》（群馬県高崎市）の長野業正《ながのなりまさ》のもとにいた（桃井友直《ももいともなお》が書いた享保十八年（一七三三）の跋《ばつ》を持つ『滋野世記《しげのせいき》』などによる）真田幸綱へ、武田信玄から連絡が来た。

『甲陽軍鑑』の記載では、これより先に信玄は「自分たちの国にならない前に、その国から浪々して出た侍大将が、存命して他国にある場合にはどうしたらよいか」と家臣たちに尋ねた。すると、山本勘助《やまもとかんすけ》が「その者を呼び出しお召し抱えになり、国を切り取って、本来の知行の場所に戻したならば、彼は譜代衆《ふだいしゅう》に劣らずに大将のためにと思い、『どんなことであっても大将のお手が広がりますように』と思案・工夫をします。それぞれの国に住む者は同じ国の古くからの朋輩《ほうばい》の言うことを、他国の者が言うより早く合点しますから、敵方からこちらに帰服する侍が多くなり、その国はすべてお手に入ると承っています」と申し上げた。そこで、信玄は浪人していた真田幸綱と前述のよう

箕輪城跡（群馬県高崎市・同市提供）

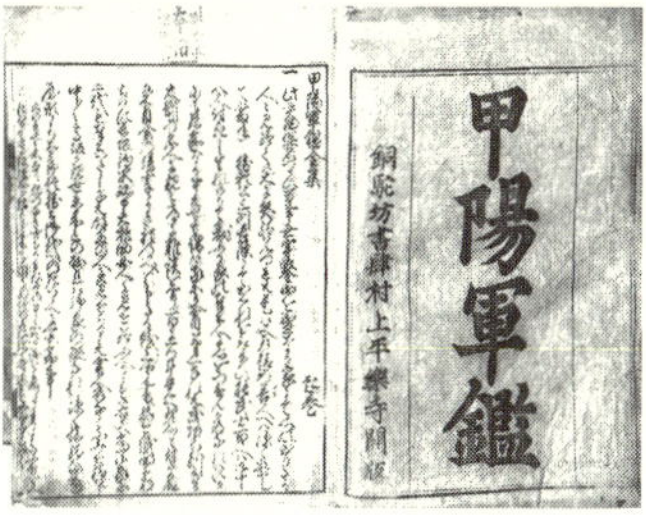

甲陽軍鑑（著者蔵）

に連絡をとって召し寄せ、彼が本来持っていた知行地を渡し、仕えさせたという。

以後、幸綱は信玄のもとで活躍し、その子孫は江戸時代に信濃において松代十万石を領した大大名にまで成長した。幸綱にとって人生を決定したのが、信玄からの誘いを受けた時だったのである。それでは幸綱とはどんな人物だったのか、ここで検証してみたい。

第一節　流浪

幸綱の出自

真田幸村（信繁）のネームバリューもあって、多くの人が知る真田氏であるが、その出自は明らかでない。応永七年（一四〇〇）に守護の小笠原長秀《おがさわらながひで》に国人たちが抵抗して起こした大塔合戦の参加者には、禰津遠光《とおみつ》の一党として桜井・別府・小中田・実田・横尾・曲尾《まがりお》の諸氏が見られる。実田をサナダと読むとすれば、これが真田氏の初見となる。禰津・桜井・別府・小田中は東御市に、真田・横尾・曲尾は上田市に、それぞれ地名・集落名がある。地名と名字との関係からすると真田氏は特別に大きな家でなく、こうした氏と横並びの、一つの集落を領する小土豪にすぎなかったといえる。

吉沢好謙《よしざわたかあき》が延享元年(一七四四)にまとめた『信陽雑志《しんようざっし》』によれば、永享十二年(一四四〇)の結城《ゆうき》合戦に従軍した信濃武士の中に、真田源太《げんた》・同源五《げんご》・源六《げんろく》がいた。したがって、真田氏は遅くとも十四世紀の終わり頃までに真田(上田市)を本拠として、真田を称するようになったようである。

幕末の弘化四年(一八四七)六月に書き上げられた「系譜」によれば、真田氏は滋野《しげの》姓の海野《うんの》氏流で、幸隆(幸綱)は三十三代目にあたる。海野氏は代々小県郡海野郷(東御市)に住み、『保元物語』にも姿を見せる信濃の豪族で、海野・望月・禰津を滋野御三家とも呼ぶ。

「系譜」では、戦国時代に海野小太郎棟綱《むねつな》の子の弾正忠《だんじょうのじょう》幸隆が小県郡真田庄の松尾城(真田本城。上田市)に住んで、初めて真田氏を称したとする。幕府が編纂した最初の大名・旗本の総合的系譜で、寛永二十年(一六四三)にできた『寛永諸家系図伝』(幕府が寛永十八年(一六四一)に浜松藩主太田資宗《おおたすけむね》を奉行とし、林羅山《はやしらざん》が実務を担当して系譜を編纂、寛永二十年完成)にも、幸綱の「代より真田《さなだ》の庄《しやう》に居住《きやぢう》する故をもつて称号とす」と記されている。幸綱が居住地によって真田を称したとするのが、江戸時代における公式見解だったのである。真田の名字を名乗ったはじめが幸綱だとすると、前記の事実より百五十年ぐらい後になり、齟齬《そご》が生ずる。

幸綱は永正十年（一五一三）に生まれたといわれるが、出自には次のような諸説がある。

①『寛永諸家系図伝』、『寛政重修諸家譜』（寛政年間〔一七八九〜一八〇一〕に江戸幕府が編修した系譜集。文化九年〔一八一二〕完成）＝幸綱は海野小太郎幸義《ゆきよし》の長子で、棟綱の孫。

②『先公御事績稿』（真田幸貫《ゆきつら》の命を受け河原綱徳《つなのり》によって天保十四年〔一八四三〕十二月に正編および付録図等ができる）、「真田家系図」、『上田市史』上巻＝父は海野信濃守《しなののかみ》棟綱、母は某。

③『真武内伝《しんぶないでん》』（松代藩士竹内軌定《のりさだ》による真田氏の史書で、成立は江戸時代の享保十六年〔一七三一〕とされている）、『滋野世記』（桃井友直が著し享保十八年の跋を持つ）、良泉寺「矢澤系図」＝幸綱は棟綱の次子で、幸義の弟。兄が嫡流を嗣ぎ、真田庄に分家した幸綱が真田を名乗った。

④白鳥神社石和家「海野系図」＝幸綱は棟綱の娘の子。

⑤飯島家「滋野正統家系図」＝幸綱は棟綱の娘の婿。海野の有力な支流であった真田家へ棟綱の娘が嫁ぐ。

海野棟綱の名前が諸説に出ているが、彼は大永七年（一五二七）四月二十日に高野山蓮華定院を領内の住民の宿坊と定める文書を出している。仮に幸綱の初見をこれまでいわれてきた天文十八年（一五四九）におくと、この間に二十二年、ちょうど一世代くらいの隔たりがある。幸綱の正式名称は四阿山《あずまやさん》白山神社奥宮（上田市真田町）の板扉銘からして幸綱であり、その子信綱と「綱」の字で共通するので、棟綱と幸綱の間に親子関係があったとしてもおかしくはない。

真田の集落は現在上田市真田町に含まれ、神川《かんがわ》渓谷の内、長谷寺《ちょうこくじ》沢の押し出しの扇状地に位置し、標高七五〇メートルほどの高所に開けている。真田氏館跡の西側を走っている国道一四四号線は、上田市方面から真田氏と縁の深い山家《やまが》神社の前を通って、鳥居《とりい》峠を越えて群馬県の嬬恋村《つまごいむら》、さらに長野原町へと抜け、沼田市に至る。この道を菅平方面に抜けると、須坂市あるいは長野市に行くことができる。一方、オコウ山の南を通れば地蔵峠を越え、長野市松代町につながる。真田の地は交通の要衝といえよう。

真田氏館跡（上田市）

真田は『倭名類聚抄《わみょうるいじゅうしょう》』に「山家　也末加《やまが》」とある山家郷の中に位置し、『延喜式』の神名帳に見える「山家神社」が祀られている。ここは江戸時代初期独立した村でなく、甲石《かぶといし》村に含み込まれていたが、寛永六年（一六二九）に横沢村とともに分村し、大日向《おおひなた》村もできた。真田昌幸が天正八年（一五八〇）に高野山蓮華定院に出した文書に、「真田郷」と見えるので、昌幸に真田郷の意識があったことは事実である。しかし、真田は江戸時代の初頭でも甲石村の中の一集落と認識されていたようである。勢力を持つ土豪なら、大きな村の名前である甲石を称してもよいが、なぜ真田を名字としたのかは不明である。

天文六年（一五三七）、二十五歳の幸綱に嫡男の信綱が生まれた。母は河原隆正《たかまさ》の妹だという。河原氏は本拠地、系譜などが不明だが、後に真田家の家老職を勤めている。当時の状況からすると真田氏と河原氏はほぼ同格であったと思われる。なお翌天文七年（一五三八）、信玄にも長男義信《よしのぶ》が誕生した。天文十一年、三十歳の幸綱に次男の昌輝《まさてる》が誕生した（翌年誕生の説もある）。彼は幼名を徳次郎といい、母は信綱と同じ河原氏であった。

上野への逃亡

天文九年四月上旬、武田信虎は板垣信方《のぶかた》に命じて佐久郡臼田《うすだ》（佐久市）・入沢（同）以下十城を攻略し、八月二日に佐久郡の占領地に伝馬制をしいた。同年十一月二十九日、信虎の娘の禰々が諏方頼重に嫁いだ。

天文十年（一五四一）五月十三日、諏方頼重は信虎に協力するため海野《うんの》（東御市）へ出張し、村上義清とともに尾山を攻め落とした。翌日、連合軍は海野平で禰津元直を打ち破った。

この戦いの結果、「海野殿《（棟綱）》は関東へ越し、上杉殿《（憲政）》を頼り申され」（『神使御頭之日記』）という状況になった。『高白斎記』には、天文十年五月二十五日「海野平破る。村上義清・諏方頼重両将出陣」と記されている。信虎の誘いに応じて村上義清と諏方頼重も出陣し、海野の領主たちを破ったので、反信虎の中心者であった海野棟綱は信濃を逃げ出して、関東管領の上杉憲政《のりまさ》を頼ったのである。このことは、深井棟広《ふかいむねひろ》が高野山蓮華定院に宛てた菊月（九月）二十四日付の書状中にも、「御書中の如く、不慮の儀をもつて、当国上州へ棟綱を罷り除かれ」（蓮華定院文書）と見え、事実といえる。

先の記載や系図などからして、幸綱とその家族は棟綱が上州に逃れた時に同行し、箕輪城の業正のもとに身を寄せていたようである。

信玄の動き

信虎は海野平攻めから帰国して間もなくの天文十年（一五四一）六月十四日、信玄によって駿河へ追放された。

七月になると、上杉憲政の軍勢が三千騎ばかりで海野へ攻め込んできた。さらに七月四日には、その一部が長窪（小県郡長和町）にまで出張した。信玄も村上義清も兵を出さなかったので、先に海野平へ攻め入った諏方頼重は、敵と和談した。関東の軍勢は長窪へ攻撃を加えずに、芦田郷（北佐久郡立科町）を荒らし、そのまま戻っていった。このように、武田氏の中で家督相続による混乱が生じ、軍を動かすことができない隙を狙って、関東から海野平回復の軍事行動がなされたので、幸綱も関東衆の中に入って信濃で転戦していた可能性がある。

天文十一年（一五四二）三月十五日、信玄は諏方へ向けて出馬し、七月四日に諏方頼重を捕らえて、五日に甲斐へ幽閉した。

海野平の領主たちは他国に逃げたり、武田に服属したりしていたが、信玄が家督を継いだことで、信虎と敵対していた者も武田氏と結びやすくなった。十二月十五日の夜、小県郡の禰津元直の娘が信玄のもとへ嫁いだ。信虎に服属していた禰津氏は、信玄と姻戚関係を結んで、勢力を維持しようとしたのである。これにより幸綱は同族の禰津氏を媒介として、信玄と接触する道が開けた。

信玄は天文十三年（一五四四）十一月に伊奈郡箕輪（上伊那郡箕輪町）の藤沢頼親の軍と戦った。翌年四月十七日に杖突峠より伊奈郡に攻め入り、高遠で高遠頼継を攻め破り、頼親の本拠である箕輪城に迫った。やがて箕輪城も陥落し、頼親が降伏した。

天文十五年五月、信玄は佐久郡から上野へ抜ける重要な地に位置する内山城（佐久市）を攻め、五月二十日に城主の大井貞清を野沢（佐久市）に逐《お》い、七月十八日にその跡へ上原《うえはら》（小山田）昌辰を入れた。

天文十六年（一五四七）六月、信玄は分国法である「甲州法度之次第《こうしゅうはっとのしだい》」を定めた。この年、幸綱に三男の昌幸と四男の信尹《のぶただ》（信昌《のぶまさ》）が生まれた。八月十一日に武田軍は志賀城主笠原清繁を自刃に追い込んだ。

天文十七年（一五四八）二月十四日、信玄は村上義清と上田原（上田市）で戦い、敗戦を喫したが、七月十九日に塩尻峠合戦で勝利した。信玄は九月十一日に諏方を発して佐久郡に入り、前山城（同）を陥れ、ついで同郡の諸城を攻略した。

謎の多い記録

『高白斎記』の天文十八年（一五四九）三月十四日条に、「七百貫文の御朱印《ごしゅいん》望月源三郎方へ下され候、真田渡す、依田《よだ》新左衛門請け取る」とある。ここに記されている「真田」は幸綱で、史料上での初見だといわれてきた。信玄からの御朱印を渡された望月氏は真田氏の同族で、禰津氏の分流とされる。依田氏については上田市に依田の地名があり、地域の豪族である。

『高白斎記』は、駒井高白斎が天文二十二年（一五五三）まで五十五年にわたって書いてきた日記を、延享二年（一七四五）に柴田仲助が筆写した形になっている。広瀬広一氏が大正初年（一九一二）

に甲府市の辻乙三郎氏所蔵本を発見し、昭和十五年（一九四〇）に『箋註《せんちゅう》高白斎記』を刊行した。以来この書が武田氏の基本史料とされてきたが、辻家本は昭和二十年に戦火のため焼失した。

記載の通りなら、幸綱は天文十八年までに小県方面の土豪と信玄の間を取り持てるほど大きな信用を信玄から勝ち得ていた。ところが、この時期に所領を宛がうには花押《かおう》（サイン）を捺《お》した判物《はんもつ》が一般的で、朱印で宛行状を出すのは江戸時代の習慣である。望月氏宛の文書を、依田氏が幸綱から受け取るというのも変である。そこで、これまで幸綱の初見とされてきた前掲の箇所は、後世に書き加えられた可能性が高いと私は考える。

第二節　信玄とともに

信玄に仕える

幸綱の動きは史料的にははっきりしないので、まずは一般によく知られている『甲陽軍鑑』の記述から見よう。

幸綱は天文十五年（一五四六）九月、武蔵（東京都・埼玉県・神奈川県の一部）と上野の軍勢が佐久郡から甲斐に攻め込もうとしていると信玄へ注進した。この情報をもとに武田軍は十月六日に碓氷峠《うすいとうげ》（群馬県安中市松井田町と長野県北佐久郡軽井沢町との境にある峠）で敵軍を迎え撃ち、大きな勝利をあげた。この時、幸綱は飯富虎昌・小山田昌辰とともに出陣した。

同年十一月、幸綱は須野原若狭《すのはらわかさ》・同惣左衛門《そうざえもん》兄弟を村上義清のもとへ差し遣わした。兄弟が義清に、「真田の城を取るため、良い武士を選りすぐって来て欲しい」と求めたので、旗本・家老などから覚えのある侍五百人が選ばれた。義清が馬の鞍・太刀・刀を知行の朱印に添えて与えたが、兄弟は刀・脇差だけを受け取り、他の物を返して、「やがてまた参り、重ねて頂戴いたしましょう」と言って、義清の求めに応じて熊野の牛王宝印《ごおうほういん》に起請文を書いた。両人は村上方の五百人の侍を真田の館に連れていって、二の郭まで引き込み、後先の門を閉め、本城と三の郭より差し挟んで、一人も残さず殺した。

その後、信玄は天文十六年八月十一日に志賀城（佐久市）を攻め落とし、城主の笠原清繁を討ち取った。志賀城落城を聞いた義清は、「我等に内通していた城を破却されたままにしておいたら、旗下につく人々が離れてしまう。その上、去年真田幸綱の武略で、優秀な武士をたくさん殺されたことはいずれにしても悔しい。行く末はどのようになろうとも、この度晴信（信玄）が出陣してきたのを幸いに、彼を討ち果たしてやろう」と、七千余りの勢で出陣した。この結果、上田原合戦になり、村上勢の敗戦に終わった。

『甲陽軍鑑』によれば、幸綱は天文十五年までに信玄に属し、旧臣である板垣信方・飯富虎昌・小山田昌行と同格になっているが、新参者が急速にこの地位になるとは考えがたい。信玄は幸綱に本領を安堵したとするが、この年までに真田の地が信玄の領域に入っていた事実もない。また、砥石（戸石）合戦と上田原合戦の順序が逆になっている。両方の戦いとも武田軍の敗戦だったのに、『甲陽軍鑑』では武田の勝利としている。真田の城が、本城、二の郭、三の郭があるほど広かったというのは、近世の城イメージを投影したもので、真田氏本城（松尾城）と伝わる城跡の大きさからしても事実ではない。天文十五年に須野原兄弟を使って村上方の勇猛な者を五百人討ち取ったという史実はない。

真田氏本城跡（上田市）

すでに述べたように『高白斎記』天文十八年（一五四九）三月十四日条の、「七百貫文ノ御朱印望月《モチツキ》源三郎方へ被下候、真田渡ス、依田《ヨタ》新左衛門請取」（原文）が、史料上で彼の初見とされてきた。この年号に意味があるとすれば、天文十七年の上田原合戦で敗れた信玄が対義清戦のため、天文十六年までに故郷に帰っていた幸綱と接触したことを前提にしていよう。

いずれにしろ、信玄がまだ小県郡にまで勢力を伸ばしていない天文十八年に、幸綱が配下に入っていたことについては疑問が残る。

約束手形

天文十九年七月二日、信玄は幸綱へ次のように諏方形《すわがた》（上田市）などの地を宛がった。

その方年来の忠信《ちゅうしん》、祝着《しゅうちゃく》に候。然《しか》らば本意《ほんい》の上において、諏方方（ママ）三百貫ならびに横田遺跡上条、都合千貫の所これを進め候。恐々謹言

天文十九庚戌

七月二日　晴信（花押）

真田弾正忠（幸綱）殿

（真田家文書）

文の最初に「年来の忠信」とあるので、以前から幸綱は信玄と結んでいたことになる。内容は諏方形で三百貫と横田氏の遺跡の上条において七百貫文、合計千貫という大きな所領を、信玄の意図が達成されたならば与えるという約束手形である。砥石合戦の前段階に士気を高めるための手段として、発給されてもおかしくない。

文書は折紙で、書状の形式による。文書の包紙には「信玄公御判物　享保十八年（一七三三）類焼の節水入りに御成り申し候」とあり、水をかぶった染みが目立つ。真田家には戦国時代から

の文書が良好な保存状態で残るが、真田家にとって最も重要なこの文書だけ濡れている。花押は勢いに欠け、何度かなぞったような感じである。用紙が水に濡れているのに、本文の文字には濡れた形跡が認められない。裏打ちされていながら、現在の紙の厚さだとすると、使用された紙は武田氏が感状に使う紙よりも薄い。紙は繊維のばらつきが少なく、武田氏が使用するものとしては上質である。現状でたたんだ跡は十折れであるが、一般に折紙様式では真ん中毎に三回折って八、もう一度折って十六、二回目を三枚に折って十二である。つまり折りたたんだ跡が異常である。奥の最後に折れた跡があり、最後の部分を切り取った可能性もある。その場合、宛名は書き加えられたことになる。仮にこれが本物の文書でも、最後尾を切り取って宛名を書き込んだことも考えられ、元来幸綱に宛てられたものであったか疑問が残る。

原田和彦氏によれば、この文書は天保四年（一八三三）以降に知られるようになったという（原田和彦「長野県宝『真田家文書』の基礎的考察～流入文書について～」、『松代』第一〇号、二〇〇七年）。真田家にとってきわめて重要なこの文書は、近世末に真田家に流入してきたという、不思議なものなのである。

砥石城攻略

天文十九年に信濃の中央部を勢力下においた信玄は、村上義清と直接対決することになった。その激突が、幸綱も参陣していた八月から始まった砥石城攻めで、十月一日に大敗北を喫した。

九月二十三日の午前四時頃に清野方より信玄のもとへ、村上義清と現在の中野市方面に勢力を持っていた高梨政頼《たかなしまさより》が、和談した上で一緒になって、二十二日に武田方の寺尾城（長野市）を攻撃したとの注進があった。このため幸綱は寺尾城助勢に出陣した。『高白斎記』には、「二十八日雨宮《あめのみや》と坂木は退出仕るの由注進。子刻真田弾正（幸綱）帰陣、晦日御馬を納めらるべきの御談合」と記されている。幸綱は二十二日から出陣し、二十八日の深夜零時頃に帰陣した。ここに初めて具体的な幸綱の動きが記される。その上で三十日に砥石城攻撃からの撤退の話し合いがなされた。幸綱が戦いの最前線で働いていたことが知られる。

砥石合戦の勝利で信州勢は沸き立ち、小笠原長時が村上義清の支援を得て平瀬城《ひらせじょう》（松本市）に兵を進めた。佐久地方では十一月十三日、義清が桜井山城（佐久市）を攻め、火を付けた。翌天文二十年正月、武田軍も反撃を開始し、信玄は二月五日に甲斐一宮（浅間神社）に信濃府中の攻略ができたことを感謝し、社領を寄進した。

こうした中で天文二十年五月二十六日、幸綱が前年に攻めきれず大敗を喫した砥石城を乗っ取ったことが、『高白斎記』に「二十六日節、砥石の城真田乗っ取る」と、脈絡なく記されている。幸綱は前年の勝利で気のゆるんでいた砥石城兵を一気に襲い、陥落させたのであろう。

存在感を増す

幸綱の武田軍内における地位は、難攻不落の砥石城を奪取したことで大きく上昇した。天文二十年（一五五一）七月二十五日、信玄は小諸城主の飯富虎昌と内山城主の上原（小山田）昌辰（虎満、玄怡《げんい》）へ、「すぐに出陣したいと思うが、去年の砥石城を攻めて敗れた凶事以後、最初の動陣なので、先に兵を出し、敵の様子を見てから出張する。先衆として昨日弟の信繁等が出陣した。自分は今日若神子（北杜市）に馬をたて、二十八日には必ず出馬する。このことについて幸綱にも報せるように」といった内容の書状を出した。幸綱は佐久地方における武田の作戦について、重要な城主同様に情報を流されており、信玄が彼を信用し、重用していたことがわかる。

八月一日、信玄は桜井山城に陣を進め、ついで岩村田城（佐久市）の普請を開始した。九月二十日になると、大井貞清に替えて上原昌辰を再び内山城に入れた。一方、松本平でも十月二十四日、武田軍は平瀬城を陥落させた。

信玄は天文二十一年正月二十七日に高遠頼継を自刃させ、三月二十日に地蔵峠（長野市と上田市の間）で戦い、丸山兵庫へ感状を与えた。貞享元年（一六八四）に幕府が提出を命じた「貞享書上」の系譜と考えられる「口上之覚」は、天文二十一年に常田《ときた》（上田市）で信玄と長尾義景《よしかげ》（上田長尾家の政景の子であるが、十歳で亡くなったとされていて、年代は合致しない）が合戦した時、幸綱は義景唯一の備えに討ってかかり、ことごとく切り崩し、敵数輩を討ち取ったので、義景が敗北して地蔵峠から引き退いたと説明している。

天文二十二年（一五五三）正月二十八日、信玄は嫡男の義信とともに信濃に出兵することを小山田昌辰に報せ、動陣は砥石城を再興するためだと申し触れさせた。

第三節　川中島合戦と幸綱

合戦と人質

武田勢は天文二十二年（一五五三）四月九日に葛尾城（坂城町）を落城させ、義清を越後へ逐った。一連の軍事行動に幸綱も参陣していた可能性が高い。

武田軍は四月二十二日に上杉勢と村上義清などの連合軍五千人と戦い、二十三日に葛尾城を守っていた於曽《おそ》源八郎などが討ち死にした（第一回川中島合戦）。おそらくこの合戦でも、幸綱は武田軍の中で重要な役割を負っていたのであろう。

幸綱は武田軍の一員として活躍するようになっても、信玄から完全に信用されたわけでなかった。『高白斎記』の天文二十二年八月条に、「八月十日真田子（真田昌幸）在府に付いては、秋和《あきわ》三百五十貫の地真田方（真田幸綱）へ遣わされ、小備（小山田備中守）仕り候」と記されている。幸綱は八月十日に子息を人質として甲府に在府させる代償として、信玄から秋和（上田市）で三百五十貫の知行地を与えられたのである。この時に人質として信玄のもとへ行ったのは七歳であった三男の昌幸で、彼と前後して四男の信尹《のぶただ》（信昌）も甲府に赴いた。

幸綱が人質を出すのに小山田昌辰が仲介したのは、幸綱が彼の配下だったためだろう。この時に他の諸氏に五百貫、四百貫が宛がわれているのと比べると、幸綱の所領は少なく、突出した評価を受けていない。

九月八日、信玄は松本の郷（上田市）で二百貫の知行を曲尾越前守に与えた。曲尾氏は大塔合戦にも参陣しているが、名字からすると真田の近隣曲尾を根拠にした武士と推定される。真田から曲尾までは直線距離で約二キロである。真田氏の本拠に隣接した地域に根拠を置く人物に、信玄が直接文書を出していることも、真田氏の勢力が小さかったことを示す。曲尾氏には真田氏を監視する役割を持たされた可能性もある。

天文二十二年九月十三日の夜、武田軍は上杉方の麻《お》績城《みじょう》（東筑摩郡麻績村）・荒砥城《あらとじょう》（千曲市）に放火した。上杉軍はこれに対処するため十八日に埴科方面に進出し、坂木南条《みなみじょう》（坂城町）へ放火したが、信玄出馬の情報を得て、二十日に撤退した。

『高白斎記』の天文二十二年十月条に、「五日長筑《（長坂筑後守）》岡源五郎・真田息女縁嫁す」とある。「岡」は「同」もしくは「息」の誤写で、幸綱の息女は勝頼時代に重用される長坂《ながさか》筑後守（光堅。釣閑斎《ちょうかんさい》か）の子息源五郎（昌国）のもとへ嫁いだのであろう。信玄は天文二十三年（一五五四）九月二十二日、大日方主税助《ちからのすけ》が長坂光堅（虎房）に協力したことを賞し、二十六日に明春信濃奥郡（高井郡、水内郡）へ出陣するのでそれに備えるようにと指示した。武田軍の北信濃侵略において長坂光堅が重要な役割を果たし、最前線には幸綱がいたのである。婚姻もあって真田氏と長坂氏は密接な関係だったのであろう。

　花押の形により天文二十三年かと推定される（『戦国遺文　後北条氏編』による）十月五日、相模（神奈川県）の北条氏康《ほうじょううじやす》は幸綱に、「その地在城の人数、今度弥五郎方申し定められ候。別しておかせぎ簡《（肝）》要たるべく候」（北条家文書）と書状を出した。幸綱は北条氏康と関係を持ちながら、天文二十三年に上野でも活躍していたのである。

　天文二十三年十二月、信玄の娘が北条氏康の子氏政《うじまさ》と結婚し、両家は強く結びついた。これにより東側からの攻撃を受けることなく、上野に進軍できるようになり、上野侵略を狙う信玄にとって、上野に関係の深い幸綱の重要性はさらに増した。

続く甲越の戦い

天文二十四年(弘治元年。一五五五)七月十九日、武田軍は川中島で上杉軍と戦った(第二回川中島合戦)。両軍とも長く滞陣を続けたが、閏十月十五日に駿河の今川義元《いまがわよしもと》の斡旋《あっせん》で和睦し、互いに兵を引いた。

信玄は弘治二年(一五五六)八月八日、幸綱父子へ「東条あまかざり(尼飾)城、その後如何《いかが》に候哉《や》、片時も早く落去候様、相勤めらるべく候。ここ元の事は両日人馬を休ませ候間、一左右《いっそう》次第相動《はたら》くべく候。弥《いよいよ》方々の儀遠慮なく御計策《けいさく》肝要に候」(東条の尼飾城攻撃はその後どのようになっているか。一刻も早く攻め落とすように努めよ。当方は一両日人馬を休ませているので、連絡があり次第軍を動かす。いままでにも増して遠慮なく策略をめぐらすことが重要である。真田家文書)と書状を送った。尼飾城(雨飾城、尼巌城、東条城。長野市松代町)は間もなく落ちたようで、八月二十五日に西条(長野市松代)を根拠とする西条治部少輔《じぶのしょう》が信玄よりこの城の普請に尽力していることを賞された。

こうして、信玄は着実に善光寺平の北部にまで勢力を伸ばした。一方、謙信は弘治三年(一五五七)正月二十日、八幡宮(武水別《たけみずわけ》神社。千曲市)に信玄の討滅を祈願した。その後、善光寺に進んだ上杉軍は山田要害(上高井郡高山村)・福島(須坂市)などを押さえ、四月二十一日に旭山城(長野市)を再興し、武田軍に備えた。

信玄は六月十六日に水内郡志久見郷《しくみごう》(栄村)を根拠とする市河藤若《いちかわふじわか》へ、謙信が十一日に飯山に陣を移したことなどについて書状を送った。さらに六月二十三日に同人へ再度「景虎《（長尾）》野沢の湯に至り進陣、その地へ取り懸かるべき模様、又武略に入り候と雖《いえど》も、同意無く、剰《あまつさえ》備へ堅固故、長尾功無くして飯山へ引き退き候哉、誠に心地能く候。何に今度その方頼もしき擬迄《なずらい》に候。なかんずく野沢在陣候砌《みぎり》、中野筋後詰《ごづめ》の義《（儀）》、飛脚《ひきゃく》に預かり候き。則ち倉賀野《くらがの》へ上原与三左衛門尉越し、又当手の事も塩田在城の足軽、原与左衛門尉を始めとし五百余人、真田へ指し遣わし候処、すでに退散の上、是非に及ばず候」（謙信が野沢の湯（野沢温泉村）まで進軍して、そちらに攻め込む模様である。実際に敵が様々な武略を用いても、敵に同意することなく、その上に堅固に守備して

武水別神社（千曲市）

くれているので、謙信も飯山（飯山市）まで引き退くことだろうから、誠に心地よい。いずれにしろその方が頼もしい限りである。とりわけ謙信が野沢に陣を構えていた時、中野（中野市）筋の予備軍について連絡をいただいた。そこで倉賀野（群馬県高崎市）へ上原与三左衛門尉を送り込んだ。また手元の軍勢のうち塩田（上田市）在城の、原与左衛門尉をはじめとし五百余人を真田（上田市）へ派遣したが、すでに敵は退散しており、どうにもならなかった。山梨県立博物館所蔵市川家文書）などと書状を出した。

七月五日に武田軍は小谷（北安曇郡小谷村）で上杉軍と戦った。

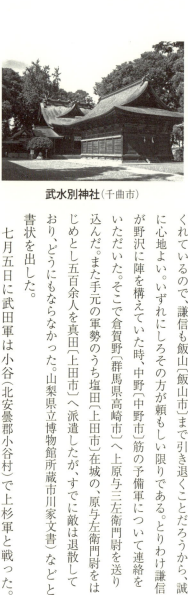

その翌日、信玄は小山田昌辰へ、おのおのが一生懸命働いてくれたので、そちらの守備は適当だと聞いて、ひとしお嬉しく思っている。自分たちが攻撃している方面においては、春日氏と山栗田氏（栗田氏は善光寺の別当職を勤めていたが、武田方に味方した善光寺の里栗田と上杉方に味方した戸隠神社の山栗田に分かれた）が没落し、寺家・葛山に人質を出して出仕してきた。島津氏は今日降参すると申し出てきた。もともと内通していたので、裏切ることはないだろう。「この上は畢竟《ひっきょう》相極め、東条と綿内・真田（幸綱）方衆申し合わせ、武略専一に候」（この上は最終的に取り決めをして東条（長野市松代町）・綿内（同）・真田方の衆と申し合わせて、武略をすることに力を注ぐように。大阪城天守閣所蔵文書）と書状を送った（年次比定は『信濃史料』『戦国遺文』による）。ここに、幸綱が信濃北部の土豪たちとともに越後勢と戦っていた様子がうかがえる。

尼飾城跡遠望（長野市）

八月、武田軍と上杉軍は水内郡上野原（長野市）で交戦した（第三回川中島合戦）。

両氏の戦いは弘治三年（一五五七）も続いていた。信玄は十月二十七日に尼飾城で在番役を勤めていた幸綱へ、「謙信が飯山（飯山市）へ移ると聞いたが状況はどうだろうか。言うには及ばないが在城衆で相談して、城中を堅固にせよ」と命じ、「番中は相当の普請をするよう求め、これを原与左衛門尉方へ伝言せよ」と伝えた。

弘治四年（永禄元年。一五五八）二月二十日、信玄は将軍足利義輝が出した御内書《ごないしょ》（室町幕府の将軍が発給した私的な書状の形式による公文書）に応じて謙信と和談した。信玄が四月吉日に柏鉢城《かしわばちじょう》（長野市）等の籠城衆の番手結番を定めた文書中には、東条籠城衆として「真田」（幸綱）が見える。

信玄が出家して信玄を称したのは永禄二年（一五五九）で、『甲陽軍鑑』によれば、この時に信玄の御意によって原虎胤《とらたね》が「清岩《せいがん》」、小幡虎盛が「日意《にちい》」、山本勘助（菅助）が「道鬼《どうき》」となって出家し、この他に長坂光堅が長門守《ながとのかみ》、真田幸綱が一徳斎《いっとくさい》と称したという。文書としては、五月二日付の清泰寺《せいたいじ》（山梨県北杜市）旧蔵の禁制、五月吉日付の松原神社（南佐久郡小海町）へ宛てた願文に、最も早く信玄の署名が見える。

松原諏訪神社（小海町）

謙信は永禄二年四月に上洛し、正親町《おおぎまち》天皇や将軍足利義輝に拝謁し、将軍から関東管領に任ぜられた。六月二十六日、義輝は謙信へ信濃諸将に戦闘を停止させるよう命じた。一方、信玄は九月一日に下之郷《しものごう》諏方社（生島足島神社《いくしまたるしまじんじゃ》。上田市）に戦勝を祈願した。

謙信が帰国すると、十月二十八日に信濃の諸士等は太刀を贈って祝ったが、「太刀持参之衆《じさんのしゅう》」に「真田殿」が見える。当時、謙信と信玄が戦っており、信玄方の最前線にいた幸綱が祝いの品を出したのは、古い権威に頼ったためだろう。あるいは、将来に備えて関係を持ちたいと考えたのかもしれない。

永禄三年（一五六〇）九月吉日、信玄は信濃奥郡へ出兵するにあたって、松原三社（松原諏訪神社。小海町）へ越後軍に勝利できるよう願文を出した。さらに、十月十七日に上田藤左衛門へ、「謙信が上野に出陣しているので、越中一向一揆に背後から越後攻めをして欲しい」と要請した。

こうして、信玄は着々と北信濃に勢力を蓄え、謙信と戦う準備を整えた。

伝承の合戦

信玄と謙信の合戦といえば、永禄四年（一五六一）の第四回川中島合戦が有名である。この年、幸綱は四十九歳、嫡男の信綱が二十五歳、次男の昌輝が二十歳、三男の昌幸が十五歳だった。

三月三日に北条氏康が援軍を要請してきたので、信玄は動きやすくなった。一方、謙信は閏三月四日付で、将軍から小笠原長時の信濃帰国を支援するよう指示を受けたので、信玄を攻撃する名目ができた。

九月十日に両者は川中島で激突した。この合戦は『甲陽軍鑑』などを元にした信玄・謙信の一騎打ちで名高いが、史料から実際の合戦を復元することができない。『甲陽軍鑑』の合戦の記載はとうてい実態といえないが、人口に膾炙《かいしゃ》しているので参考までにその模様を確認しよう。

信玄は永禄四年八月十六日、謙信が一万三千ばかりの人数で、海津城の西側にある妻女山《さいじょざん》に陣取り、海津城を攻め落としそうだと連絡を受け、八月十八日に甲府を発ち、二十四日に川中島へ着き、妻女山の北側にあたる雨宮渡《あめのみやのわたし》(千曲市)に陣を敷いた。謙信の軍勢は武田軍によって越後への通路を止められ、あたかも袋の鼠のような状態になった。

信玄は二十九日に広瀬渡《ひろせのわたし》を渡って、海津の城へ兵を引き入れ、山本勘助の建言した「二万の人数のうち一万二千で謙信の陣取る妻女山へしかけ、明日卯刻(午前六時頃)に合戦を始めれば、越後勢が負けても勝っても、川を越して退くだろうから、そこを旗本組の二の備え衆で後先から押し挟み、討ち取るのがよい」との軍略に従った。このため真田幸綱は香坂虎綱《こうさかとらつな》、飯富《おぶ》虎昌《とらまさ》、馬場信春《ばばのぶはる》、小山田昌成《まさなり》、甘利昌忠《あまりまさただ》、相木昌朝《あいきまさとも》、芦田信守《あしだのぶもり》、小山田信茂《のぶしげ》、小幡憲重《おばたのりしげ》とともに妻女山攻撃の一翼を担い、卯刻に合戦を始めることになった。

武田軍が妻女山に着くと、信玄の計略を見抜いた謙信が前夜のうちに山を下りていて、もぬけの殻だった。このため、妻女山攻撃部隊は本隊の動向を気にしながら、空しく山を下りた。

九月十日の曙に信玄が広瀬渡を越えて、八千余りの人数で備えを立て、霧の中で先衆からの連絡を待っていると、日が出てきて霧がことごとく消え、謙信が一万三千の人数で近くに備えているのが見えた。

信玄は浦野という弓矢巧者を召し寄せ、物見に行かせた。戻った浦野が「謙信が退いた」と報告したので、「退きようはどうだ」と問うと、「我が味方の備えをまわって、たて切り、幾度もこのようにして、犀川《さいがわ》の方へ赴きました」と申し上げた。信玄は「それは車がかりといって、幾まわり目かに、旗本と敵の旗本を打ち合わせて、一戦する時の軍法である。謙信は今日を限りと考えたとみえる」と、備えを立て直させた。

謙信は甘糟《あまかす》長重に雑兵千の備えを立てさせ、直江二千に小荷駄《こにだ》奉行を申し付け、一万の人数を押し回して、柿崎を一の先にして、二の手に本人が指し続き、合戦を始めた。その間に謙信の旗本は武田軍の右の方にまわり、義信の五十騎、雑兵四百余りの備えを追い立て、信玄の旗本へ謙信の旗本が斬り掛かった。敵味方三千六、七百の人数が入り乱れて、突いて、突かれて、斬って、斬られて、互いに具足のわたがみ(鎧の胴を吊るために両肩に当てる幅の細いところ)を取り、相組んで転ぶ者もあった。

甲州勢は自分のことに精一杯で、信玄がどこにいるかも知らなかった。そこへ、萌黄《もえぎ》の胴肩衣《どうかたぎぬ》を着た武者が、白手ぬぐいで頭を包み、月毛の馬に乗って、三尺(約一メートル)ばかりの刀を抜き持って、信玄が床几の上に座っている御座所へ、一文字に乗り寄せて、切っ先はずしに、三刀切りつけた。信玄は立って軍配団扇《うちわ》でこれを受けた。後に見れば団扇には八つの刀疵があった。

御中間衆頭・二十衆頭、合計二十騎の者どもは即座に敵味方に知られないように、信玄を取り包み、寄ってきた者を斬り払った。その中で原大隅が鑓《やり》を持って、武者を突いたが、突き外したので、具足のわたがみを掛け打ったところ、馬のさんづ（後ろ脚の上部の骨）を叩いた。打たれた馬は走り去った。後に聞くと、武者は謙信だということであった。

旗本組のうち山県昌景の人数は、越後方一の先手である柿崎衆を追い崩し、三町ほど追い討ちにした。信玄は床几《しょうぎ》を立てられた場所を退くことがなかった。そのほかの九頭はことごとく敗軍して、追っ手に討たれ、義信をはじめとして退却した。信玄の弟の信繁をはじめ、両角《もろずみ》虎光、山本勘助、初鹿野忠次は討ち死にした。

川中島古戦場の一騎打ち像（長野市）

武田軍の敗戦と見えたところに、妻女山を攻めた先衆十頭が千曲川を越え、越後勢の後から攻撃した。謙信は和田喜兵衛をただ一人連れて、放生月毛の馬を乗り放し、家老の馬に乗り換えて、主従二騎で退いた。

午前六時頃に始まった合戦はだいたい越後の謙信の勝ち、巳刻（午前十時頃）から始まった合戦は信玄の勝ちであった。越後衆を討ち取った数は雑兵ともに三千百十七で、午後四時頃に勝ち鬨を執り行った。

一方、上杉方の側から見た『川中島五戦記』は、信玄と謙信の一騎打ちを天文二十三年（一五五四）八月のこととしている。その内容は次のようになっている。

謙信は八千の兵で犀川を越え、綱島・丹波島・原の町に陣取った。八月十五日に信玄も川中島を通り、海津城へ着いた。十六日に武田軍が人数を押し出したが、二の手は真田幸綱ほか四頭で二千の軍勢だった。実際の戦闘は八月二十八日の曙から始まり、武田勢の先手が打ち負け、追い立てられた。これを見て真田幸綱・保科正俊《まさとし》・清野常陸・市河和泉守が突いて出た。甲斐・越後の軍兵は互いに名乗りあい、火花を散らして戦った。中でも幸綱は負傷して戦場を避けたところを、上杉方の高梨源五郎頼治《よりはる》と名乗る者に押し伏せられて、鎧の脇板のすき間を二刀刺された。そこへ保科正俊が戻ってきて、「真田を討たすな兵ども」と号令をかけた。真田家臣の細谷彦介は高梨源五郎を草摺《くさずり》のはずれ、膝の上から打ち落とし、敵を片づけた。真田軍はこの時の合戦で大活躍をした。

以上の内容はともにフィクションとして理解すべきであるが、幸綱が信綱とともにこの合戦に参陣したことは間違いないだろう。

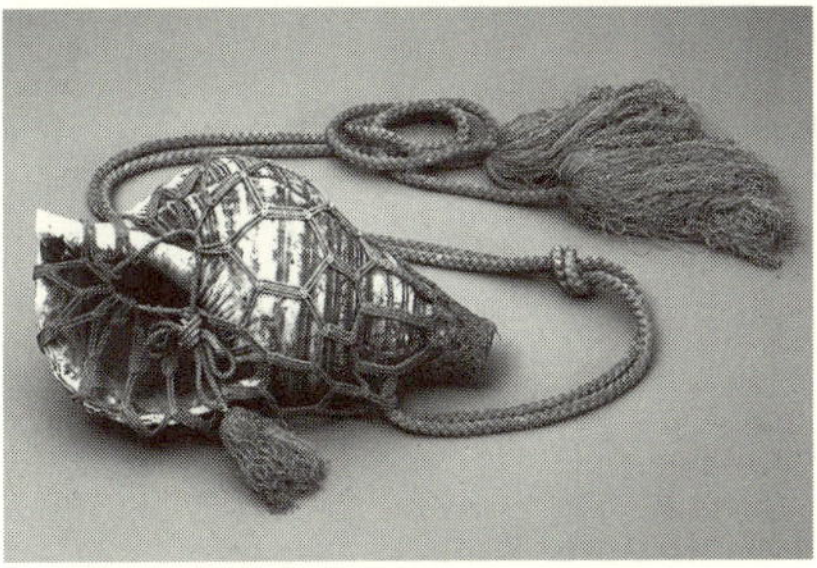

真田幸綱所用 法螺貝（真田宝物館蔵）

第四節　幸綱と上野

信玄の上野侵攻

信玄は永禄四年（一五六一）十一月二日に松原社（松原諏訪神社。小海町）に戦勝を祈願してから、上野に攻め込んだ。

信玄は永禄五年（一五六二）三月二十六日に鎌原幸重《かんばらゆきしげ》へ、在所を退いて信州にやって来れば、羽尾領（群馬県長野原町）で渡すことになっていた知行と同じだけ海野領内で与えると連絡した。鎌原幸重は永禄三年に子供とともに幸綱を介して平原《ひらはら》（小諸市）において信玄に謁見し、その麾下《きか》となったという。

信玄は五月十七日に鎌原幸重へ、「来月下旬に出張しようと今日平原まで帰陣した。その地の番勢（警固の軍勢）について海野・禰津（常安）・真田（幸綱）の衆に申し付けた」などと連絡した。幸綱は武田軍の上野攻撃の最前線にいたのである。

永禄六年（一五六三）二月四日、信玄は北条氏康を助けて武蔵松山城（埼玉県比企郡吉見町）の扇谷上杉憲勝《のりかつ》を降し、即日撤退した。謙信は沼田城を出て利根川端に陣を移した。

同年六月、三原庄(嬬恋村)をめぐって蒲原氏と羽尾氏が争い、蒲原氏を支援していた真田氏と、羽尾氏を支援していた斎藤憲広《のりひろ》(吾妻東部の岩下衆の旗頭)とが争った。九月には幸綱の弟で常田《ときた》(上田市)に住み、常田を家名とした長野原砦(長野原町)の守将常田隆家《たかいえ》が、長野原に攻め寄せた斎藤憲広・斎藤孫三郎・羽尾入道などや岩下衆と戦い、討ち死にした(元亀三年に討ち死にしたともいう)。大戸氏はこの戦いで幸綱に降伏したとされる。

上野侵略の鍵は岩櫃城《いわびつじょう》(東吾妻町)にあったので、幸綱は鳥居峠を越えて岩櫃城を攻めるルート上で重要な鎌原城《かんばらじょう》(嬬恋村)の鎌原幸重を信玄に内応させた。

岩櫃城の堀切
(群馬県東吾妻町・同町 提供)

永禄四年に上州先方衆として派遣された幸綱は、二度にわたって岩櫃城に攻撃を加えたが、城の守りが堅かったうえ、謙信配下の沼田城や白井城《しろいじょう》(渋川市)の援軍の奮戦などもあって、攻撃を中断し、和議を申し入れた。その後、幸綱は永禄六年九月十五日に策略で岩櫃衆より起請文をとった上で、岩櫃城に籠もっていた斎藤則実《のりざね》、海野幸光《うんのゆきみつ》・輝幸《てるゆき》兄弟の内応を得て、十月十四日に五百の手勢で奇襲し、内応者に城へ火を放たせ、陥落させた。

箕輪城攻略

　永禄七年三月十八日に武田軍が野尻城《のじりじょう》（上水内郡信濃町）を攻め落としたので、信玄は越後と信濃の境に軍勢を置き、謙信に備えながら上野へ入り、諸城の普請を命じた。そして、五月一日に大熊伊賀守へ、この上も和田（後の高崎城）・木辺・倉賀野（高崎市）の三カ城に対する用心が肝要で、「三日の中に飯富（虎昌）・真田（幸綱）・阿江木（相木常林）・望月（信雅）等、倉賀野着城たるべく候」（「記録御用所本古文書」）と書状を送り、幸綱などを倉賀野城に入れた。五月十七日、信玄は幸綱の仲介で配下となった鎌原幸重へ、「上野の在番については海野・禰津・真田の衆に申し付けた」などと報せた。

　七月になると、謙信は信玄と再び川中島で対戦したが（第五回川中島合戦）、十月一日に飯山城（飯山市）の普請を終え、春日山城（上越市）に帰った。

　十一月八日に信玄は小山田虎満へ、「真田幸綱からの注進によれば、安中重繁《あんなかしげしげ》が謙信に味方して、その城（松井田城か）を取ろうとしているので、油断しないように」と連絡した。幸綱は信玄へ密接に情報提供をしていたのである。

　永禄八年三月十三日、信玄は清野刑部左衛門尉へ「越後衆が沼田に出張っているので、対応のため甲斐からは曽根七郎兵衛を派遣した。急いで長野原に着陣して、一徳斎（幸綱）の指図に従って岩櫃に移るように」（「加沢記」）。年次比定は『戦国遺文』に従う）などと伝えた。

　永禄八年十月に岩櫃城主だった斎藤憲宗《のりむね》が越後から戻り、嵩山城《たけやまじょう》（吾妻郡中之条町）に拠って上杉氏の援助を得て二千騎を集め、岩櫃城の幸綱を攻撃した。幸綱は信玄に取り成して岩櫃城へ帰還させることを条件に和議を講じ、裏で嵩山城の池田佐渡守を内応させた。十一月十六日に五反田の台で両軍が激突し、真田勢は百五十、斎藤勢は二百の死傷者を出し、夕刻に戦闘の舞台が嵩山城に移った。翌十七日、激戦の末に嵩山城が落城し、斎藤憲宗は自刃した。なおこの間の十一月十二日、信玄は日向是吉《ひなたこれよし》へ「謙信は必ず上州へ出張するので、大戸《おおど》（東吾妻町）の計略をするように。必ず一徳斎（幸綱）と相談してあたるように」と書状で命じた。

　永禄九年九月二十八日、武田軍は長野業盛《なりもり》の軍と若田ヶ原（高崎市）で戦って勝利し、業盛を箕輪城に追い込んだ。翌日、払暁《ふつぎょう》より箕輪城を攻め、業盛を自刃させ、城を手に入れた。

　信玄は永禄十年三月六日、一徳斎（幸綱）・甘利信康《あまりのぶやす》・金丸虎義へ、「一徳斎《（真田幸綱）》計策故、白井不日に落去、大慶に候。この上の仕置等、三日の内に使者をもつて申し越すべく候」（「諸州古文書」）と書状を送った。幸綱は策略によって永禄三年（一五六〇）以降、謙信の関東出陣の際の基地の一つとなっていた白井城（渋川市）を落としたのである。二日後の三月八日、信玄は幸綱と信綱へ、白井城を落としたことを賞し、急いで箕輪城に移って普請や知行等の割り当てを指示するよう命じた。幸綱は箕輪支配の中心をなし、真田の家督は信綱が継ぐと信玄に意識されていたのである。

八月七日に信玄の家臣たちは、甲・信・西上州の三カ国の諸卒が逆心を企てたとしても、自分は無二に信玄様に忠節をぬきんでる、などといった内容の起請文を下之郷諏方社（生島足島神社）に捧げた。これは信玄が嫡男の義信と対立する中で、家臣の統制をはかろうとしたものであろう。海野衆として真田右馬助綱吉の名前が見えるが、幸綱自身やその家臣などのものは伝わっていない。なお、起請文作成の原因をなした義信は十月十九日に没した。

下之郷諏訪社（上田市）

駿河に向かって

信玄は次の侵略目標として今川領国を選び、永禄十一年（一五六八）二月十六日に徳川家康と駿河侵攻の誓紙を交わした。十二月六日、信玄は富士川沿いに南下して、駿河に侵攻した。武田軍は薩埵山《さったやま》（静岡市）・八幡平（同）に布陣した今川氏真を破り、十二月十三日に駿府から遠江国掛川城《かけがわじょう》（掛川市）に追いやった。時を同じくして家康も遠江に侵攻したので、信玄は十二月二十三日に掛川城攻めを促した。

掛川城土塁
（静岡県掛川市・同市教育委員会 提供）

永禄十二年（一五六九）正月二日、北条氏康は今川家を救おうと、謙信に応援を要請した。正月、氏康が四万五千の大軍を率いて薩埵山を守備する武田軍を撃退したので、信玄は駿府を出て久能山城《くのうざんじょう》（静岡市）に本陣を移し、興津《おきつ》の清見寺山《せいけんじ》（同）に甥の武田信豊を派遣して対陣した。

氏康は三月三日に謙信へ書状を送り、飯山口に出陣し、信玄を牽制《けんせい》するよう求めた。三月七日に北条氏政も謙信のもとに使者を派遣し、信玄との対陣が切迫していることを報じ、信濃出兵を要請した。さらに三月九日、北条氏照《うじてる》が信濃出陣を求めた。

信玄は四月二十四日に薩埵山で北条氏康軍に敗れた上に、氏真が謙信と同盟を結び武田軍の背後を牽制するに及んで、江尻小柴城（静岡市）と久能山城の守備を固めて、四月二十九日に甲斐へ帰陣した。五月二十三日、信玄は織田信長に北条氏と対決するよう依頼した。家康は信玄が駿河から撤兵すると駿府を占領し、氏真へ駿府を返還することを条件にして五月十七日、掛川城を開城させた。六月十六日、信玄は再度駿河駿東郡へ出陣し、七月二日に大宮城（富士宮市）を攻め落とした。

九月十日、信玄は一転して上野に入り、武蔵鉢形城《はちがたじょう》（埼玉県寄居町）を囲み、十月四日に小田原城に放火して退いた。十月六日、後詰めとなった北条氏照と氏邦《うじくに》の軍勢は三増峠《みませ》（相模原市と愛甲郡愛川町の間）に着陣し、戦端を開いた。この間に志田峠（三増峠南西約一キロ）に移動した武田別働隊が氏照・氏邦の陣を高所から襲撃し、勝利した。

信玄は駿河に攻め入ろうとして、十一月九日に駿河・伊豆両国の併呑および越後の潰乱《かいらん》を諏方社へ祈った。その後、幸綱と信綱は十二月六日付の書状で、信玄から蒲原城攻撃の勝利を伝えられた。

信玄は永禄十三年（元亀元年。一五七〇）正月四日、駿河西部の花沢城《はなざわじょう》（焼津市）を包囲し、八日に陥落させた。『甲陽軍鑑』によれば、この折に昌幸も参陣し、一番槍の功を立てたという。

同年四月十四日、信玄は春日（香坂）虎綱へ早々に参陣するよう命じた。さらに、五日のうちに謙信が越後に帰ることは必然なので、その間に上州・信州の勢を集めて越後に攻め入るつもりだと述べ、「真田源太左衛門尉（信綱）ところへ、切々飛脚を越し、輝虎（謙信）退散聞き届け、注進待ち入り候なり」（『歴代古案』）と記した。宛名の「春日」は「真田」の可能性もあるが、その場合は幸綱になる。

信玄は後継者となる勝頼とともに伊豆韮山城（静岡県伊豆の国市）を囲んだので、八月十二日

真田幸綱所用陣鐘
（真田宝物館蔵）

に北条氏政が謙信へ再度支援を要請した。九月のうちに信玄は岩村田(佐久市)に着陣し、上州武州への出撃に備えた。

元亀二年九月二十三日、信玄は「真田安房守」が上野の白井城(渋川市)を落城させたことを賞した。真田安房守なら昌幸であるが、当時は武藤喜兵衛を名乗っていたはずで、城を落としたのは幸綱であろう。「信濃松代真田家譜」によれば、元亀二年に幸綱の計策をもって、上野国白井の砦を攻め落としたとする。信玄は十月二十七日に一色氏へ「上州沼田・厩橋悉く撃砕」(武田神社文書)と書状を書いたが、上州の沼田(沼田市)や厩橋(前橋市)攻撃の中心には幸綱がいたはずである。

信玄死す

元亀二年十月三日に氏康が五十七歳で死去すると、氏政は謙信との盟約を破棄し、信玄に同盟を申し入れた。十二月頃に北条氏と結び東方の憂いをなくした信玄は、大井川を越えて遠江に入り、小山城(榛原郡吉田町)を築き、さらに三河にも出兵し、家康との対決姿勢を強めた。

信玄は元亀三年五月十六日に氏政へ甲相同盟の祝儀を贈った。八月十一日、氏政と協力して関東に出陣するため、信濃国水内郡に住む葛山衆の軍役を定めた。

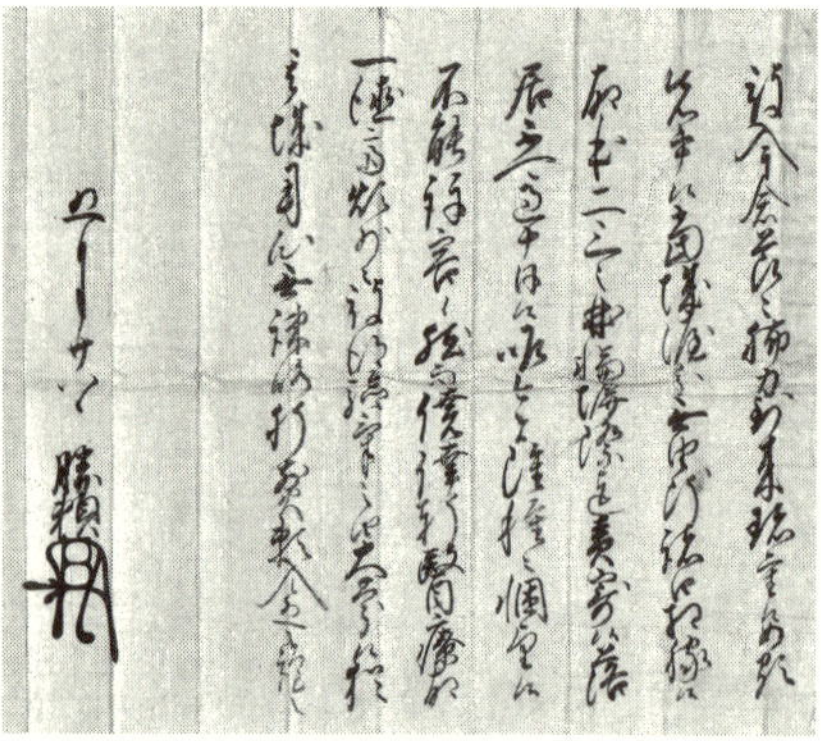

真田幸綱宛 武田勝頼書状（真田宝物館 蔵）

武田信玄灰塚供養塔
（阿智村・長岳寺）

このように、信玄は関東を牽制しておいて十月三日に甲府を発ち、十月十日に遠江に乱入した。十一月十九日に越前の朝倉義景へ二俣《ふたまた》城《じょう》（浜松市天竜区）を囲み、別働隊が岩村城（岐阜県恵那市）を攻略したことを伝えた。武田軍はさらに進軍し、十二月二十二日（一五七三年一月二十五日）には三方ヶ原（静岡県浜松市）で徳川軍を破った。真田衆はこの戦いに参陣していた。

元亀四年（天正元年）四月十二日、信玄は三河からの帰陣の途中、信濃の駒場（下伊那郡阿智村）で病没し、長岳寺で火葬にされたといわれる。しかし、根羽村の信玄塚が墓だと伝えられるなど、臨終の地や墓については諸説や伝説がある。

勝頼は天正元年九月八日、真田信綱へ長篠での状況を心配して書状を送ってきた礼を述べ、勝利は疑いないと伝えた。

武田氏は十月二十一日に下条讃岐守に命じて、御聖導《ごしょうどう》様（信玄次男。海野信親、武田竜芳）御料所の土貢《とこう》（土地からの貢ぎ物）を甲府に運送させたが、奉行人を武藤喜兵衛尉（昌幸）が勤めていた。

このように勝頼にとって、真田一族は最も信用に足る家臣だったといえよう。

幸綱について

永禄五年（一五六二）六月十三日、幸綱と信綱は連名で四阿山白山《あずまやさん》神社奥宮（上田市真田町）の宮殿を修造した。その板扉は黒漆を塗った板の上に金箔を押し、下部に朱漆で「大檀那幸綱ならびに信綱」（山家《やまが》神社所蔵）という銘が記されている。これが「幸綱」と実名を記した唯一の現存史料とされ、幸綱と並んで信綱が見える。海野棟綱との関連をも考えると、「綱」が真田家の通字であった可能性が高い。いずれにしろ、幸綱と信綱は四阿山の大檀那になっており、地域において相当の力と財力を有していたといえよう。真田の姓が記されていないのは、家の意識がまだ弱かったからかもしれない。

元亀三年（一五七二）七月日、信玄は松鴎軒《しょうようけん》（禰津信直）・真田信綱などに、分国追放者を連絡した。宛名が信綱となっているのは、幸綱が主として上州に出ていて、小県の実質的領主は信綱だったからであろう。しかし、全体の宛名の最初に松鴎軒が出ており、ほかの宛名の人名から

真田幸綱の墓（上田市・長谷寺）

山家神社（上田市）

して、幸綱は海野一党の一人に過ぎず、小領主の位置づけしかなされていない。

信州を追い出された段階の幸綱は、一つの村を領する程度の土豪だった。真田氏を含めたこの地域の小領主たちは、自力救済の中世を生き延びるために、海野一族という意識を紐帯に、連携を持ちながら活動していた。海野一族を称する者たちは地蔵峠を越えて、上州にまで分布していた。その関係で幸綱は信濃を追われても上野で何とか生計が立てられ、真田への復帰を狙い、実現できたのであろう。このように、幸綱以前の真田氏は決して大きな勢力を持っておらず、幸綱が信玄と結びつき、武田領国の拡大とともに所領を増やし、存在感を高めていったのである。ただし、砥石城の攻略などからして、幸綱が戦略的に優れた能力を持っていて、信玄を支えた人物であることは疑いない。

幸綱が後世に極めて高い評価を受けたのは、江戸時代に多くの人に読まれた『甲陽軍鑑』の影響である。ここには山本勘助に次ぐ有能な士として彼が描かれている。それに加えて、真田家が江戸時代に十万石の大名になったことにより、その出発点として特別な扱いを受けた。幸綱が素晴らしい人物であることは、真田家が大名として自家の評価を高めるためにも、必要なことだったのである。このために、実像より大きな人物として、彼のイメージが成長していった。

仕える人をどう選ぶか、人のつながりをどのように維持し活用するかといった、我々の人生を左右する人の関係が、幸綱の人生にも見られる。その際、人を選ぶ能力もまた、その人の最大の資産だといえよう。

第五章　表裏比興の者

――真田昌幸――

天正十四年（一五八六）五月十四日、秀吉の妹である旭姫が家康のもとに嫁ぎ、家康と秀吉は手を組んだ。これによって秀吉は天下を掌握したといえよう。当時、家康と真田昌幸は対立しており、七月十九日に徳川軍は攻撃のために甲府まで進んだ。しかし、八月七日に秀吉の斡旋により、真田攻めは延引された。

秀吉はこの間の八月三日に上杉景勝に昌幸の支援を禁じたが、秀吉の意を奉じた増田長盛《ましたながもり》と石田三成《いしだみつなり》の連署状では、昌幸が「表裏比興《ひきょう》の者」（『上杉家記』）と、表と裏があるがおもしろい奴だと評されている。

八月九日、秀吉は家康の家臣水野惣兵衛へ書状を送り、昌幸の討伐等について家康に伝えさせたが、その中には「真田成敗に人数越し候に付き、家康のために候間、真田急度《きっと》討ち果たさるべき儀専一に候。この方へ家康返され候とも、苦しからず候条、自身に相働き、真田の首を刎《は》ねらるる様然るべく候の事」「越後（上杉景勝）へも真田成敗の儀、家康へ申し遣はし候の条、人数等一人も真田を助けるの儀あるまじく候の由申し遣わし候の事」（『武徳編年集成』）とある。秀吉は家康との同盟を維持・強化するために、家康の意に沿って昌幸を討つ必要があり、景勝にも昌幸の支援をするなと命じたのである。

天下の二大巨頭の秀吉と家康が手を結んで攻め込んでくるのに、後ろ盾になっていた景勝の支援が望めなくなり、昌幸は絶体絶命のピンチに立たされた。

昌幸はどうしてこのような状態に陥ったのであろうか。その後の彼はどのように生き延びたのであろうか。

第一節　家督相続

人質から当主に

昌幸は天文十六年(一五四七)に幸綱の三男として生まれた。『高白斎記』の天文二十二年八月条によれば、幸綱は八月十日に七歳の昌幸を人質として甲府に在府させる代償として、信玄から秋和(上田市)で三百五十貫の地を与えられた。

昌幸は永禄年間(一五五八〜七〇)、信玄の母系である大井氏の支族で、名門の武藤家の養子となり、「武藤喜兵衛」を称し、足軽大将となった。永禄十二年(一五六九)十月四日、信玄は小田原城に放火して退いたが、後詰めとなった北条氏照と北条氏邦《うじくに》の軍勢が十月六日、三増《みませ》峠で武田軍を攻撃した。この間に志田峠に機動した武田別働隊が、両人の陣を襲撃し勝利した。『甲陽軍鑑』によれば、昌幸はこの合戦で一番槍の功を立てた。また、永禄十三年(元亀元年。一五七〇)

真田昌幸像（個人蔵・上田市立博物館 提供）

正月四日、武田軍が駿河西部の花沢城（焼津市）を包囲し、八日に陥落させた折にも一番槍の功を立てたという。

元亀三年（一五七二）二月四日に信玄が岩村田（佐久市）の御家人衆に龍雲寺（同）の僧堂上葺き萱を運上させた時、武藤喜兵衛尉（昌幸）は曽禰右近助とともに奉行人を勤めた。佐久は真田氏と関係が深い地域であるが、昌幸が信玄の家臣としても重きをなしていた状況を伝える。彼は元亀三年五月三日に信玄が小林与兵衛尉に知行を宛がった時や、天正元年（一五七三）十月二十一日に下条讃岐守へ御聖導《ごしょうどう》様御料所の土貢を甲府に運送させた折にも奉行人を勤めた。

幸綱の没後に家督を継いだ嫡男の信綱が、天正三年（一五七五）五月二十一日の長篠の戦いで弟の昌輝とともに討ち死にしたため、真田の家督は昌幸が継ぐことになった。昌幸は同年十月十七日に河原隆正へ、先に信綱が隆正の子宮内助に宛がっていた真田の町屋敷年貢を安堵した。これが真田家当主として、史料に残る昌幸の最初の動きである。

勝頼を支える

天正四年二月二十三日、勝頼の意を奉じた昌幸は板垣信安《のぶやす》と連署して、上州戸春名《とはるな》（高崎市）神領を泉明寺に安堵した。天正五年（一五七七）二月二十七日、武田家が江尻（静岡市）・清水（同）両浦に船役銭を定めた折にも、昌幸は武藤常昭とともに奉行人を勤めた。

天正七年二月、勝頼は昌幸に甲斐の石橋郷（笛吹市）で田屋一間分の諸役を免除した。昌幸は勝頼側近として、武田領国全体で活動するため、甲斐にも所領を得ていたのである。

天正六年（一五七八）三月九日、上杉謙信が春日山城の厠《かわや》で倒れ、意識が戻らぬまま十三日に死亡した。その後継者の地位をめぐって、山内上杉家を継いだ景虎《かげとら》（北条氏政実弟。室は謙信姪・

景勝姉)と、上田長尾の継承者で謙信から上杉姓と弾正少弼の官途を譲り受けた謙信の甥景勝《かげかつ》（長尾政景次男。母は謙信姉）が争った。いわゆる御館《おたて》の乱である。

五月五日、大場（上越市）で景勝方と景虎方が衝突した。十日に景勝が景虎を謙信の継嗣にしようとした北条高常《きたじょうたかつね》父子を誅させたので、景虎は十三日に春日山城三の丸から退去し、上杉憲政の住む府中の御館に移り、籠城して父の北条氏政に救援を要請した。

二十二日、上野の北条高広・景広父子が中心となり、三国峠を守る宮野城（みなかみ町）目指して進軍を開始し、景勝方の諸城をことごとく奪った。氏政の妹を妻としていた勝頼は、越後から遠い小田原の北条氏政より景虎への助勢を要請されたので、五月二十九日に兵を信・越国境に出した。

形勢が不利になった景勝は勝頼へ、上杉家支配下の上野沼田の譲渡、飯山城の譲渡、景勝・武田の同盟（勝頼からは妹菊を景勝の室とする）、景勝から勝頼に黄金五十枚を贈る（『甲陽軍鑑』では一万両）、などを提案して和議を申し入れた。六月十二日に景勝が誓紙を勝頼に送り、甲越同盟が成立した。結局、勝頼は景勝に味方をし、景勝が沼田城を武田家に渡したので、信州先方衆の西条治部少輔《にしじょうじぶのしょう》（清野信清）を城代に置いた。

勝頼の寝返りに怒った北条氏政は、六月から七月にかけて鉢形城主の北条氏邦ら三万を派遣して沼田城を占領し、城代に猪俣邦憲《いのまたくにのり》、藤田信吉《のぶよし》、金子泰清《やすきよ》らを置いた。

沼田城跡（群馬県沼田市）

九月九日、昌幸は勝頼へ上田に対する策略や氏政への備えの様子などを書状で報せた。越後の争いが続いており、昌幸は勝頼の指示に従って戦線の最前線にいたのである。天正七年三月に至って御館の乱が終結した。

この年の九月に昌幸は、幸綱の弟の矢沢頼綱に沼田城を攻めさせ、名胡桃城《なぐるみじょう》（みなかみ町）の鈴木主水《もんど》（重利《しげとし》あるいは重則）や小川城（同）の小川可遊斎《かゆうさい》（赤松孫五郎）などを説得し、それぞれの城を開城させた。翌天正八年正月十一日、昌幸は名胡桃城で軍議を行い、三十一日に明徳寺城《みょうとくじじょう》（みなかみ町）を攻略し、沼田周辺に放火して名胡桃城に引き上げた。この後、昌幸は沼田城攻略を叔父の矢沢頼綱に任せ甲府に戻った。二月二十四日、勝頼は小川可遊斎が先非を悔いて忠節に励めば、彼の身上を引き立てると小菅刑部少輔へ伝えたが、その奉行人を昌幸が勤めた。真田安房守の名前になっているので、これより前に安房守となったのであろう。

昌幸は三月十六日、武田家が小川可遊斎に利根川西荒巻より上で知行を与える奉行人になった。この日、昌幸は小菅刑部少輔へ可遊斎のことなどについて報せている。

勝頼は閏三月三十日に矢沢頼綱から昌幸に宛てた注進状を見、頼綱の沼田城における戦功を賞し、援軍を出して備えを固めさせたが、その中では「安房守《真田昌幸》も指し返し候の間、三日中に帰城をなすべく候。その心得尤もに候」（矢沢家文書）と、昌幸が三日のうちに帰城すると述べている。昌幸は武田氏の上州の支配および攻撃の中心者になりながら、勝頼のもとへ出仕していたのである。

四月、昌幸は自ら吾妻衆と旗本をもって沼田城を攻めたので、籠城していた金子泰清・渡辺左近允《さこんのじょう》・西山市之丞らが投降してきた。五月四日、沼田城代の藤田信吉も沼田城を昌幸に明け渡して投降した。

沼田支配の強化

天正八年四月二十六日に昌幸は田村角内に、印文「道」の角朱印を用いて文書を出した（細矢氏所蔵文書。年次比定は柴辻俊六氏による）。柴辻俊六氏によれば、昌幸のみならず真田氏で最初の印判使用例だという。

昌幸が五月四日に中沢半右衛門へ出した宛行状から、沼田城攻略の前に猿ヶ京（みなかみ町）を攻撃させていたことがわかる。昌幸は五月六日に中沢半右衛門に、自分の思う通りになったら知行を与えると約束し、五月十九日に小川可遊斎へ沼田在城を命じ、知行を宛がった。昌幸は上野において、地域領主としての活動を開始したのである。

五月二十三日、昌幸は勝頼の命によって海野幸光などを沼田城に在城させ、独自に軍令を出した。こうして、昌幸は自由に沼田城の支配をするようになった。

七月二日に勝頼は、信龍斎《しんりゅうさい》（小幡憲重《おばたのりしげ》）と小幡上総介（信真）より加勢を求めてきたので、昌幸と相談するよう命じた。勝頼は八月五日、小川可遊斎に出馬を報せ、なお真田昌幸が申すと伝えた。

昌幸は八月十七日、名胡桃から用土新左衛門（藤田信吉）に書状を送り、武田に味方してくれることを喜び、いっそうの奔走を求めた。

勝頼は九月二十一日に奥山（静岡県浜松市）の奥山大膳亮《だいぜんのすけ》（吉兼）に書状を出した（年次比定は『戦国遺文』による）が、その使者として昌幸が口上を述べた。彼は使者として遠江まで行っており、いかに勝頼に信用され、広い活動をしていたかがわかる。勝頼が九月に金井外記へ、上野の阿佐美某の陰謀を報じたのを賞し、名胡桃（みなかみ町）五十貫を宛がった際も昌幸が奉行人になった。

このように天正八年には、急速に昌幸の沼田支配が進展し、独自な領域支配の様相を見せ始めた。

新府城築城と沼田城奪還

天正九年（一五八一）に勝頼が領国統治の拠点として、領国の中心に位置する韮崎《にらさき》（山梨県韮崎市）に新府城を築くため分国中より人足を徴すると、昌幸は正月二十二日に某（『長国寺殿御事蹟稿』ではこの文書を出浦《いでうら》右近亮が相伝したという）へ、家十軒から一人の割合で人足を徴発する文書を出した。

昌幸は二月二十日、勝頼が真下但馬へ所領信濃曽利町分の郷次諸役を免除する奉行人を勤め、翌二月二十一日も、小川可遊斎に武州静謐《せいひつ》の上で千貫文の地を与えると約束した際の奉行になった。三月七日、昌幸は海野幸光と吾妻諸士中に上野での軍功を賞した。また、十日に浦野民部右衛門尉に書状を送り、二十日までに甲府に来るように求めた。

勝頼は関東方面に対する配慮を怠らず、六月七日に昌幸へ沼田領支配の条目を渡した。これによって昌幸は勝頼から完全に沼田の支配権限を委譲されたといえる。

六月七日、昌幸が沼田に帰ったのを機会に、勝頼は藤田信吉へ書状を書き、昌幸に伝達させた。また、六月二十一日には西条治

新府城跡の堀（山梨県韮崎市）

部少輔を沼田に在城させ、昌幸の指図に従って御番や普請を粗略無くするよう命じた。昌幸は七月十日に須田新左衛門尉に朱印状で戦功を賞した。同日、石田主計佐《かずえのすけ》ほか十人へも同様の朱印状を出した。明らかに独立した領主としての動きである。

八月三日に勝頼が某に送った書状中には、沼田に出勢して真田昌幸・跡部勝資《あとべかつすけ》の指図に従うようにとある。八月五日、重ねて要請があったならば自ら出馬すると可遊斎に伝えたが、その口上役は昌幸だった。

八月二十四日、昌幸の兵が津久田《つくだ》(渋川市)を攻めて破った。

天正十年(一五八二)正月二十八日、勝頼は善導寺《ぜんどうじ》(東吾妻町)に寺領を寄進したが、昌幸がこれを奉じた。

第二節　武田家滅亡と家の維持

勝頼を見限る

天正十年二月二日、勝頼は織田信長に通じた木曽義昌を討とうと諏方郡の上原(茅野市)に陣したが、二十八日に穴山信君が徳川家康に降り、信長に服属したと聞き、甲斐に戻った。

信長軍の侵攻の前に武田軍は惨敗を重ね、三月二日に高遠城（伊那市）が落城し、翌日、高島城（諏訪市）も落とされた。また、木曽口より信濃の中心である深志（松本市）へも織田の軍勢が進み、深志城を守っていた馬場昌房は降参した。勝頼は流れに抗せず、新築間もない新府城に火をかけ東へ向かった。

三月十一日、勝頼および嫡男の信勝などが田野《たの》（甲州市大和町）で討ち死にし、武田家は滅亡した。翌三月十二日、北条氏邦は昌幸へ、氏政と黄梅院（信玄の娘）の間に生まれた氏直への臣属を勧める手紙を送った。その文面から、昌幸は二度にわたって北条氏重臣の八崎城《はっさきじょう》（渋川市）主長尾憲景へ氏直に臣従する旨を伝え、いち早く勝頼に見切りを付けていたことがわかる。

三月二十三日、信長が上野および信濃佐久・小県の二郡を滝川一益《たきがわかずます》に与えたため、昌幸の領地も一益のものとなった。『加沢記』によれば、昌幸は勝頼の死からわずか四日後の三月十五日に高遠城にいた信長のもとへ出仕したというが、四月八日に信長は昌幸へ馬を贈られた礼状を出した。昌幸は変わり身早く、信長に臣従したのである。

信長が六月二日に本能寺で死亡すると、旧武田領国は再び混乱の渦に巻き込まれた。昌幸は六月十日、四阿山宝蔵院へ白山社造営領として、四阿山山守役等を寄進した。この文書には「道」を印文とする朱印が用いられている。六月十二日には恩田伊賀守へ上条および沼田向発知《むかいほっち》（沼田市）の地を宛がい、六月十六日には鎌原重春へ自分の思う通りになったら知行を宛がうと約束した。

信長の死によって後ろ盾が無くなった滝川一益は、上洛しようとして上野から信濃に入り、六月二十三日に小諸城を発した。一益がいなくなったことで、昌幸は旧来の所領を入手し、拡大するチャンスを得た。しかし、北条氏政、上杉景勝、徳川家康といった周囲の大名たちも旧武田領国を狙っていた。

昌幸は七月二日に河原右京亮などに留守の用心を命じた。翌七月三日、上杉景勝は黒滝城《くろたきじょう》（新潟県弥彦村）の村山慶綱《よしつな》を海野に出陣させた。同日、徳川家康は有泉信閑などを甲府に派遣し、信濃を入手する計策をたてさせた。

東からの北条氏、南からの徳川氏、さらには織田政権を継ぐ豊臣氏、西からの上杉氏に囲まれて、昌幸の領域維持は難局を迎えた。

北条から徳川へ

北条氏政が佐久・小県に進出し、帰属を働きかけたので、昌幸は七月初めにこれに応じる旨の使者を送った。七月十二日に北条の主力が海野へ陣を進め、小諸にいる徳川方の依田信蕃《のぶしげ》を攻めたので、家康は柴田康忠《やすただ》に救援させた。翌日、氏政は好《よしみ》を通じてきた高島城（諏訪市）の諏方頼忠（頼満の次男の満隣《みつちか》の次男。頼重没後に満隣は信玄に従った。天正十年武田氏滅亡の折、兄の頼豊《よりとよ》は戦死した。頼忠は本能寺の変後、高島城に入って諏方氏の家督を継いだが、十二月に家康に臣従し、翌年三月に諏方郡を安堵された）に所領を安堵した。十三日に真田をはじめとする信濃国衆の香坂・塩田などの十三頭は、北条氏直に出仕した。こうした中で、七月二十二日に家康家臣の酒井忠次が北条氏に味方した諏方頼忠を攻めた。七月二十六日、氏政は昌幸の家臣矢沢頼綱に井上（須坂市）で千貫文を給した。

八月三日に酒井忠次などは北条氏直の大軍が来ると聞き、高島城の囲みを解いて、乙骨（乙事。諏訪郡富士見町）に退いたが、北条軍が追ってきたため、さらに退き、若神子（山梨県北杜市）で対陣した。

家康は天正十年九月八日、依田信蕃に扶持を送った。また、昌幸の弟である加津野信昌や依田信蕃などに昌幸を説得させ、彼を味方に組み込んだ。九月二十八日に家康は信昌へ五十両を贈り、昌幸へ所領を安堵した。

上杉景勝は九月二十四日に島津月下斎（忠直）へ長沼城（長野市）の普請を督促した。徳川方に味方した昌幸は十月十九日、北条氏政に与《くみ》した禰津（東御市）の禰津昌綱を攻めた。

第一次上田合戦

昌幸が家康に味方したことによって、沼田城は十月二十七日に北条氏邦に攻められたが、三日間の激戦の末に退けた。これより先に氏直と和を講じていた家康は、二十九日に徳川方が領する沼田と氏直が領する信濃佐久郡・甲斐都留郡を交換し、娘を氏直に嫁がせることを約束して、人質を交換した。

天正十一年(一五八三)三月に昌幸は虚空蔵山(上田市と坂城町の境)の上杉の兵を攻めた。四月になると小笠原貞慶・真田昌幸・高遠の保科正直などが、家康のもとに出仕した。

この頃、景勝から家康に鞍替えをした荒砥城(千曲市)の屋代秀正は、景勝方の信濃衆に攻められ、四月八日に城を明けて逃れた。四月十二日、家康は秀正が自分に味方したことを喜び、真田昌幸・依田康国(信蕃の子)と相談して、油断のないようにと秀正へ指示した。

四月十二日、景勝は家康が虚空蔵山城を攻めようとしているのを聞き、飯山の岩井信能に命じて援兵を送らせた。四月十三日に景勝が島津左京亮に送った書状から、四月頃に昌幸は尼ヶ淵(上田市)に城を築いたことが知られる。これが後の上田城である。海津城からこの情報を得た景勝は、十三日に信濃の諸将に城を攻めさせた。

昌幸は氏政が北上野に侵攻してきたため、五月二十六日に湯本三郎右衛門尉を羽尾城(群馬

上田城跡（上田市）

県長野原町）に移した。また、六月十七日に矢沢頼綱に沼田在城を命じ、城領として臼根《うすね》（沼田市薄根町）の地を渡した。十月十三日、昌幸は長井権助に武石《たけし》（上田市）の地を与えた。天正十二年（一五八四）正月、真田軍が丸子城（上田市）を落としたので、出浦氏や長井氏らが昌幸に帰属した。この頃、吾妻衆は北条方の白井城（子持村）を攻撃していた。

他方、家康は三月七日に出陣し、秀吉と尾張小牧・長久手において十一月まで断続的に戦ったが、十一月十一日に秀吉が織田信雄《のぶお(かつ)》と和睦したので、戦う大義名分を失い、十二月十二日に和議となった。

天正十三年（一五八五）五月初めまでに、昌幸は景勝に味方していた須田信正《のぶまさ》を調略し、自軍に引き込んだ。また、六月二十一日に沼田城代である矢沢頼綱の子頼幸へ、上田領内の同心衆を付けて奉公を命じた。七月十二日になると宮下太兵衛・塩入弥兵衛に、それぞれ小県郡松本の地等を宛がった。

天正十三年、家康と氏政の間で甲斐・佐久・諏方は徳川領、上州は北条領に分割することが決まり、家康が昌幸へ沼田領を北条氏へ明け渡すよう命じたが、彼は父祖伝来の土地だとして

真田昌幸所用仏二枚胴具足
（真田宝物館蔵）

明け渡しを拒否した。
このため家康が軍を動かしたので、昌幸は残る大勢力の上杉に属そうと、一子弁丸（信繁）を越府（上越市）に参府させたいと景勝へ愁訴した。

景勝は七月十五日に矢沢頼綱に手紙を送り、昌幸が去年当方に味方したのに日を経ずして裏切ったのは不審だと連絡した。しかしながら、昌幸へ誓書を渡し、越後で知行を与え、沼田・吾妻・小県郡の所領安堵、佐久郡と甲斐の両所において一郡、それに上州の長野氏の跡を付与することなどを申し出た。

八月二十六日、昌幸は海津城を守っていた景勝配下の須田満親《みつちか》へ救援を求めた。この日、景勝も川中島の諸将を参陣させ、満親の指揮に従わせた。上杉勢は地蔵峠を越えて根小屋城（上田市）に着陣した。昌幸は徳川軍に備え、上田城に籠もり、長男の信幸（後に信之）を砥石城（上田市）に、兵を丸子城（同）と矢沢城（同）に配置した。

閏八月二日、北国街道から押し寄せた七千余人の徳川軍は、千曲川を現在の大屋（上田市）付近で渡り、蒼久保《あおくぼ》（同）近辺に陣取った。『加沢記』によれば、対する真田軍は騎馬二百余騎、雑兵千五百余人、合計でも二千人をわずかに超えた程度だった。しかし、昌幸の優れた戦術によって敵を退けた。信幸はこの時の戦果について、閏八月十三日付の書状で、「去る二日国分寺においで一戦を遂げ、千三百余り討ち取り、備へ存分に任せ候」（恩田家文書）と書いている。

九月二十九日、北条勢が沼田城を攻めたが、真田勢はこれを退けた。

第三節　豊臣秀吉との関係

秀吉と結ぶ

秀吉は天正十二年（一五八四）十二月に家康と和睦し、翌年七月に関白となった。天正十三年十月十七日に秀吉が昌幸へ送った書状から、昌幸が秀吉家臣に書状を送り、秀吉と結びつきたいとの意思を伝えていたことが知られるが、秀吉はその望みを叶えた。

十一月十九日、秀吉は昌幸へ、徳川家重臣の石川数正が十三日に女子供を連れて尾張まで引き退いたこと、来年の正月十五日前に家康成敗のため軍を動かすこと、昌幸から求めてきたら信濃へ人数を必要なだけ差し向けること、来春信濃へも軍勢を差し向けるのでそれまで用心等に落ち度がないようにすること、などを内容とした書状をしたためた。

天正十四年五月十四日、家康は秀吉の妹の旭姫と浜松（静岡県浜松市）で婚儀を執り行った。その後、昌幸を攻撃しようとして七月十九日に甲府まで出馬したが、八月七日に秀吉の斡旋により延引することにした。秀吉はこの間の八月三日、景勝に昌幸の支援を禁じた。昌幸は家康が秀吉と手を結んで攻め込んでくるのに、景勝の支援が望めず、絶体絶命のピンチとなった。ところが、秀吉は九月二十五日、景勝へ昌幸の成敗を止めたことを伝え、「真田の事、先書に仰せ遣わされ候如く、表裏者に候間、家康仰せ出され候と雖も、この度の儀、先ずもって相止め候」（上杉家文書）と書状をしたためた。

天正十四年十月四日、家康が秀吉の奏請によって権中納言に任ぜられた。さらに、秀吉は旭姫を見舞うという名目で生母大政所を家康のもとへ送った。こうなると家康も秀吉へ挨拶しに行かざるを得なくなり、二十日に西上し、二十六日に大坂に至り、翌日大坂城で秀吉と会見した。この結果、秀吉は関東を家康にゆだね、真田昌幸・小笠原貞慶・木曽義昌の所領を渡すことにした。

徳川に背いて秀吉に臣従した真田・小笠原・木曽の各氏は、再び家康のもとに立ち返ることになった。十一月二十一日、秀吉は昌幸へ「早々に上洛せよ」と命じたが応じなかったので、年が明けた天正十五年（一五八七）正月四日に景勝へ書状を送り、彼の影響力を通じて実行させようとはかった。昌幸は二月一日、二十九日と二度にわたって秀吉に書状を送り、過去に家康を裏切ったので家康に付されることは心配だなどと訴えた。秀吉は家康が人質を出し、どのようなことでも秀吉次第だと懇望したから信州の者たちを彼に従わせたので、戦争を止めて従うようにと、二月三十日に返書を書いた。その後、秀吉から家康のもとに行くよう命じられた昌幸は従うしかなく、三月十八日に小笠原貞慶とともに駿府へ赴いた。

天正十六年（一五八八）四月十四日、秀吉は聚楽第《じゅらくてい》に後陽成天皇を迎えて天下一統を誇示し、北条氏直に大坂出仕を求めた。八月二十二日、ついに氏康五男の氏規《うじのり》が上洛した。秀吉は九月二日に関東の諸大名へ、「今度北条美濃守（氏規）罷り上り候。それについて八州の事、やがて御上使を差し下され、面々の分領境目などを仰せ付けらるべく候」（佐竹家文書）と報せた。秀吉は関東についても領土紛争を自分が裁定すると布告し、天下支配を明示したのである。

秀吉の小田原攻撃

秀吉が昌幸の所領の沼田を北条氏直へ与えることにしたので、氏直は沼田城を請け取るため、秀吉のもとへ出仕した。昌幸が名胡桃が墳墓の地だとして頑として譲らなかったため、沼田領は三分の二が北条領、名胡桃城を含む三分の一が真田領と定められた。その後、真田氏は渡した分の替地として信濃箕輪領（上伊那郡箕輪町）を得た。

天正十七年十一月三日、北条氏邦の家臣で沼田城代の猪股邦憲《いのまたくにのり》が、真田領の名胡桃城を攻略した。これは秀吉の調停に対する違反だったので、真田家では使者を主君である家康へ送り、その不当を訴えた。家康は十一月十日に、秀吉から検使として派遣された二人が状況を知っているので、彼らから秀吉に伝えてもらうようにと伝えた。そこで、昌幸は名胡桃城が奪取されたことを、直接秀吉に訴えた。

名胡桃城跡（群馬県みなかみ町・同町 提供）

十一月二十一日、秀吉は昌幸へ、北条氏政の行為は道理に合わないので、名胡桃城の守備兵を討ち果たした者を成敗しない限り許さないし、北条が約束に背いた場合、その方の本知（本領）は言うに及ばず、新知等を与える考えであるとの書状を送った。

十一月二十四日、秀吉は北条氏直へ条目を出した。その中で、氏規と対面した際、真田が北条に渡した三分の二の替地は家康より真田に渡すと決めた、氏直は天道の正理に背き、帝都に対し奸謀をしているので即座に首を刎ねると、宣戦を布告した。

同日、秀吉はこれまで北条氏をかばってきた家康へ書状を送り、北条を攻撃する了解を得た。

天正十八年（一五九〇）正月八日、秀吉は昌幸へ北条氏を攻めるために先勢を今月から来月にかけて差し向け、自分も二月十日頃に出馬する、こちらの援軍が二万も三万も木曽口から行くので、それを待って行動するようにと指示し、三月一日に小田原へ向かって豊臣方の軍勢二十万人が動いた。

四月一日に石田三成が山中城（静岡県三島市）を攻め落としたとの書状が、六日に昌幸のもとへ届いた。四月二十日に昌幸が浅野長政と石田三成へ宛てた書状によれば、真田軍は三月上旬に小県を進発し、残雪を踏み分けて十二日に軽井沢（軽井沢町）へ参陣し、信幸軍の奮闘によって松井田城を落城させた。四月十四日、秀吉は昌幸父子へ小田原の状況を伝えるとともに、松井田での戦功を賞し、上杉景勝・前田利家と相談のうえ、戦功を励むように求めた。四月二十四日に昌幸は秀吉へ、箕輪城を攻撃して羽賀（埴和《はが》）信濃守を追い出し、前田利家が受け取ったと連絡した。二十九日、秀吉はその返書で箕輪城の統治などについて指示した。

七月五日、氏直が降伏したので、秀吉は彼を助命し、氏政・氏照に自害を命じ、翌日、小田原城を受け取った。七月十三日、秀吉は北条氏の遺領を家康に与えた。また、諏方頼忠や保科正光《まさみつ》などの家康麾下の信濃の諸将を関東に移し、その跡の佐久郡六万石を仙石秀康《せんごくひでやす》（秀久）、安曇郡・筑摩郡を石川康正《いしかわやすまさ》（数正《かずまさ》）、伊奈郡七万石を毛利秀頼《もうりひでより》、諏方郡を日根野高吉《ひねのたかよし》に与え、木曽郡を御蔵入（直轄地）と決めた。

秀吉は戦争の原因となった沼田領を昌幸に安堵することにし、その了解を求めるため、自筆の書状を昌幸の主君にあたる家康に送った。

その後、昌幸と長男の信幸、次男の信繁は秀吉の奥州出陣に参加した。

広範な動き

天正十九年（一五九一）七月二十二日、秀吉は明年朝鮮に出征しようとして、総勢七万三千余からなる名護屋《なごや》（佐賀県唐津市）在陣の配備を定めた。昌幸父子も七百人の軍勢で肥前名護屋城に出陣を命じられた。

天正二十年（文禄元年。一五九二）二月上旬、昌幸と信幸、信繁は文禄の役に参陣するため、名護屋に赴いた。秀吉も京都の聚楽第を三月に出発し、その月のうちに名護屋に到着した。四月一日に第一陣が朝鮮半島へ出兵し、五月に秀吉軍は首都漢城（ソウル）を落とした。しかし、李舜臣《イスンシン》率いる朝鮮水軍が四月と五月に日本軍に被害を与え、七月に明軍が援軍としてやって来ると、進撃は阻まれた。以後戦況は膠着し、翌文禄二年（一五九三）四月に講和交渉が成立した。

同年、昌幸は名護屋より大坂に帰り、ついで上田に戻った。

肥前名護屋城跡（佐賀県唐津市）

前年の文禄元年（一五九二）、秀吉は隠居所として伏見（京都市）の地を選んで築城したが、文禄三年に文禄の役の講和使節を迎えるに際し、改築することにした。昌幸は文禄二年十二月十七日、秀吉の奉行の前田玄以《まえだげんい》等から、来年の三月一日より九月まで普請をするので、二月中に京に着くようにせよと命じられ、伏見城の普請役に従事した。

文禄四年（一五九五）正月三日、秀吉は上野草津湯山（群馬県草津町）に入浴しようとして、信濃・甲斐・上野三国の衆に御座所普請を命じ、また諸大名に信濃路を警護させた。

慶長二年（一五九七）二月二十一日、明との外交交渉が決裂したため、秀吉は朝鮮再派兵の部署を定めた。

八月十七日、秀吉は霊夢によって善光寺如来を信濃に送った。これより先、如来は武田信玄が甲府に運び、天正十年（一五八二）の武田家滅亡後に織田信忠が岐阜（岐阜市）へ、その後、織田信雄が尾張の甚目寺《じもくじ》（愛知県あま市）へ、さらに徳川家康が遠江の鴨江寺《かもえじ》（静岡県浜松市）へ運んだ後、再び甲斐に戻っていたが、慶長元年（一五九六）に地震により倒壊した方広寺大仏の代わりとして、慶長二年に秀吉が京都へ運んでいたのである。

八月十八日の秀吉の死によって、慶長の役も終わることになった。十月に五奉行からの撤兵命令を伝える使者が朝鮮に到着し、十一月には撤兵が完了した。

第四節　天下分け目の関ヶ原

犬伏の別れ

慶長四年(一五九九)閏三月三日、秀吉を支え続けてきた五大老の一人、前田利家が亡くなったことで、豊臣政権内のバランスが崩れ、政局が一気に流動化した。渦の中心人物である家康は十三日、自邸を出て伏見城に向かった。

会津の上杉景勝は慶長五年(一六〇〇)二月十日に新城を造り始め、謙信の三十三回忌である三月十三日、多くの城主を若松(福島県会津若松市)に集めた。家康は四月一日に使者を景勝へ送り、誓書を出して上洛するように求めたが、拒否されたので会津討伐を決めた。

六月一日に徳川秀忠は森忠政へ書状を送り、今月上旬に家康が会津に出陣すると伝えた。家康は七月二日より二十一日まで江戸に在城し、二十一日に小山《こやま》(栃木県小山市)に向けて出発した。七月、昌幸・信幸・信繁の父子も、家康とともに上杉景勝を討つため関東へ向かった。

一方、豊臣氏の奉行である長束正家・増田長盛・前田玄以は七月十七日、家康の行動は誓紙や秀吉の掟を破り秀頼を見捨てたものだと昌幸に秀頼への忠節を求めた。同日、石田三成方（西軍）は家康を弾劾する十三箇条を諸大名に送り、家康に宣戦布告をした。

七月二十一日、昌幸父子のいる下野国犬伏《いぬぶせ》（栃木県佐野市）の陣へ石田三成の密使が到着したので、三人は真田家の去就について話し合った。結局、昌幸と信繁は西軍に味方することを決め、徳川の陣を離れて上田へ向かった。一方、信幸は徳川方に残り、七月二十七日に家康から小県郡の昌幸領を安堵された。昌幸へは長束正家・増田長盛・前田玄以から、七月二十九日付で「この節秀頼様へ御忠節肝要に候」（真田家文書）と連署状が届いた。

徳川か豊臣のどちらかが天下を握ることは確実であった。家族を分けて、双方に賭けておきさえすれば、確実に片方は生き延びることができ、真田の家が残る。昌幸が徳川方についたとしても、これまでの行動から家康の信用を勝ち取るのは容易でない。これに対して、石田三成の猶子頼次の正室が昌幸の五女で、昌幸は豊臣方と深い関係を持っていた。昌幸が味方して豊臣方が勝利した場合、真田氏は大きく発展する道が開かれる。

一方、信幸は家康重臣の本多忠勝の娘を妻としており、家康・秀忠と密接な関係があり、家康の信用を得やすかった。仮に昌幸が豊臣方についても、信幸が徳川方に味方すれば、これまでの結びつきからして、真田家を取り潰される可能性は少ない。真田家の中で徳川方に賭け、豊臣方が負けても真田の被害を小さくするには、彼しかいなかった。

第二次上田合戦

昌幸は七月二十一日付で二度にわたって使者を石田三成に送り、三十日付の返書を得た。三十日、大谷吉隆（吉継）が信繁へ書状を送り、秀頼への加勢を依頼した。翌八月一日、長束正家と増田長盛が、伏見城の徳川勢を討ち果たしたと昌幸へ告げ、秀頼への忠節を勧めた。家康は八月二日に江戸帰陣を美濃金山（岐阜県美濃加茂市）の森忠政へ報じ、上田城の昌幸に備えさせた。

八月五日、石田三成は昌幸・信幸・信繁へ十箇条からなる長い手紙で状況を報じ、自分たち

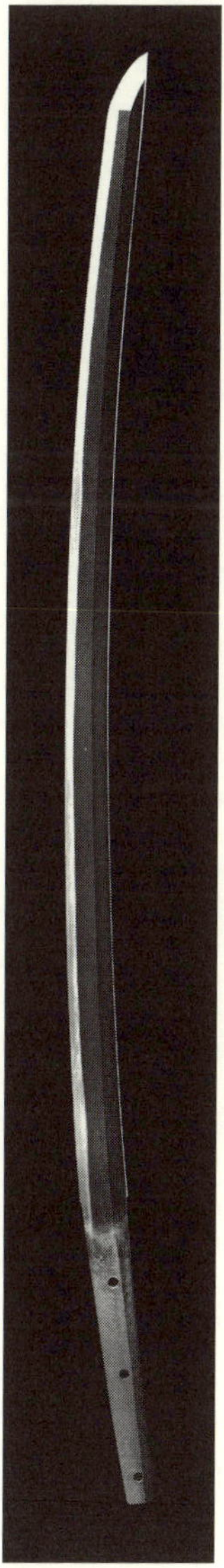
真田家重宝　三原の刀（真田宝物館蔵）

が勝利したら数カ国を与えると約束し、八月六日にも重ねて十箇条からなる書状を送った。八月十日にも三成は昌幸・信繁へ書状を送り、徳川方（東軍）諸将に対し策略をめぐらすように求め、会津の上杉景勝と謀議させた。

八月十三日、家康は小諸城主の仙石秀久へ昌幸を討つよう命じた。東軍は秀忠の率いる徳川本隊三万八千人を中山道、それ以外を東海道に分けて西上することにした。八月二十三日、秀忠は沼田城の信幸へ、明日上田城の昌幸を攻めるため宇都宮（栃木県宇都宮市）を出発するので、参陣せよと命じた。八月二十四日、家康は甲府城主の浅野長政へ秀忠を支援させた。秀忠は二十四日に昌幸を攻めるため宇都宮を発って、二十八日に松井田（群馬県安中市）へ着き、九月二日に小諸城へ入った。

真田信繁（幸村）像
（個人蔵・上田市立博物館 提供）

九月三日、秀忠が昌幸を攻めようとしたところ、「頭を剃って降参するから何とか命を助けて欲しい」と種々懇望され、許した。しかし、昌幸はいったん降伏を受け入れるように見せかけて籠城の準備をし、抗戦の構えを見せた。秀忠は昌幸が降参しないので、攻めることにして、九月四日に森忠政や浅野長政の長男幸長へ昌幸攻撃を告げ、染屋台（上田市）に本陣を寄せ、信幸に信繁の籠もる砥石城を攻めさせた。五日に信繁が上田城に撤退したので、信幸は砥石城を無血占領した。秀忠は信幸を砥石城に入れ、その後の処置を命じた。

秀忠は九月五日に昌幸へ利害を諭し、降伏を求めたが承服を得られず、再度使いを出しても駄目だった。それならば上田城を攻めようと、案内役として仙石秀久・忠政父子がまず向かった。

六日早朝に徳川軍は小諸を発して染谷まで押し出し、備えを立てて敵状を偵察した。これより先、昌幸は信繁と謀って、神川の上流を堰《せ》き止めて水勢を減らし、城門の側の草木の生い茂っている中と虚空蔵山とに兵を伏せて置き、徳川軍が来たら包んで討とうと計画していた。徳川勢は仙石秀久・榊原康政が先になって進み、大久保忠隣《ただちか》・酒井家次・本多忠政等の勢が神川の流れを渡って城に迫った。信繁はこれを見て堰を切り落として水勢を増し、城門を開いて突い

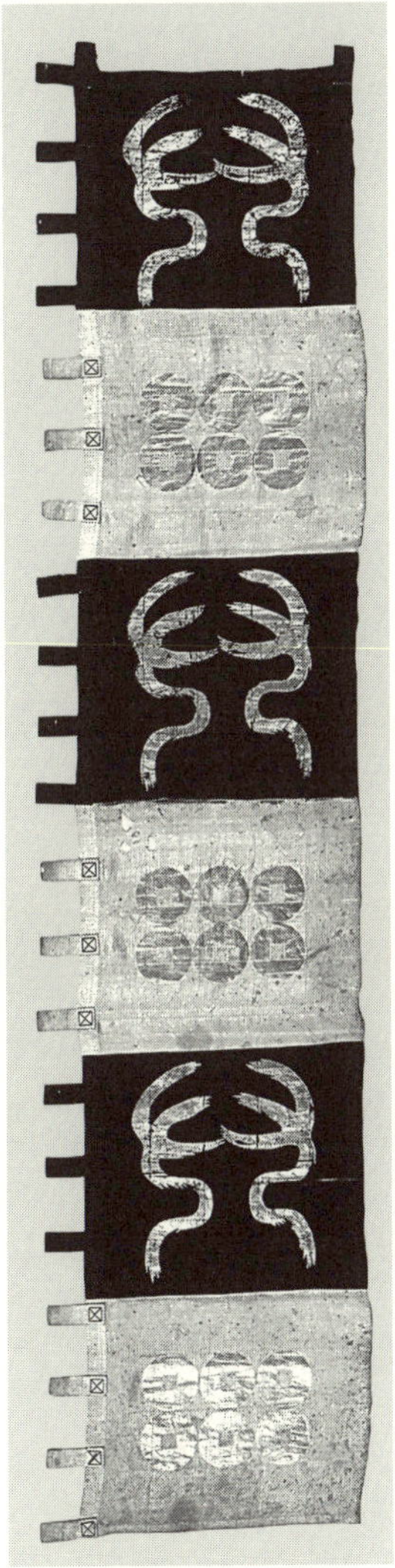

真田家の六連銭旗印
（上田市立博物館蔵）

て出た。虚空蔵山の伏兵も秀忠本陣を急襲したので、徳川軍は大混乱に陥った（第二次神川合戦・第二次上田合戦）。

九月八日、秀忠は上洛を急ぐため兵を小諸に引こうとし、境目を堅固に守らせた。

昌幸は九月十日、松沢采女《うねめ》・中条右近・同六左衛門の忠節を賞し、自分の思う通りになったら、望みの所で知行を与えると約束した。

九度山配流

秀忠はともかく美濃へ参陣しようと、九月十一日に小諸を出発し、中山道を西上、下諏方を経て十六日に福島（木曽郡木曽町）に泊まった。この前日の十五日に関ヶ原で合戦が行われ、東軍が西軍に勝利した。秀忠が草津（滋賀県草津市）に着いたのは二十日で、家康は九月二十七日に大坂城に入った。

関ヶ原合戦後、敗者側では多くの者が処刑された。家康を裏切って秀忠の西上を遅らせた昌幸も、当然そうなるべきだった。しかし、父と別れて家康に忠節をつくした信幸が助命を願ったので、家康は昌幸を赦免し、高野山麓の九度山（和歌山県九度山町）へ配流した。

慶長五年十二月十三日、昌幸は家康の命に従って上田城を明け渡し、信繁とともに高野山へ赴いた。彼には十六人の家来が随行し、信繁には妻子も同行した。

真田父子が九度山で生活するための資金は、紀伊藩浅野家からの年五十石の合力と国元からの仕送りであったが、金は不足しがちで、かなり苦しい生活であった。

昌幸は家康に赦免してもらう日を強く期待していたが、寄る年波と病気から、その望みも消え、十一年間の幽閉の後、慶長十六年（一六一一）六月四日に九度山の真田屋敷において、享年六十五歳で没した。その後、本領であった真田の長谷寺《ちょうこくじ》（信之〔信幸〕が松代へ移った際、長谷寺の住職も移り、字を変えて長国寺を松代に建立した）に葬られた。追号は長国寺殿一翁干雪大居士である。

真田昌幸の墓（和歌山県九度山町・同町 提供）

昌幸について

天文二十二年（一五五三）、幸綱三男の昌幸は人質として信玄のもとへ送られたが、能力を認められ、甲斐の名家である武藤の家を継ぎ、信玄の側近として統治技法や戦術を学んだ。幸綱嫡男の信綱、次男の昌輝が天正三年（一五七五）の長篠合戦で討ち死にしたことによって、真田

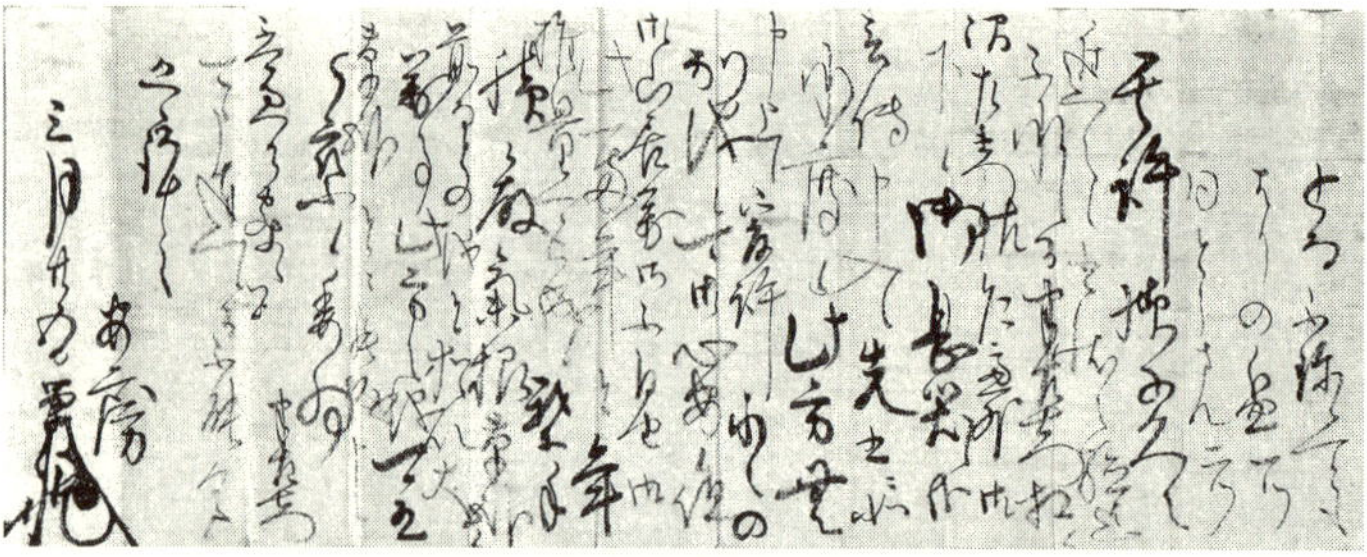

真田信之宛 真田昌幸書状（真田宝物館蔵）

の家督を継ぐことになった。

昌幸にとって天正十年の武田家滅亡から天正十八年の北条家滅亡までの間は、家存続の危機の時期であった。たまたま、領域が信濃と上野の二カ国にまたがっていたことを巧みに利用し、また機を見て主君を次々に替えることによって、家を維持することができた。信玄側近として身につけた戦術性の高い行動と家臣たちに支えられながら、大きな時代の波を乗り切ったのである。とりわけ、天正十年には徳川家康の軍に攻め込まれたが、幸い退けた。昨日まで従っていた者を今日は替えていく動きは、豊臣秀吉によって「表裏者」と評されるほどであった。

秀吉が北条氏を攻撃する口実となったのが、名胡桃城を北条方が取ったことであった。すなわち、昌幸自身は天下取りのレースに参加していないが、これによって秀吉の天下平定と大きく関わったのである。しかし、慶長三年（一五九八）の秀吉の死によって再び天下をめぐって大きく二つの渦が巻き始めた。その渦の一つは既存の豊臣政権を維持しようとするものであり、もう一つは秀吉と天下を争った徳川家康が天下を取ろうとするものであった。その対立がはっきりとした慶長五年の関ヶ原合戦において、昌幸は家を二つに分け、嫡男の信幸を徳川方へ、本人と次男の信繁は豊臣方へ属させたのである。この折、昌幸軍は強大な秀忠軍に屈せず、関ヶ原への参陣を遅らせた。

結局、最後に天下を取ったのは家康であった。結果論として昌幸は徳川軍に二度も負けなかったため、強大な敵に知力で立ち向かった反徳川のシンボルとして、また敗者側に味方した悲劇の武将として、判官贔屓《ほうがんびいき》の民衆によって高く評価された。その子信之が十万石の大名となり、子孫が続いたことによって、実態以上に英雄視されたのである。

第六章

武田氏を滅亡に追い込む――木曽義昌――

織田信長旧臣の太田牛一《おおたぎゅういち》が江戸時代初期に書いた『信長公記《しんちょうこうき》』によれば、天正十年(一五八二)三月二十日、木曽義昌が上諏方の法華寺(諏訪市)にいた信長のもとへ出仕した。この時、義昌は馬二匹と高価な太刀一腰(梨地の蒔絵《まきえ》で金具は焼き付け地彫り、目貫笄《めぬきこうがい》は十二神を後藤源四郎が彫った)、黄金百枚を差し出した。これに対して信長は義昌に信州のうちで筑摩・安曇二郡を新たに知行させた上、義昌を見送りに縁側まで出た。ちなみに、寛永年間(一六二四~四四)に成立した『当代記《とうだいき》』によると、義昌が信長へ太刀一腰、馬二匹、黄金二百両を進上し、信長から金一千両と安曇郡・筑摩郡を下されたという。武田家を滅亡させるために両者は深く結びついていたのである。

それから一週間後の三月二十七日、義昌は信長から「信濃国の筑摩郡・安曇郡については、すべてをその方に宛がうので、間違いなく領知せよ。次に木曽郡については、現在知行しているので、このまま少しも相違なく支配せよ」という内容の印判状を得た。これによって義昌は正式にこれまで領してきた木曽郡と、新たに安曇・筑摩両郡の支配を信長から認められた。松本平と木曽を領し、大きな大名になったという意味で、この時が義昌にとって絶頂期であった。

義昌に宛行状を出した信長は、これより先の三月十三日に岩村(岐阜県恵那市)から根羽(根羽村)まで陣を進めた。十四日に平谷《ひらや》(平谷村)を越して、浪合《なみあい》(阿智村)に陣を取り、ここで武田勝頼父子の首実検をし、飯田(飯田市)に運ばせた。十五日に飯田へ陣を移し、勝頼の首をさらした。

十七日に信長は飯田から大島（松川町）を通って、飯島（上伊那郡飯島町）に陣を取り、翌日に高遠城に陣を置き、十九日に上諏方に至った。

いうならば、戦国時代の信濃に旋風を巻き起こした武田氏を滅亡に追いやった立役者こそ、木曽義昌だった。それならば、彼はどのような人物であったのだろうか。

第一節　義昌の先祖たち

木曽氏の系図

永禄元年（一五五八）十二月に、慈雲寺《じうんじ》（諏訪郡下諏訪町）の住職の玄長《げんちょう》（天桂《てんけい》）は、木曽義在《よしあり》に道号を与え頌《じゅ》（仏教の真理を詩の形で述べたもの）を作って授け、肖像に賛を書いた。その中で義在を「木曽義仲の後裔なり」と評している。木曽を称した人物で最も有名なのは源平争乱時の木曽義仲であるが、戦国時代の木曽氏は義仲の子孫だという理解が、知識人の間にも広まっていたといえる。

木曽氏の簡単な歴史を大正四年（一九一五）に刊行された『西筑摩郡誌』、および武居正次郎が著した『岐蘇《きそ》古今沿革志』(発光堂、一九一四)から確認しよう。この説が現在でも説明材料とされ、いわば定説のままだからである。

初代は木曽義仲で、二代が義仲の第二子義重《よししげ》、三代が義仲の第四子義宗《よしむね》(義茂)で沼田(南木曽町)に居を構えた。木曽氏の通字である「家」は、四代基家《もといえ》から使われている。彼は弘安四年(一二八一)に没し、墓が黒川(木曽町)にある。しかし、基家の名は後の木曽氏の家の基をなしたということで、後世に命名された可能性が高い。

五代家仲《いえなか》は文永年中(一二六四~七五)に須原《すはら》(大桑村)と岩郷(木曽町)の間の道を開き、岩郷に住んだ。六代の家教《いえのり》は十四世紀初めに原(大桑村)に住した。

妻籠宿から見た妻籠城(南木曽町)

七代家村《いえむら》(一二九一~一三三九)は足利尊氏に従って軍功を上げ、暦応元年(一三三八)に尊氏から木曽を安堵され、安曇郡の上野(牧野とも)、西光寺(松本市)、西牧(同)、筑摩郡の洗馬(塩尻市、朝日村)、伊奈郡の高遠(伊那市)、および近江国(滋賀県)において浅須摩、知久間、四ツ木、川瀬を与えられ、木曽氏を復興した。彼は居館を須原(大桑村)に置き(十一代親豊《ちかとよ》までここに留まる)、妻籠《つまご》(南木曽町)に城を築き、馬籠《まごめ》・田立《ただち》・西野《にしの》・奈川《ながわ》・王滝《おうたき》に砦を構え、贄川《にえかわ》(塩尻市)に関所を築いて、木曽谷全体を支配した。長子義親《よしちか》が高遠太郎で高遠氏の祖先となり、次子家昌が安食野《あじきの》二郎で上野氏の祖先、三子家景が黒川三郎と称し馬場氏の祖先、四子家光が贄川四郎で贄川氏の祖先、五子家重が千村五郎で千村氏の祖先にそれぞれなっている。これによると家村の代に木曽の全域が勢力下に入っていたことになるが、砦や城・関所の分布は木曽氏最盛期の義昌代のもので、当時これだけの範囲を統治することは不可能であった。また、高遠氏はすでに触れたように諏方氏の一族である。

八代家道《いえみち》（一二九三～一三四二）は須原に住み、九代家頼《いえより》（一三一六～六七）は初め妻籠に居住し、後に須原に移り住んだ。

妻籠城跡主郭（南木曽町）

十一代親豊《ちかとよ》（一三六四～一四三五）は須原の館を造り、定勝寺《じょうしょうじ》（大桑村）を建立した。また応永七年（一四〇〇）には須原と原野（日義村）の間に道を造って、波計《はばかり》桟道をかけ、池尻（上松町）と徳原（同）の間の山道を廃止した。さらに、応永十四年に小丸山城《こまるやまじょう》（木曽町）を築き、嫡子の信道《のぶみち》を住まわせた。家仲の代に須原と岩郷との間の道はできていた。新たに築いた小丸山城になぜ自身が入らず信道を置いたのかは不明である。彼はそれまで通字であった「家」の字を用いていないが、その理由も伝わらない。

十二代信道は福島を根拠にし、永享三年（一四三一）に藪原《やぶはら》峠を開いた。彼は名前に「家」を用いず、父と共通する文字もない。永享六年に興禅寺《こうぜんじ》（木曽町）を創建し、遠祖義仲の菩提を弔い、義仲の霊祭として七月十四・十五日の両日、大代松《おおたいまつ》の行事をしたという。この祭礼は本来盆行事であり、最初から義仲のためになされたとは考え難い。

十三代豊方《とよかた》は長福寺《ちょうふくじ》（木曽町）を建てた以外の事績が伝わらない。元禄十一年（一六九八）に稿を起こし、宝永二年（一七〇五）に完成した小笠原家の正式な系譜「笠系大成《りゅうけいたいせい》」によれば、豊方という名前はないが、小笠原政康の娘が木曽氏当主の妻だったので、木曽氏の力がこの頃大きくなっていたと推察される。

十四代家賢《いえかた》（一四三〇〜九八）は、宝徳三年（一四五一）に定勝寺を再建し、高遠城（伊那市）が落ちたため、康正元年（一四五五）に居館を福島から再び須原に移した。

十五代家豊《いえとよ》（一四五一〜一五〇四。定勝寺の十三仏木像厨子《ずし》の銘によれば一四八三年に没している）は応仁の乱に際して、小笠原氏とともに美濃の土岐成頼《ときしげより》を攻撃した。家豊は文正元年（一四六六）の興禅寺梵鐘銘に刻されており、系図と名前が一致する。また、彼は文明五年に将軍義政の命を受けて、土岐政頼討伐にも参陣した。

明応年中（一四九二〜一五〇一）、洗馬の三村氏が小笠原氏に攻められたので、十六代の義元《よしもと》（一四七二〜一五〇四）は支援のために出陣し、洗馬で戦って敗れたが、霊夢を得て小笠原氏に勝利した。そこで鳥居峠（塩尻市と木祖村の間）に鳥居を奉納し、鳥居峠と呼ぶようになったという。

永正元年（一五〇四）七月に飛驒国の三木重頼《みつきしげより》が数百の兵とともに白巣峠《しらす》（岐阜県中津川市と木曽郡王滝村の境）を越えて木曽に侵略してきた。十一日に彼らが王滝に現れたことを知ると、義元は谷中に檄《げき》を飛ばして来援を求め、兵二百三十人を率いて王滝城に入った。敵を退けて追撃したところ、敵兵百余が乱入して城が落ちた。義元は三尾《みお》（木曽町）に逃げようとしたが、飛驒兵の攻撃を受けて重傷を負い、十二日に川合（木曽町）で絶命した。この日、木曽谷中からの援兵三百人が黒沢（木曽町）から進んで、敵兵を破って王滝を回復し、滝越《たきごし》（王滝村）に追い、裏木曽（岐阜県南東部）から来た兵と挟撃して大勝し、木曽から飛驒勢を追い出した。

十七代義在《よしあり》（一四九三～一五五四）は、父が戦死した時まだ十二歳だった。このため木曽は主がいない状況に陥り、諸士は甲州そのほか近郷へ出かけて奉公した。義在が十七歳になった時、五霊の山に城を構え、その麓の上之段《うえのだん》（木曽町）に居館（いわゆる上之段城。現在遺構は残っておらず関山公園を中心に展開していたとされる）を築いて移り、伊奈郡の小笠原六郎左衛門の娘を娶った。

義在は道路改修に乗り出し、天文二年（一五三三）に西は馬籠（岐阜県中津川市）から東は新洗馬（塩尻市）に至るまでの宿駅を定め、美濃国落合（中津川市）から塩尻に抜ける本道を造ったので、木曽を通過する旅人が増加した。また材木の商品化にも努め、岐阜方面に売った。天文十一年に義康に家督を譲り、黒川口松島（今は黒川ダムとなる）に別荘を営んで移り住んだ。さらに天文二十三年に黒沢（木曽町）の御嶽神社里宮を修復した。

天文三年、義康（一五一四～七四）は父の義在と謀って、遠山元忠・千村重綱を林城（松本市）の小笠原長時のもとへ遣わして盟約を結び、原清左衛門を諏方に派遣して諏方氏ともつながり、天文五年に伊奈の小笠原氏とも結んだ。そして、遠山主水・千村内匠《たくみ》・贄川監物《けんもつ》などに高遠城を攻めさせて奪い取り、千村内匠を城代とし、溝口氏友・保科正俊をその部下として付属させたという。しかし、高遠城を木曽氏が奪った事実はない。

疑問の多い出自

木曽氏の祖先として史料で最初に姿を現すのは、木曽町の水無神社《すいむじんじゃ》と黒沢《くろさわ》の御嶽神社里宮《おんたけじんじゃ》の至徳二年（一三八五）にできた棟札に見える「伊予守藤原家信」とされる。二つの神社を修造する経済力と神社の位置からして、彼が後の木曽氏の一族である可能性は高い。家信が藤原氏を称しているので、木曽義仲の子孫とする意識はなかったのだろう。また、家信の名前が木曽氏系図に見えないことから、系図の信用性は低い。

木曽氏が出した文書として伝わるものとしては、享徳四年（一四五五）三月三日付で「左京大夫家賢」が慧厳《えごん》（香林）を「木曽庄浄戒山《じょうかいさん》定勝禅寺」の住持に任命したものが最古である。文書は墨

水無神社（木曽町）

の色の濃さなどに難点があり、前年に家賢が定勝寺を再建したといわれていることに対応して、後に作成された可能性が高い。続いて康正二年（一四五六）三月晦日付で「家定」が定勝寺に与えた判物があるが、家定の署名と花押は後筆と判断される。

興禅寺には文正元年（一四六六）十一月一日の「大檀那源朝臣家豊」と刻された梵鐘があった。梵鐘は失われ、銘の写しが伝わるだけであるが、文面などからして実在した可能性が高い。「源朝臣」としているということは、この頃から木曽氏が源氏で木曽義仲の子孫だと主張を始めたのであろう。

木曽氏の動きで不可解なのは、須原と福島の二つの根拠地があり、居館の位置がたびたび移動していることである。確実な棟札によれば、十四世紀後半の木曽氏は福島を中心として勢力を持っており、戦国時代末の本拠地も福島であった。木曽全体から見ると福島は中心部に位置し、飛騨に抜けるルートを押さえるためにも重要な場所である。これに対し、須原は南部に偏り、交通路を押さえる要地でもない。しかも、両地の間は約十九キロと距離がありすぎる。福島に勢力を持った場合、居館を須原に移す必要はない。系図が十四世紀後半に至るまで信用できないことを考え合わせると、福島が木曽氏の本拠地であったといえよう。

それではなぜ、須原を意識しなくてはならなかったのであろうか。鎌倉時代に仁和寺領の小木曽庄《おぎそのしょう》が成立し、それを南北朝時代に高山寺が領した。十四世紀半ばには小木曽庄の地頭として真壁氏がいた。小木曽庄は木曽谷の南部に位置し、大桑村が中心をなし、北は上松、南は三留野ぐらいの範囲であったらしい。つまり、木曽氏が福島を中心に勢力を扶植していた頃、南部には地頭の真壁氏を中心とする勢力が存在した。福島に根拠を持った木曽氏は、十四世紀の後半ぐらいから小木曽庄へ権力を浸透させていった。この歴史的経過のゆえに、木曽氏は真壁氏の存在を覆い隠そうとして、早くから小木曽庄の中心地であった須原を勢力下に入れていたと主張したのではなかろうか。

戦国時代前期の木曽氏

応仁の乱に際し、西軍に属した土岐成頼の配下で美濃国守護代の斎藤妙椿《さいとうみょうちん》が、文明五年（一四七三）に兵を率いて上京するという噂がたった。東軍の将軍義政《よしまさ》は二月二十一日、松尾の小笠原家長へ鈴岡の小笠原政秀と相談して土岐成頼を討伐せよと命じた。同年三月九日に家長の子の定基へも「美濃国で凶行を働く悪者たちなどを退治することについては、木曽殿に命じたので、力をあわせてこれをするように」などとの内容の御教書《みぎょうしょ》（将軍の命を奉じて部下が出した文書）を出した。同月二十日付で細川政国は、定基へ宛てて「濃州の凶徒退治については木曽兵部少輔に命じた御内書を下したので、協力するように」と書状を書いた。同年十月に斎藤妙椿は伊勢に兵を出したが、その間に小笠原・木曽の連合軍が東美濃に兵を進め、十一月に大井（岐阜県恵那市）・荻之島（瑞浪市）の両城を攻め落とした。この頃、木曽氏は信濃守護の小笠原氏と並ぶ勢力を持つと評価されていたのである。

伊勢内宮（伊勢神宮のうち皇大神宮）の一禰宜荒木田氏経《あらきだうじつね》は、文明七年六月二十六日付で家豊へ書状を送り、美濃路が遮断され東国・北国から伊勢神宮へ参宮することができず、特に木曽路が止められたため毎年信州の在々所々から徴収していた神役を運ぶのが困難になったので、何とか通路を開いて欲しいと依頼した。家豊は七月八日に木曽路を開くことを承知した返書を出した。

文明十年五月十三日、足利義政は遠山加藤左衛門尉を飛騨小島・古川両郷（岐阜県飛騨市）の代官として入部させようとして、小笠原家長や木曽宮俊などに協力を求めた。

文明十五年二月九日、木曽「越後守家盛」は定勝寺に造営関（定勝寺を造るために通行人から関銭を取る関所）を安堵した。系図では義元が当主の時期である。

明応五年（一四九六）二月、興禅寺の仏殿を建立した際、「源朝臣木曽義元」、「木曽大炊介《おおいのすけ》入道啓秀《けいしゅう》」、「当住持叔雅良演《しゅくがりょうえん》」がそれぞれ十貫文を寄進しており、木曽氏は興禅寺の大檀那だった。

義元時代の書状の断簡は他にも興禅寺に残存し、興禅寺と義元とが極めて親密な関係であったことを伝えている。

明応五年八月七日に木曽義清が定勝寺に進した太鼓の胴内に記された墨書銘には、「大旦那源朝臣伊与守《いよのかみ》義清代寄附」とある。義清は家豊の子で、初め左京大夫義清と称し、後に伊予守義元と改めた。源を称し「義」の字を用いていることから、義元は木曽義仲の子孫だと意識していたといえよう。

大永六年（一五二六）六月十九日、将軍足利義晴が武田信虎を上洛させようとして上杉憲政・諏方上社大祝・木曽義在に協力を求めた。義在が大きな勢力を持つ領主として将軍からも意識されたのである。

天文二年（一五三三）に京都醍醐寺理性院《りしょういん》の厳助《ごんじょ》が文永寺（飯田市）に下向した際の日記である『信州下向記』には、「妻子は木曽一家なり云々、則ち木曽路の内なり」とある。この頃には木曽氏の一族とされる妻籠氏が妻籠に住んでいたのである。これより先の永享四年（一四三二）九月二十九日、幕府は土岐頼益《よります》へ七間御厩の材木を納めるよう妻籠兵庫助に命じたことを伝えた。妻籠は美濃の一部として理解され、土岐氏の支配下に入っていた。

「永享以来御番帳」には遠山馬籠左馬介が、「文安年中御番帳」には遠山馬籠が見える。長享元年（一四八七）に将軍足利義尚《よしひさ》が近江の六角氏を討った時、「遠山馬籠右馬介」が従軍した。彼は源頼朝の側近として活躍した加藤景廉《かげかど》の子孫の遠山氏の一族で、現在の恵那市や中津川市等を中心とする遠山庄に関わる人物である。木曽氏の勢力は妻籠に及ばず、妻籠氏や馬籠氏は直接幕府に仕えていたのが、天文二年には一族が妻籠に住んでおり、木曽氏の勢力が南へ拡大していった。『木曽古道記』の天文年中に義康が三留野氏を滅ぼしたとあるが、これはその動きを示していよう。

残存する義在文書の最古は、天文十六年十二月四日に定勝寺へ宛てた書状である。また、天文十八年十一月十七日に鋳造した定勝寺の梵鐘銘に、「大檀越源朝臣義在」とあった(「定勝寺由緒記」)。義在は天文十九年六月十一日、木曽若宮社(御嶽神社若宮。木曽町)に「長野ししご」(大桑村)のうちで五十疋を寄進した。

天文年中(一五三二〜五五)と思われる時期に、飛驒の三木直頼《みつきなおより》は国中に米が来ないため、木曽に求めた。直頼と木曽氏との関係は良好だったようで、木曽氏から馬が贈られている。

第二節　信玄に属す

武田軍との遭遇

天文十五年（一五四六）八月、信玄は勅使の三条西実澄《さんじょうにしさねずみ》（実枝《さねき》）・四辻季遠《よつつじすえとお》に対して、信濃十二郡を手に入れたあかつきに、禁裏御料所（皇室の所有地）として一万疋（百貫文）の所領を献ずると約束した。また天文二十四年三月、諏方社上社に宛てた文書でも信濃十二郡としている。信濃は古来、筑摩・安曇・伊奈・諏方・水内・更級・高井・埴科・小県・佐久の十郡なので、信玄は木曽を二郡に数えていたのであろう。

信玄の木曽侵略の模様を正確に伝える史料は残っていない。『甲陽軍鑑』は問題が多いが他に素材がないため、主としてこれによりながら、信玄の木曽侵入の模様を確認したい。

木曽氏が最初に信玄と遭遇したのは、甲斐と信濃の境の瀬沢《せざわ》（諏訪郡富士見町）において天文十一年（一五四二）二月に行われた合戦で、小笠原長時・諏方頼重・村上義清、それに「木曽殿」（義康）の「信濃国大身衆」が連合して武田軍と戦ったという。この合戦は『勝山記』や『高白斎記』、『守矢頼信書留』などで確認することができず、信濃の四人が共同して戦ったとするのは荒唐無稽である。

天文十一年、信玄は諏方を手に入れ、小笠原氏と直接領域を接することになった。天文十四年五月二十三日に塩尻峠で信玄と小笠原長時が戦った際、木曽氏は長時に味方した。この日、小笠原勢は塩尻峠に木曽義康を備えに立たせて、長時軍が下っていったため、峠に向かっていた武田軍と合戦となり、武田方が勝った。なお、『勝山記』・『高白斎記』によれば、天文十四年五月頃に信玄は箕輪城（福与城。上伊那郡箕輪町）を攻めており、塩尻峠で戦っていない。実際の塩尻峠合戦は天文十七年七月十九日である。

信玄は天文十四年四月に高遠（諏方）頼継を破った。武田軍が二十日に箕輪城の藤沢頼親を攻めた時、小笠原長時が救援のため龍ヶ崎城（辰野町）に出陣したが、『小平物語』によればその軍勢中に木曽義康の人数も入っていた。小笠原政康の第六子が木曽某の妻になっている（「笠系大成」）ので、木曽氏が小笠原勢に加わっていた可能性はある。

天文十六年四月十二日、信玄は甲府を発ち、諏方に馬を入れ、小笠原長時の領内、あるいは伊奈、木曽義康の領内の水田を荒らし、敵との境目の領分を焼き払った。しかし、『高白斎記』からすると、信玄は甲府にいたようなので、これも事実ではない。『小平物語』によると、木曽勢は天文十七年七月十九日の塩尻峠合戦で小笠原氏の軍に加わっていた。

信玄は天文十八年四月、諏方に入り、伊奈・木曽・松本の三方へ軍を動かした。木曽攻撃には甘利藤蔵と内藤修理（昌豊の名で伝わるが昌秀が正しいとも）を侍大将とし、原虎胤・曽根七郎兵衛を足軽大将に命じた。武田勢は鳥居峠の北側をことごとく焼き払い、峠を越して南下しようとし、木曽勢と足軽同士の競り合いとなり、木曽方の武士三騎、歩兵八人の合計十一人を討ち取って、早々に引き取った。

信玄が天文十九年三月、上野の松井田城（群馬県安中市）を攻めようとしていると、小笠原長時が木曽義康と組んで下諏方（下諏訪町）に攻め込んだと連絡が入ったので、二十一日に諏方に馬を向けた。信玄は四月六日に塩尻峠を越えて桔梗ヶ原《ききょうがはら》（塩尻市）に馬を進め、木曽氏に押さえを置いて、長時と決戦をしようとしたが、越後の上杉謙信が出陣したと連絡が入り、川中島に向かった。

同年七月十日、信玄は村井城（松本市）に着城し、十五日に小笠原長時を林城に破った。史料は残っていないが、一連の軍事行動の際に木曽氏と武田氏の小競り合いが起きた可能性はある。

天文二十三年八月二十六日、信玄は木曽口に馬を出し、洗馬氏（三村氏）を降参させて、九月末に甲府の一蓮寺で成敗した（三村長親の死については、塩尻峠の合戦で協力した恩賞を与えると甲府に呼び出して殺したなど、諸説がある）。

『勝山記』によると、信玄はこの年七月二十四日に信州へ出馬し、伊奈郡知久郷（飯田市）の知久氏を破った。また、八月六日に武田軍は佐久の要害（城砦）を一日に九つ落とした。『厳助往年記』では文永寺そのほかの知久郷が焼かれたのを八月十五日としている。この時期に武田氏は信濃に入って伊奈と佐久で軍事行動をしており、時期は『甲陽軍鑑』のいう八月二十六日ではないかもしれないが、木曽攻めの第一歩として、木曽の入り口にあたる洗馬の三村氏を攻撃した可能性が高い。

この結果、『勝山記』によれば「木曽殿も知久殿もならへて御出仕成られ候」という状態になった。

降伏

『甲陽軍鑑』によると、信玄は天文二十四年三月七日甲府を出発して、十八日に木曽の藪原（木祖村）に馬を寄せ、四月三日まで逗留した。藪原に砦を築き、義康の居城に攻め掛かろうとしたところ、謙信が川中島に出てきたとの連絡が入ったため、義康・義昌父子の押さえとして砦に栗原左兵衛に足軽大将多田淡路（三八郎）を指し添えて残し、六日に川中島に向かった。

長野県立図書館所蔵の『木曽殿伝記』によれば、天文二十四年三月中旬、信玄は木曽へ攻め込んだが、木曽でも兼ねてから所々に要害を構え、石弓を張り、大木を倒して逆茂木《さかもぎ》（敵の侵入を防ぐために、茨の枝を束ねて結った柵）を引いて、堅く守って用心を怠らなかったので、木曽に入ることができず、諏方に逗留した。その後、数日対陣し、武田軍が糧道を断って兵糧攻めにしたので、義康は致し方なく講和を申し込んだ。四月上旬の信玄帰陣に際して、義康は人質として妻と息女の岩君を甲府に派遣した。喜んだ信玄は「木曽は元来源氏の名家であるか

木曽義昌像（東漸寺蔵）

ら義昌を婿にしよう」と、弘治元年（一五五五）冬、甲府から娘を木曽に入輿させ、千村左京と安部主計《かずえ》を付けた。

信玄は天文二十四年三月十二日に、筑摩郡の慶弘寺《けいこうじ》（松本市）に禁制《きんぜい》（禁止事項を公示した文書）を出し、三月二十一日には大日向主税の戦功を賞しており、兵を率いて木曽を攻撃しようとした可能性がある。

『甲陽軍鑑』によると、川中島から帰った信玄は八月二十一日に再び鳥居峠を越えて藪原に馬を立て、翌日、甘利信忠《あまりのぶただ》に木曽攻めの先鋒を命じた。ついで原昌胤《はらまさたね》・馬場《ばば》信春《のぶはる》・内藤昌秀《ないとうまさひで》・春日虎綱《かすがとらつな》を加えた五人の頭を稲核《いねこき》（松本市）へ移らせ、鉢盛山を回るような形で背後から小木曽（木祖村）へ取り付き、三尾（木曽町）へ押し出し、王滝城（王滝村）を攻めた。一方、福島へは栗原左兵衛・飯富三郎兵衛（山県昌景）・長坂釣閑斎（光堅）・武田信繁・市川宮内助の五人が軍を動かした。このため義康はその日のうちに降参し、「自分の所領をことごとく差し上げて甲府に詰めて奉公します」と申し述べた。これを聞いた信玄は、「小笠原長時と違って木曽の申し分は一段良い」と所領を安堵し、木曽家は格が高いからと自分の婿にし、娘の介添え役として千村備前・山村新左衛門の両人を木曽に差し置き、木曽殿と「殿」文字を付けて待遇し、穴山氏と同様の格で武田氏の家中に置くと言った。『勝山記』からすると、この時信玄と謙信の対陣は続いており、駿河の今川義元の調停で和談が成立し、閏十月十五日に両者が兵を引いた。したがって、武田軍が八月に木曽攻撃をしたことはありえない。

信玄の娘が義昌の妻になったことは、『武田源氏一流系図』や『一本武田系図』などにも見え確実である。彼女は真理姫《まりひめ》とされ、福島（木曽町）の大通寺に供養塔がある。なお、この信玄の娘に付せられた武士として、『岐蘇古今沿革志』は千村備前・山村新左衛門・天部石見・同主計、『木曽殿伝記』は千村左京・安部主計、『木曽考』は天部石見・同主計・千村左京進を挙げている。

『木曽考』によれば、弘治元年（天文二十四年。一五五五）冬、義康は人質として娘を甲府に送り、信玄から白木八郎左衛門を付けられた。同年、義康の子の義昌の妻として信玄の娘がやって来

真理姫供養塔
（木曽町・大通寺）

て、十一月に義康父子が甲府へ行って信玄と対面した。

義昌の甲府出仕や信玄の娘の木曽への輿入れなどについては、同時代の確実な史料で確認できない。しかし、すでに見たような状況からして、天文二十四年に木曽氏が武田氏に降伏し、武田氏との間で姻戚関係を結んだことは疑いないだろう。

親族と警戒

信玄時代の武田氏の武力を比較的正確に反映しているといわれる『甲陽軍鑑』の「武田法性院信玄公御代惣人数之事」では、「木曽殿」（義昌）が御親類衆として二百騎を従えている。この人数は信玄弟の信繁、武田の家督を継ぐ勝頼、武田氏の親族衆の穴山信君と同じで、いかに木曽氏が勢力を持っていたかを示している。

信玄は永禄七年（一五六四）と思われる六月七日、千村俊政と山村良利《たかとし》に「去年義昌が来た返礼として、信玄父子がそちらに行くか、勝頼を派遣しようとしたが、打ち続いて関東に出陣しており、寸暇を得ないので行くことができずに残念である。まずは工藤七郎左衛門尉が口上を伝え、何事もない時に信玄が洗馬（塩尻市）辺まで参って直接会って申し述べる」と書状を出した。

　永禄七年七月下旬に武田軍は飛騨に侵入した。信玄は八月七日に山村良候《たかとき》に感状を出した。木曽氏重臣の山村良候には義昌から文書が出されるべきなのに、信玄が直接連絡を取っているのは、木曽氏を牽制しようとしたのであろう。

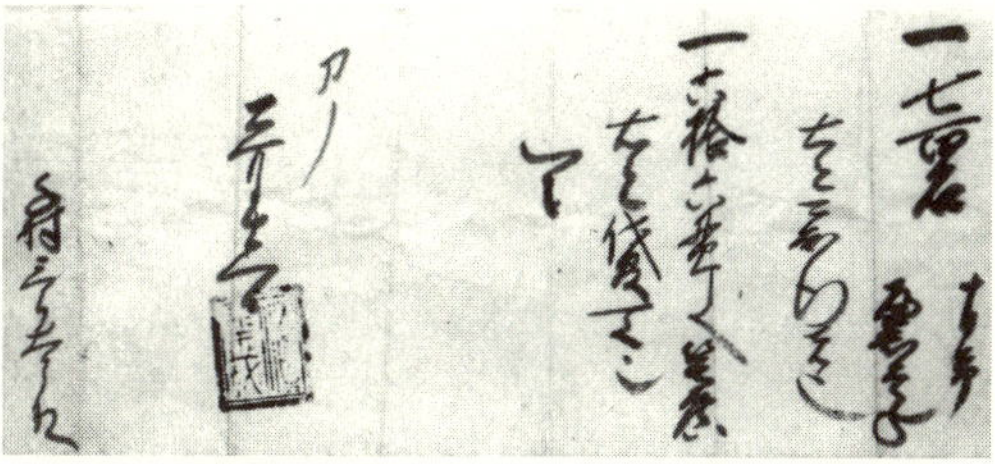

木曽義昌黒印状（個人蔵・可児郷土歴史館 提供）

　元亀三年（一五七二）八月頃、木曽氏は信玄の命令によって遠山氏とともに飛騨に侵入した。九月二十六日に信玄は杉浦壱岐法橋・長延寺の越中の一揆へ飛騨調略がなったことを伝えた。同日、山村良利に飛騨の調略の戦功に対し、濃州のうち一所を渡すことを約束し、十一月九日に約束に従って濃州安弘見《あびろみ》（中津川市）で三百貫文の地を与えた。また、その子の良候にも濃州千檀林・茄子河《なすびがわ》（中津川市）両地の間で三百貫文を宛がった。信玄は木曽氏の家臣の中でも最も勢力を持つ山村氏を直接の家臣に組み込み、主従関係を結んだといえる。あるいは最初からこれを目的に娘に付して送り込んだのかもしれない。

　元亀四年（天正元年。一五七三）正月五日、義昌は信玄へ三方ヶ原（静岡県浜松市）の戦いで徳川家康の軍を破った勝利を祝うとともに、鉄砲に使う塩硝を五十斤送った。同年十月、勝頼は奈良井（塩尻市）に住ん

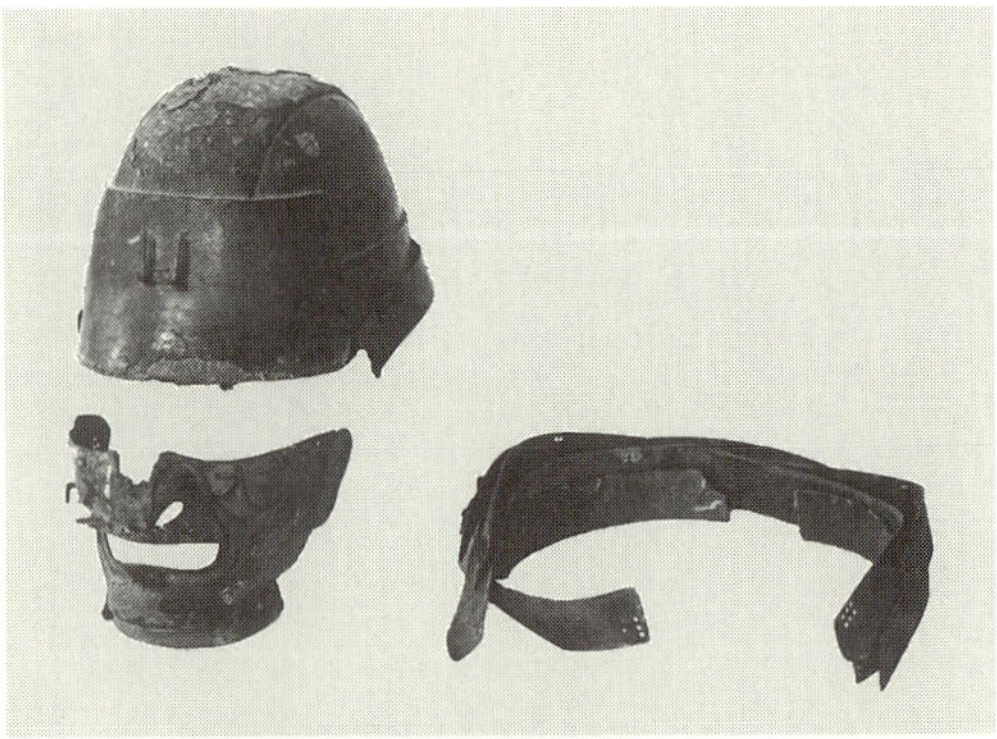

伝木曽義昌所用 頭形兜 残欠と面頬
（東漸寺旧蔵・田屋久男氏 提供）

だ奈良井義高《よしたか》に「木曽谷中の男女みだりに闕落《かけおち》せしめ、他所に徘徊なさば、当主人へ相ことわられ、召し返さるべき」（『木曽考』）と命じた。

天正二年二月、勝頼は山村良利・良候父子に信玄が与えた美濃での知行を安堵した。これは武田の代替わりに伴うもので、山村父子を引き続き直接の家臣として維持しようとする意図による。翌年七月十三日、勝頼は山村良候に信州手塚（上田市）で五十貫文の地を与えた。木曽から離れた場所でこれだけの地を与えたのは、山村氏を義昌から離し、木曽氏を牽制するためであろう。

山村氏や千村氏は、江戸時代に幕府の家臣としての側面と尾張藩の家臣としての側面の両面を持ったが、すでに武田氏および木曽氏と両氏との関係にもこれが見える。その上、信玄は娘の結婚を名目にして、何人かの家臣を木曽氏のもとに送り込んだ。木曽谷の入り口を押さえている奈良井氏も直接支配して、木曽氏の監視をさせようとしたようである。

第三節　武田氏滅亡

長篠敗戦と勝頼

勝頼の率いる武田軍は天正三年（一五七五）五月十一日、三河国長篠《ながしの》で織田・徳川の連合軍の前に敗北を喫した。一般にこの戦いは織田・徳川の連合軍が馬防柵《ばぼうさく》によって武田軍の騎馬隊を封じ、最新の武器である鉄砲を利用して勝利したといわれている。説明では両者は互角あるいは武田軍の方が優位な戦力ということになるが、実際に戦ったのは武田軍の六千程度に対して連合軍は三倍の一万七、八千ぐらいといわれている。約三倍の相手方に対して、しかも地元で地の利を知り尽くしている敵に、遠方から遠征してきた武田軍が敗れても、不思議ではない。

勝頼は態勢を立て直そうと天正五年正月二十二日、北条氏政の妹を妻に迎えた。相模との同盟により、武田氏は孤立無援の状況から抜け出すことができた。

上杉謙信が天正六年三月十三日に亡くなった時、上杉家には相続候補者として、上田郷坂戸（新潟県南魚沼市）の城主長尾政景《まさかげ》の次男で母が謙信の姉である景勝と、北条氏康の七男で元亀元年（一五七〇）に養子となっていた景虎がいた。血筋では景勝が謙信に近いものの、景虎には北条氏政という強力な後ろ盾があったため、両人が熾烈《しれつ》な戦いを開始した。

相・甲同盟によって氏政から景虎支援を求められた勝頼は自ら出陣したが、武田信豊を通じて景勝から講和の依頼があったので、これに応じた。勝頼を抱き込んだ景勝は次第に有利になり、天正七年三月十七日に景虎の籠もった御館《おたて》（上越市）を攻め落とし、二十四日に景虎を自害に追い込んだ。

景虎が亡くなると北条と武田の関係が悪化し、氏政は九月五日に徳川家康と勝頼挟撃を約束した。逆に、勝頼と景勝の関係は強まり、天正七年十月二十日に勝頼の妹のお菊が春日山城に輿入れをした。勝頼と景勝の講和条件には、上杉家の信濃と上野の領地を武田家へ割譲することが入っており、これらの地域が勝頼に譲渡された。武田家は飯山城（飯山市）などを入手して、初めて信濃全域を領国に組み込むことができた。

長篠古戦場に復元された馬防柵
（愛知県新城市）

信長に来援を求める

長篠合戦に参加せず、軍事力を温存していた義昌は、武田家の弱体化につけ込んで、独自な木曽支配を強化した。義昌は天正七年十一月に鮎沢弥三郎へ所領を安堵し、天正九年二月には興禅寺へ禁制を掲げている。勝頼も木曽谷での防衛に気を配り、天正七年十一月十六日には跡部勝忠に信濃と越後の国境、および木曽妻籠口の役所（関所）の警固を命じた。これは当面の敵である信長に対処しようとするものでもあった。

『信長公記』によれば、義昌は天正十年二月一日に信長に味方することを表明し、勝頼を攻め滅ぼす軍勢を出すよう、苗木（岐阜県中津川市）の苗木久兵衛（遠山友政）を通じて信長に意見した。信長は領域の境目に配置してある武士を出して、人質を取った上で出馬すると約束したので、久兵衛親子が義昌と一緒に働き、義昌の舎弟の上松《あげまつ》蔵人を人質として織田方の菅屋長頼《すがやながより》へ預けた。

武田氏の妻籠口の関所跡（南木曽町）

『木曽考』によると、天正十年正月六日、甲州の安倍宗貞（勝宝《かつとみ》）のもとへ義昌が信長と結んだと連絡が入った。報告を受けた勝頼は嘘か本当かわからなかったので、義昌へ使者を派遣して、「信玄の厚恩を忘れて信長に降参するようなことはないであろうが、もしそのようなことがあるならば我等が出馬してその方を滅ぼそう」と伝えた。その使者が傍若無人であったため、義昌は大いに怒り、西尾丹波に命じて討たせた。

義昌が謀反を起こしたと聞いて、勝頼親子と武田信豊は移ったばかりの新府城《しんぷじょう》(山梨県韮崎市)から馬を出し、一万五千ばかりの兵で諏方の上原(茅野市)に陣を敷いて、領国へ入る諸口の警固を命じた。

二月六日、義昌は織田信忠の家臣の塚本三郎兵衛尉へ書状を送って来援を求めた。これより先の二月三日、信長はすでに武田領国攻撃のために軍勢を出すように指示し、駿河口から徳川家康、関東口から北条氏政、飛驒口から金森長近《かなもりながちか》を大将として軍を動かし、伊奈口から本人と息子の信忠が二手に分かれて攻め入ることにし、尾張・美濃の軍勢を率いて織田信忠・森長可《もりながよし》・団景春が木曽口・岩村口に出撃した。

武田方では峠や山道などの要害の場所を抱え、滝か沢(滝之沢か。平谷村)に要害を構え、下条信氏を入れておいたが、彼の家老の下条氏長が逆心を企て、二月六日に信氏を追い出して、岩村口から河尻秀隆《かわじりひでたか》の率いる軍勢を入れた。

鳥居峠の合戦

二月十四日、松尾城(飯田市)主の小笠原信嶺《のぶみね》が織田信忠に降った。この日、妻籠口から団景春・

森長可が伊奈へ侵入したので、飯田城に立て籠もっていた坂西織部・保科正直は、同日の夜に城を逃げ出した。彼らのみならず、武田勢はことごとく敗れ、北へ北へと逃げた。

以下、山村良景が宝永三年（一七〇六）に編述した『木曽考』などによりながら、木曽氏と武田氏との戦いの模様を再現しよう。

勝頼は義昌が謀反したと知ると、甲州から軍勢を派遣し、信豊に率いられた二百余騎が二月六日に諏方から木曽に向かった。木曽勢は鳥居峠を前にして藪原に控え、三十騎ばかりが斥候《せっこう》として峠の峰に控えた。

木曽の鳥居峠（木祖村・塩尻市）

平沢の諏訪神社（塩尻市）

武田軍は平沢（塩尻市）まで来て、諏方明神の森に入って評定を行い、木曽勢が鳥居峠を塞いで待っているだろうと軍勢を二手に分けた。一手は山を越えて藪原に押し寄せ、一手は峠を登ることにし、攻撃して挟み撃ちにしようとした。また、稲核《いねこき》（松本市）口には古畑伊賀・西牧又兵衛を置いたが、二月十六日に両人とも木曽へ内通した。

二月十六日、武田軍の一手は奈良井から山を登り、一手は峠から敵に向かって押し寄せた。背後から攻撃する一隊はカンバ平に至って、藪原を見下ろした。木曽勢は敵を藪原に引き入れようとわざと静まり返って備えた。武田勢は青木が原へ出たが残雪が深く進むことができなかった。鳥居峠に控えていた木曽勢は鬨の声を上げ、藪原にいた者たちが青木が原に馳せ向かって、入り乱れて武田軍と戦った。武田軍はことごとく敗北し、信豊が兵を率いて諏方に帰った。

織田方からは織田源五・織田孫十郎・稲葉彦六などが加勢し、木曽の軍勢と鳥居峠を確保した。こうして織田氏の勢力は鳥居峠以南を完全に押さえた。

武田方では馬場信春が深志城（松本市）に立て籠もった。一方、織田信忠は岩村から難所を越えて平谷（平谷村）に陣取り、翌日飯田に陣を移し、十六日に武田氏の伊奈支配の拠点である大島城（松川町）に立て籠もる日向宗栄《ひなたそうえい》（玄徳斎《げんとくさい》）などを攻め、敗走させた。

勝頼と同盟関係にあった上杉景勝は、勝頼に援軍を送ろうと申し出た。二月二十日、勝頼はこれに感謝し、二千でも三千でもいいから援軍を送っていただけたらうれしいと返書をしたためた。

伊奈谷で唯一大きな抵抗をみせたのは仁科信盛《にしなのぶもり》（盛信）の籠もる高遠城（伊那市）であった。信長は二十一日に高遠城を攻めるため、道筋に付城を築かせた。ちなみに伊那市には信忠が高遠城を攻める前、一夜にして造った城だとして、「一夜の城」と呼ばれる城跡が残っている。

二十三日に信長は河尻秀隆に書状を送り、戦争の際の命令をすると同時に、情勢などを探らせ、義昌の人質を取り置くようになどと指示した。義昌は信長のもとに人質を出していたのである。

二十八日、勝頼は親戚の穴山信君が徳川家康に降り、信長の味方になったことを聞き、兵を連れて信濃から前年完成したばかりの新府城にとって返した。しかし、ここも危ないと判断して自ら城を焼き、岩殿山（山梨県大月市）を目指した。

高遠城では依然として仁科信盛などが頑張っていた。信忠は二十九日に降参を促したが、受け入れなかったので、攻撃を加えた。信盛は自刃し、三月二日に高遠城が陥落した。

織田信忠が一夜にして築いたと伝える一夜の城跡（伊那市・同市教育委員会 提供）

新府城の焼けた門跡（山梨県韮崎市）

三月三日に信忠は軍を諏方へ進め、諏方社上社を焼き、高島城を攻め取ると、三月七日に陣を甲府に移した。敗戦を重ね、逃げる場所を失った勝頼や嫡男信勝《のぶかつ》などは、十一日に田野《たの》（甲州市）で討ち死にした。こうして、名門武田家はあっけなく滅亡したのである。

なお、安曇・筑摩両郡の支配の中心であった深志の城は天正十年二月に、義昌と信長の弟の織田長益《ながます》の両人が受け取ったという。

安曇・筑摩郡支配

天正十年三月十三日に信長は岩村から根羽《ねば》(下伊那郡根羽村)へ陣を移し、十四日に浪合(阿智村)で陣を取り勝頼父子の首実検をし、十五日に飯田に勝頼の首をさらした。十七日に飯島、翌日に高遠、十九日に上諏方の法華寺(諏訪市)へと陣を進めた。

義昌は二十日に上諏方の信長のもとに出仕し、筑摩・安曇二郡を新たに加増された。信長は二十三日に上野および佐久・小県の二郡を滝川一益に与え、翌日に深志城の城米を在陣の諸将士に分与した。二十七日に義昌は信長から木曽郡の安堵と、新たに安曇・筑摩両郡を宛がう印判状を得た。

信長は二十九日に勝頼の旧領を知行割した。穴山信君が知行してきた河内《かわうち》領を除く甲斐国は河尻秀隆、駿河国は徳川家康、上野国は滝川一益、信濃国高井・水内・更級・埴科の四郡は森長可、木曽谷二郡と安曇・筑摩二郡は木曽義昌、伊奈郡は毛利秀頼、諏方郡は河尻秀隆、小県・

佐久の二郡は滝川一益にそれぞれ与えられた。

これより先、武田氏滅亡の混乱の中を府中に帰った小笠原長時の嫡男貞慶は旧家臣に知行を宛がい、支配を開始した。三月十四日には二木重吉《ふたつぎしげよし》に二木の郷（安曇野市）で三百貫文、二木盛正に横沢（松本市）の百貫文などを、翌日には耳塚作左衛門に百貫文をそれぞれ与えた。貞慶は自分が地域の正統な領主だと強く主張したのである。

信長から安曇郡と筑摩郡を与えられた義昌は、四月七日に豊科《とよしな》（安曇野市）の倉科朝軌《くらしなとものり》に所領を与え、十日に知行を安堵して、両郡の支配を開始した。五月十四日に至り、信長は義昌に返書を書き、木曽の仕置を油断なくするよう命じた。義昌は五月二十五日に金龍寺（安曇野市）へ禁制を出した。禁制は受ける側が、礼金などを包んで申請するのが一般的なので、寺の安全が保たれると金龍寺が判断し求めたのであろう。安曇・筑摩両郡の中に、木曽氏を新たな領主として認知する動きが出てきたのである。

第四節　家康と秀吉の間で

信長の死と混乱

信長は六月二日に本能寺の変に遭い自害した。このため、支配が固まっていなかった旧武田領国は再び混乱に陥った。義昌が入手して間もない、安曇・筑摩二郡も同じで、小笠原貞慶が支配を回復しようとして動き、北から上杉景勝も触手を伸ばそうとした。さらに東からは北条氏政も狙った。

父の長時が府中を追われてから流浪していた貞慶は、天正十年（一五八二）の武田家滅亡に際し、徳川家康の支援で府中に戻り、旧領を回復しようとした。しかし、安曇・筑摩の二郡は信長によって義昌に与えられたため、貞慶の府中復帰の夢は潰《つい》えたかに思われたが、信長の死で再び旧領を回復できる可能性ができた。六月十二日、貞慶は家康の援助によって再度信濃に帰ろうと、後庁《ごちょう》（三村）勘兵衛尉に松本平を手に入れることができたならば、洗馬で城のまわりの三千貫の地を与えると忠節を促す判物を出した。

勘兵衛尉は天文二十四年（一五五五）に甲府の一蓮寺で信玄に討たれた三村長親の子の長行で、約束手形とはいえ洗馬で三千貫もの知行を提示されたのである。結局、貞慶は勘兵衛の手助けもあって松本平に入ることができ、同年六月十四日に勘兵衛を小笠原家の奉行に加え、今後も奉公するようにと、判物を出した。

六月十九日、滝川一益は北条氏政の軍と上野で戦って敗れ、佐久郡へ退いた。二十日に佐久に勢力を持っていた依田信蕃《よだのぶしげ》が遠江二俣（静岡県浜松市）から帰ったので、一益は上洛しようと二十三日に小諸城を発し、諏方に着いた。義昌は二十七日に明日木曽に来たら逗留するようにと一益に勧めた。この時両者は接触し、一益が佐久から連れてきた人質が義昌に渡されたようである。

上杉景勝が天正十年六月二十日に小幡昌虎へ本領を安堵した文中には、「信府のうち八拾貫文」(小幡家文書)とあり、松本平を領する意図が示されている。同日、景勝は他の信濃の諸士にも本領を安堵した。六月二十七日に直江兼続《なおえかねつぐ》の使者が木曽から春日山城に帰り、景勝へ動静を伝えた書状には「義昌は深志に陣を張っている。ことごとく上信濃の者たちは避難するための小屋に上がって正体なき様子だ」といった内容が記されていた。こうした中で、小笠原の旧臣たちは景勝の保護を受けていた貞慶の叔父、小笠原洞雪斎《とうせつさい》(玄也、貞種。長棟四男)を深志城主にしようとし、二木宗久が使いとなって説得に赴いた。景勝は梶田・八代の両将に二千騎を率いさせ、従わせたので、洞雪斎が義昌を追い出して深志城に入った。

義昌は深志城を去るにあたって安曇・筑摩両郡のおもだった者から人質を取り連行した。そして片平、贄川、および稲核口の大野田、夏道に砦を築き、木曽に立て籠もった。

深志に入った洞雪斎は越後・川中島の人々で万事の政策を取り仕切った。梶田と八代は、自分たちの力で洞雪斎が深志城に入れたのだと彼を軽んじた。一方、洞雪斎を招いた小笠原家の旧臣たちは自分たちが重んじられるべきだと考えたのに、そうならなかったので、貞慶を城主

武居城の堀切（朝日村）

桐原城背後の堀切（松本市）

に迎えることにした。求めに応じた貞慶は七月二日、深志城を奪取しようと河辺三左衛門に忠勤を促した。貞慶の背後には徳川家康がおり、七月五日に家康家臣の榊原康政が深志の調略における後庁勘兵衛尉の忠功を賞した。

七月六日、上杉景勝は西片房家に本領を安堵するとともに、安曇郡飯田（安曇野市）などの地を宛がった。

こうして安曇・筑摩の両郡をめぐって、織田信長から正式に付与された木曽義昌、徳川家康を背後に置き旧領の意識をもつ小笠原貞慶、上杉景勝を背景とする小笠原洞雪斎の三者が争うことになった。松本平にある山城は縄張りが複雑で、堀の深さや切岸の状況など、まさに臨戦態勢をとってできている。現地に立って圧倒的な迫力を見ると、戦乱に対する恐怖感が伝わってくる。その多くは、武田家滅亡から天正十八年の間、とりわけ天正十年から十三年の間の争乱を前提にして、大きな権力を背景に置きながら整備がなされたものであろう。ここに当時の信濃が置かれた厳しい現実がある。

貞慶の深志城回復

信濃は南部を徳川家康、東部を北条氏政、北部を上杉景勝がそれぞれ狙っていたが、とりわけ諏方地方を中心にして家康と氏政の対立が激化した。家康は七月七日、諏方郡に討ち入ろうとして駿河大宮（静岡県富士市）に着陣し、九日に甲府に至り、十日に知久頼氏を諏方に出陣させた。一方、諏方の高島衆は七日、北条氏政に属そうとして使者を送り、状況を説明した。

この間に洞雪斎による安曇・筑摩両郡の支配は進み、八日に二木重吉へ二木の郷（安曇野市）を宛がい、小林采女正《うねめのかみ》へ栗林郷（松本市）を安堵した。貞慶は十日に深志城を回復しようと、恩賞をもって百瀬石見守を誘った。一方、上杉景勝は七月十五日に西片房家・楠川将綱《くすかわまさつな》へ、安曇郡で軍忠に励んだ者へ恩賞を出すように命じた。

貞慶は七月十六日に洞雪斎を攻めて、深志城を回復し、府中を手に入れることができたので、十九日に先の約束に従って三村勘兵衛へ洗馬で三千貫の知行を宛がった。

義昌は貞慶が深志城を回復したと聞き、即座に府中を攻めたが勝利できず、またしても木曽に敗走した。貞慶は追撃し、木曽の兵が守備していた本山（塩尻市）を押し込んで、義昌の居城のある福島口に至ったが、抵抗する兵に押し止められた。小笠原軍は夕暮れになり、嶮《けわ》しい道だったので攻めることができず、篝火《かがりび》を焼き捨てて退いた。この時、本山に隠れていた木曽の兵は小笠原軍を急襲し、小笠原軍の中心者を討ち取った。

七月十九日、二十日になると二木氏の一族が妻子を深志城に籠め、戦の態勢をとった。小笠原家の旧臣たちはこれを見て貞慶の力が大きいと判断して、家族を城中に入れた。

貞慶は二十日に犬甘治右衛門の弟の久知へ本山で討ち死にした治右衛門の名跡を継がせ、二十三日に松林和泉に深志七百貫文の地を沙汰させた。また、二十七日に小林勘右衛門に栗林北方（松本市）の百貫文を安堵した。二十八日には穂苅太郎左衛門に宮淵の郷（同）で五十貫文、小瀬（同）で五十貫文を宛がった。同日、岩垂忠助と彦三にも岩垂（塩尻市）で百貫文を安堵し、松林助六郎にも小河分三十貫文の地を与えた。新村伝右衛門にも北新村（松本市）のうち伊賀分四十貫文と手作所十貫文を与えた。平出主計佑には村井の郷（松本市）で定納五十貫文の所を与えた。加えて、この月のうちに若沢寺《にゃくたくじ》（松本市）に禁制を出した。こうして貞慶による府中支配は浸透した。

松本城（前身が深志城、松本市）

一方、義昌も七月二十七日に小野内記に桐原（松本市）内の百貫文を宛がい、林の郷（松本市）を預け置き、翌日には福田民部少輔へ、官途状《かんとじょう》（特定の官職を私称することを許した書状）を下した。義昌は織田信長から正式に安曇・筑摩両郡を与えられていると、正統性を主張する必要があったのである。

　義昌の動きにもかかわらず、貞慶の支配は進展していった。貞慶は八月三日に犬甘久知へ犬甘（松本市）四百貫文、北方（同）三百貫文、蟻崎《ありがさき》（同）百貫文、青島（同）百貫文を本領として安堵し、

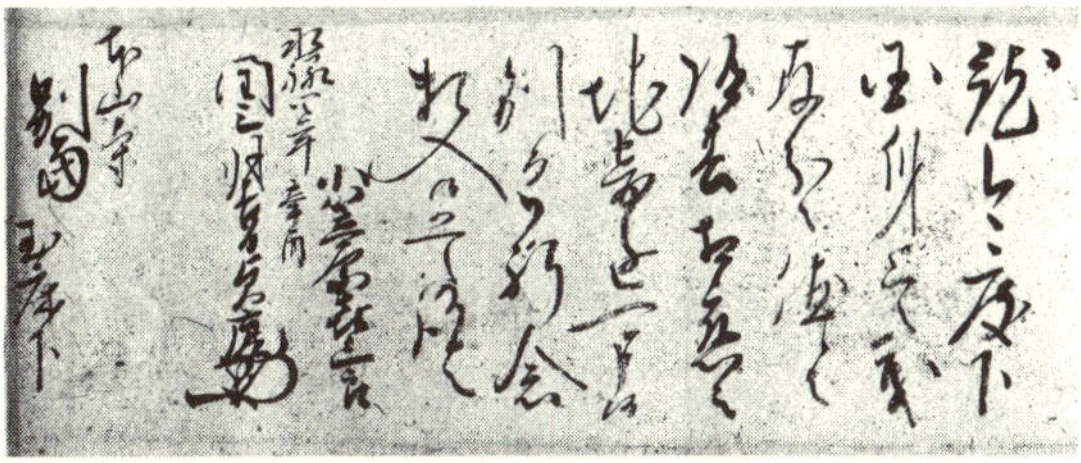

小笠原貞虎（貞慶）**書状**（本山寺蔵・高槻市教育委員会提供）

七日に西福寺（塩尻市）へ禅興寺分と諏方の慈雲寺分を寄進した。九日に長興寺（同）へ床尾（同）などの十郷のうちで寺領を安堵した。これらの地名は三村氏の本領にほぼ重なり、三村氏のうえに小笠原が存在することが示されている。十日には祝梅庵に西牧（松本市）の北条、慶徳寺山屋敷、同じく寺領三貫文の所を新たに寄進した。この時点で、小笠原貞慶の安曇・筑摩両郡の支配がほぼ確定したといえよう。

　八月九日、貞慶は海野三河守と犬甘久知のもとへ小笠原頼貞などを派遣し、日岐城（東筑摩郡生坂村）攻撃に参加させた。翌日、貞慶が犬甘久知に送った書状には、本山（塩尻市）筋に敵が砦を造ったが、人数を派遣して追い払ったとある。「笠系大成」は、八月の上旬に木曽勢が本山において砦を構えたので、貞慶の軍が進んで破り、首謀者の三村織部は敗走したと記している。

　いずれにしろ、この時期、軍事的には小笠原氏の方が木曽氏よりも

圧倒的に有利だった。

家康による所領安堵

天正十年八月九日、徳川家康は義昌へ書状を出し、佐久・小県両郡の人質を返すことを求め、あわせて信長が義昌に与えた知行はそのまま認めると伝えた。人質とは滝川一益が上洛するに際して取った者たちで、義昌が譲り受けて、立場を有利にしようとしていた。当時、家康は依田信蕃を後押しして佐久地方に勢力を張ろうとしていたので、是非とも人質を返して欲しかったのである。貞慶の後ろ盾である家康が、信長が与えた知行を尊重すると申し出たことは、義昌にとって願ってもない提案だった。

義昌と家康との間で、信長が与えた知行について安堵するとのやり取りがなされていても、貞慶は引き続き安曇・筑摩両郡の支配を推進し、八月十四日に広沢寺《こうたくじ》(松本市)、十六日に若沢寺(松本市)の寺領をそれぞれ安堵した。十六日に百瀬伝助に三溝《さみぞ》(松本市)で五十貫文を、二十日には中島刑部左衛門に泉(松本市)で四十五貫文を宛がい、二十六日には宝積寺《ほうしゃくじ》(山形村)の寺領を安堵した。

義昌は先の家康の申し出に応じて彼に属することにしたので、二十二日に家康が下条頼安《よりやす》へ義

飯田城跡（飯田市）

昌と協力して飯田城（飯田市）の備えを固めるようにと指示した。八月晦日に家康は義昌へ、「この度信長公遣わされ候安曇・筑摩両郡の儀、ならびに貴所御本領の事、いささかももって相違あるべからず」（『木曽考』）と、正式に安曇・筑摩両郡を安堵した。そして九月二日、義昌が下条頼安とともに諏方を攻めたことを賞した。

義昌と家康の関係は表面的には良好で、この年の暮に義昌は歳暮として小袖を家康に贈り、家康が礼状を十二月二十日に書いた。

家康が正式に義昌の安曇・筑摩両郡支配を認めたといっても、実質を伴うものではなかった。貞慶は引き続き支配を固め、九月二日に金松寺《きんしょうじ》（松本市）へ五十貫文の地を寄進し、新村伝右衛門へ新たに一貫六百文の知行を宛がった。さらに九月十九日に沢渡盛忠《さわんどもりただ》へ沢渡（松本市）の地を安堵し、九月二十四日に百瀬雅楽助《うたのすけ》へ埴原《はいばら》（松本市）などで知行を与えた。九月二十四日、貞慶が下条頼安へ送った誓紙中には、後庁久親が不届きなことをするようだったら、取り調べて召し放つが、奉公をするならば疎かにしないとあった。倉科朝軌へは十月十日に曽山和泉遺跡などを宛がい、十月二十七日にも安曇郡内の地などを宛がった。

家康は九月五日、水上利光へ本領の小松（松本市）二百貫文の地などを安堵し、同日山本十左衛門尉にも本領の小野（塩尻市）五十貫文などを安堵した。さらに岩間正明へも九月十九日に野溝（松本市）・平田（同）・村井（同）のうち六百俵、名田《みょうでん》・被官などを安堵した。家康は松本平の安堵権を持ち、小笠原家あるいは木曽家の上位にいたのである。

九月二日、家康は知行の安堵などからなる起請文を義昌へ送り、伊奈郡箕輪（箕輪町）の諸職を与えた。九月十七日には小笠原信嶺の使者を義昌のもとへ派遣して、依田信蕃の根拠地である芦田（北佐久郡立科町）の人質を受け取らせようとした。

一方、義昌は九月二十五日に千村俊政へ伊奈郡小野（塩尻市・上伊那郡辰野町）・飯沼（同）・横川（同）・市之瀬（同）のほか、箕輪諸職を宛がった。貞慶は実質的に安曇・筑摩郡の支配を続けており、義昌の支配は二郡に及ばなかった。家康にとって貞慶は自分が後ろ盾になって送り込んだ人物で、武田家に謀反した義昌より信用ができるだけに、松本平を譲れと圧力をかける気もなかったであろう。

上杉景勝も引き続き安曇・筑摩両郡を狙っており、支援した会田衆などが矢久城《やきゅうじょう》（松本市）に立て籠もったので、貞慶は十一月五日に軍を派遣して攻め、結局陥落させた。現在の松本市北部では上杉と小笠原の厳しい戦いが続いていたのである。戦国時代、民衆が戦乱から避難するためには戦場から遠い山に山小屋を造って避難するのが一般的で、長野県内にも武田氏滅亡時に村人が山小屋に入ったとする伝承が伝わっている。松本市会田の虚空蔵山城の麓、中ノ陣城と秋吉砦の間には石垣によって階段状に造られたテラスが存在している。あるいはこうしたものが山小屋の跡なのかもしれない。これが山小屋でない場合にも、この時期いかに戦争が激しかったかを伝えてくれる遺跡といえよう。

十一月六日に景勝は牧之島（長野市）の足軽衆に安曇郡仁科のうち等々力《とどろき》（安曇野市）三百貫文、大町（大町市）二百貫文を宛がった。

松本平では貞慶の権力が根付き始め、これを上杉景勝が北側から脅かしていた。義昌は家康の支持を取り付けたものの、得るところがない状態だった。天正十一年（一五八三）も情勢は変わらず、貞慶が松本平で所領の安堵や宛がいを続けていた。

義昌は二月二十四日に原平左衛門へ、牧野西光寺（塩尻市）のうちで千疋の地を与えた。五月八日、三村勝親の箕輪表における忠節を賞し、七月二十三日に米三十人扶持を宛がい、安曇・筑摩の両郡が自分の思う通り手に入ったら、知行宛行の恩を加えると約束した。同日、酒井彦右衛門にも徳雲外のうちで定納四十貫文を、原平左衛門尉にも定納二十貫文を宛がった。また、八月晦日に三室神子《みこ》に三室田（辰野町）のうち一貫文の神領を寄進し、禰宜神子十三人に福与（箕輪町）のうちで神領五貫文を寄進した。

陣城脇の石垣で造られた平坦地
（松本市会田）

義昌が徳川家康から手に入れた上伊奈方面の支配は順調に進んでいたといえる。

秀吉と家康

この時期、織田信長の後継者の地位を豊臣（この頃はまだ羽柴であるが本書では豊臣に統一）秀吉と徳川家康が争っていた。秀吉は本能寺の変が起きた時、備中高松城（岡山市）で毛利氏に属した清水宗治《しみずむねはる》を囲んでいたが、信長の死を知ると直ちに毛利氏と講和を行い、軍を返して明智光秀を山崎の戦いで破った。直接主君の仇を討ったことで秀吉の立場は有利になり、織田の家臣たちが清洲城（愛知県清須市）に集まって後継者を信長嫡男の信忠の子である三法師（秀信）と決定した際、主導権を握った。

天正十一年四月、秀吉は大垣（岐阜県大垣市）に入り信長三男の信孝《のぶたか》を攻め、さらに信長の重臣柴田勝家を賤ヶ岳《しずがたけ》の戦いで破って北陸を平定し、信長の後継者としての地位を確立した。ついで、水陸交通の要地にあたる石山の本願寺跡に大坂城を築城し、六月に入城した。信濃から逃げ帰った滝川一益も八月に降り、諸将に領国の知行割を行った。こうして、秀吉は完全に信長の後継者の地位を獲得したのである。

一方、本能寺の変が起きた時、堺（大阪府堺市）にいた家康は浜松城に戻って、信長の死で混乱に陥っていた旧武田領国を狙った。

天正十二年三月、秀吉は信長次男の信雄《のぶお（かつ）》と断交して尾張に出陣し、犬山城（愛知県犬山市）を占領、美濃大垣の池田恒興《いけだつねおき》と金山の森長可を味方につけた。一方、家康は支援を求めてきた信雄と清洲で会談した。三月十五日、家康は尾張平野の要衝小牧山（愛知県小牧市）に本陣を置いて、紀伊根来寺宗徒や雑賀《さいか》一揆に手を回し、各地の一揆や大名と連携して秀吉の背後を揺さぶった。秀吉は上杉景勝・佐竹義重と結んで家康を牽制するとともに、一向宗の顕如《けんにょ》の力を借りて一揆を押さえ、再び犬山に出陣して、楽田に本陣を構えた。

四月六日、池田恒興・森長可らの一隊は小牧山を迂回して、長久手（愛知県長久手市）を通って岡崎城（愛知県岡崎市）を突こうとしたが、家康に察知されて背後と横腹を突かれ、恒興父子・長可が戦死し、同行していた三好（後に豊臣）秀次が敗走した。秀吉が救援に向かった時、すでに徳川軍の姿はなく、再び両軍は対峙して膠着状態になった。

秀吉と家康の争いは、そのまま木曽氏や小笠原氏の動向に影響を与えた。天正十二年三月二十六日、秀吉は佐竹義重に尾張などの形勢を報じ、「この度家康表裏を構え」と状況を説明し、最後に「信州木曽・越後景勝、この方に対し無二入魂候の間、これまた仰せあわされ御行《てだて》に及ぶべきこと肝要に候」（佐竹家文書）と記した。義昌は家康から旧領安堵の約束を取り付けたものの、安曇・筑摩両郡には小笠原貞慶がおり、所領を回復することができなかったので、秀吉に乗り替えていたのである。

青柳城跡遠望（筑北村）

一方、貞慶軍は天正十二年三月、上杉景勝の属城の青柳城（筑北村）を攻めて城将を追い出した。しかし、城は再び上杉方の手に戻ったようで、貞慶の軍が二十八日に麻績（麻績村）・青柳の両城を攻撃した。家康は四月十九日に貞慶に感状を送った。家康は木曽義昌と豊臣秀吉の連携に対抗して、貞慶との結び付きを強化したのである。

三月二十七日、義昌は尾張在陣中の秀吉へ書状を送り、徳川方が木曽谷に軍事行動をしたけれども大したことはないと伝えた。義昌は四月八日にも書状を送ったので、秀吉が十一日に返書を書いた。義昌と秀吉の関係は密接になっていった。

貞慶の木曽侵攻

天正十二年（一五八四）四月一日、貞慶は贄川又兵衛へ「その方の忠信によって木曽の谷中が自分の思うままになったら、奈良井氏の知行していた跡と府中において一所を永代宛がう」と約束した。翌日、贄川の倉沢久兵衛へも比名倉（稲倉。松本市）で五十貫文の地を宛がった。

これより先、奈良井義高が貞慶に寝返って義昌に成敗されたために、義高の家臣の贄川又兵衛・贄川監物・千村丹波等は貞慶に味方した。貞慶の勢力は鳥居峠の北側にまで及んだのである。軍備強化が必要になった義昌は、四月二日に黒沢の郷中へ、自分に奉公した者へ扶持をするなどといった覚書を出して百姓までを動員し、同時に児野《ちごの》・田沢など十四人に今度一途に走り回り自分の思う通りになったならば、三十俵ずつ宛がうと約束した。

天正十二年六月十九日、義昌は秀吉へ書状を送り、去る十三日に小笠原軍が鳥居峠まで攻め込み、伊奈口にも少々徳川勢の姿が見えると加勢を求めた。秀吉は六月二十五日に美濃金山の森仙蔵を送ることを約束し、来月十五日には諸国一致で軍を動かし、尾張の右方に働くので、その時その方へも人数を出すから、安心するようにと返事をした。

その後、小笠原軍は南下し、義昌の根拠地である福島（木曽町）に放火した。この時、義昌の居館も破られたため、義昌は興禅寺（木曽町）へ引き籠もった。八月五日、家康は保科正直に書状を送り、菅沼定利《すがぬまさだとし》の指揮に従って義昌を退治するよう求めた。この軍事行動には諏方頼忠も参加していた。

このように義昌と貞慶の戦いは、秀吉と家康の対立につながっていた。九月に入ると、菅沼・保科・諏方の軍勢が連合して、清内路（阿智村）から妻籠城（南木曽町）に押し寄せたので、義昌は山村良勝を主将にして城を守らせた。徳川勢が城に攻め掛かったが、木曽軍は城中から大石や巨木を投げ出し、鉄砲を浴びせかけた。寄せ手は直接攻撃をあきらめて兵糧攻めにすることにし、これに渡島《わたしま》（南木曽町）の者や山口（中津川市）の牧野弥右衛門が協力したため、城中の食糧が乏しくなった。また、城では弾薬が尽きて進退が極まったが、竹中小左衛門が密かに城から抜け出して三留野《みどの》（南木曽町）に至り、補給して城に帰った。

こうした状況を見て、与川《よがわ》（南木曽町）の古典庵の住僧が味方の苦境を救おうと、紙の旗数十本を立てて狼煙《のろし》を挙げ、夜になると山中に篝火を焚き松明《たいまつ》を振り回させた。連合軍はこれを見て、福島から木曽氏の援軍が来たと思い、また美濃金山（岐阜県可児市）の城主森氏の軍が出てくるという風聞もあったので、囲みを解いて退こうとした。良勝はこの状況を見て敵軍を、あらかじめ蘭《あららぎ》（南木曽町）の山中に伏せて置いた兵と追撃した木曽軍とに攻撃させた。こうして、妻籠城は何とか陥落せずにすんだ。

貞慶は天正十二年十一月二日に贄川又兵衛の後家に「後家分として千疋の所を与えるが、年貢などについては後庁出羽守から話がある」と、所領を宛がった。後庁出羽守は久親で、三村氏の一族が貞慶に重く用いられていたのである。

三村氏の系図によれば、三千貫文を領していた勝親は、天正十五年五月七日に長興寺（塩尻市）において切腹し、旧知は残らず貞慶の所領となったという。これまでの後庁氏の動きからすると、勝親は小笠原氏を裏切って木曽義昌に付こうとし、それが露見して自刃に追い込まれたのであろう。同年六月二日に貞慶は贄川平八に、又兵衛が特別に忠信を尽くしたとして、西洗馬・小野沢両郷を堪忍分として与えた。

木曽支配と移封

秀吉と家康は、小牧・長久手の戦いで互いに決定的な打撃を与えることができないまま、天正十二年(一五八四)十一月に講和した。やがて、秀吉が優位に立ち、天下支配を進めていった。このために木曽谷でも表立った戦いはなくなった。

十一月十九日、秀吉は真田昌幸に書状を送り、「信州・甲州両国の儀、小笠原・木曽伊予守(義昌)と相談じ、諸事申し合わせ、越度《おつと》なき様才覚尤もに候」(松丸憲正氏所蔵文書)と命じた。ここに真田昌幸・小笠原貞慶・木曽義昌が秀吉の支配体制下に位置付けられ、義昌は貞慶を排除して、安曇・筑摩両郡を回復する大義名分を失った。この頃、信濃の戦乱も終息に向かったのである。

天正十六年六月十六日、義昌は原彦八郎へ、以後在京して義昌の子供の義春《よしはる》に奉公するからと、上垣内名代職を宛がった。義昌は秀吉に服属すると同時に次男の義春を人質として京都に送っていたのである。

天正十七年八月二日、義昌が千村重次へ「贄川一跡の事、異議なく出し置き候」(「木曽旧家所持書付写」）と命じたので、当時鳥居峠より北の贄川（塩尻市）は義昌の支配下に入っていたことが知られる。

義昌が水葬された椿湖の干沢池（千葉県旭市提供）

天正十八年正月十九日、義昌は原彦八郎へ木曽上垣分の四百文を重恩として与えた。

同年七月、秀吉が小田原（小田原市）の北条氏政を攻めた時、義昌は伊奈や諏方の大名とともに、家康に属して従軍した。ただし、病気であった義昌は参陣できず、長子仙次郎義就《よしなり》（義利《よしとし》）が代わりに兵を指揮した。

小田原の陣は七月十三日に豊臣方の勝利で幕を閉じ、八月一日に参加した大名に恩賞が与えられた。家康は関東の八カ国を得、臨戦体制のまま移封され、従っていた信濃の大名たちも関東へ移封された。義昌も下総国の阿知戸《あじど》（千葉県旭市網戸）に移り、海上郡で一万石を与えられ、網戸村の近くに城地を構えて落ち着いた。その後、彼は文禄四年（一五九五）三月十七日、網戸で五十六歳の生涯を閉じた。

義昌の跡を継いだ義利は、天正五年（一五七七）に生まれた。小

木曽義昌供養塔
（千葉県旭市・東漸寺）

田原の陣に父の代理として十四歳で参陣し、義昌の所替えとともに網戸に移った。義昌はかつて織田信長から「鈴虫」という秘蔵の轡《くつわ》を贈られたが、叔父の義豊が掠《かす》め取って返さなかった。義利はこれに怒り、山村氏や千村氏と相談して義豊を殺した。また義利の愛妾が小姓と密通したとして、糾明もせずに両人を牛割きの刑にしたと伝えられる。義利はこれらを耳にした家康によって改易させられたというが、真相は不明である。

その後、義利は出家し、東国から諸国への行脚《あんぎゃ》を思い立ち、木曽を通って四国に至り讃岐（香川県）で死んだとされる。また一説には京都へ行って剃髪して宗屋と号し、寛永十七年（一六四〇）に伊予松山（愛媛県松山市）で死んだともいう。

こうして、長い間木曽を領してきた木曽氏は滅んだ。

義昌について

一般的に木曽義昌は武田勝頼に対する裏切り者のイメージがつきまとっており、決して評判が良くない。しかしながら、その前提になっている『史記』の「忠臣は二君に仕えず」による忠臣イメージは、社会が安定した近世に支配者層が植え付けたもので、当時の人々に裏切りは当然の選択であった。したがって、義昌の行動様式は、戦国武将として典型的なものだったといえよう。

義昌は親戚の勝頼から離れ、織田信長と結びつくことによって安曇・筑摩二郡を手に入れた。にもかかわらず、信長の死によってあっけなくそれを手放さねばならなくなった。その回復のために当時の有力者である徳川家康や豊臣秀吉と結びついたが、結局取り返すことはできなかった。その挙げ句、天正十八年の小田原攻めの後、徳川家康に付属させられて下総国阿知戸に移らされ、再び故郷に帰ることができなかった。しかも、子孫も絶えてしまうのである。「仮に」は歴史にないが、もし信長が本能寺の変にあっていなければ、木曽氏は大きな大名になっていたかもしれない。その時々、一生懸命に考えて行動した結果がこうなのかと、何故か哀れを感じるが、これが戦国武将の一つの宿命だったのであろう。

第七章　武田氏滅亡と地域領主たち

これまで見てきたのは各地域を代表する、全国的にもある程度知られる武将たちであった。彼らほど有名ではないものの、地域にはその後の歴史にとって重要な役割を果たした武将たちも多かった。

そこで最後に、そうした地域の領主たちについて、とりわけ武田家滅亡後から多くの領主が関東に移封されることになる小田原の陣に至るまでの、信濃にとって最も厳しい戦乱の時期に活躍した武将たちについて触れていきたいと思う。

第一節　下条信氏

信玄の姻戚

武田信玄と勝頼の代にまたがって活躍した下伊奈を代表する領主が、享禄二年（一五二九）に下条時氏《ときうじ》を父として生まれた信氏《のぶうじ》である。

『下条記』によれば、下条氏は甲斐国巨摩郡下条から興った武田氏の一族といわれ、伊豆守頼氏《よりうじ》が応永元年（一三九四）にやって来て、大沢（下伊那郡阿南町）の地に居住して居館を営んだ。

　応永七年（一四〇〇）七月、小笠原長秀が信濃守護に補任され、大塔合戦となった。この時守護方に属した伊奈衆の中に、下条伊豆守・同美作守の名が見える。

　応永二十九年に頼氏が亡くなると、その子景氏《かげうじ》が継いだが、文安元年（一四四四）に病死し、幼少の義氏《よしうじ》が家督を継ぎ、景氏の室が当主を代行した。義氏も長禄二年（一四五八）に十八歳で病死したため、景氏の弟で当時開眼寺《かいがんじ》（今は廃寺。阿南町）の住職であった運碩《うんせき》が還俗《げんぞく》して継ぎ、大沢城主となった。運碩にも子がなかったため、文明二年（一四七〇）に府中の小笠原政康の子康氏《やすうじ》が入って下条家を継いだ。康氏は文明七年に吉岡城（下條村）を築き、移り住んだ。現在もこの地には空堀で区切られた四つの郭と城下町が残っている。康氏は文亀三年（一五〇三）に四十九歳で亡くなった。

吉岡城跡の堀（下條村）

　康氏の跡は子の家氏《いえうじ》が嗣いだが、天文三年（一五三四）に亡くなった。その跡を継いだのが永正四年（一五〇七）に生まれた時氏であった。彼は守護の小笠原氏に仕え、天文年間に本格化した武田氏の信濃侵攻において反武田勢に加わった。信氏が天文二十三年に小笠原長時を受け入れたことをすでに記したが、同年八月の鈴岡城攻略前後に武田方に服従し、知久氏領を与えられた。
　弘治元年（一五五五）に時氏の死去によって家督を継いだのが、嫡

岩村城跡（岐阜県恵那市・同市 提供）

子信氏であった。信氏は信玄家臣の秋山虎繁配下となり、『甲陽軍鑑』によれば信濃先方衆であった。信玄から重用され、その妹を正室として迎えたので、信玄とは義兄弟の関係である。「武田氏系図」によると、晴信の「信」を与えられて信氏と改名したという。こうした諸点からすると、武田家によって極めて篤く遇されていたといえよう。ちなみに、『下条記』では信氏らの下伊奈衆は山県昌景の相備衆（与力）に任じられたとしている。

　信氏は信玄による弘治三年（一五五七）の三河国武節城《ぶせつじょう》（愛知県豊田市）攻め、永禄四年（一五六一）の川中島の戦いなどに参戦した。元亀二年（一五七二）四月には秋山虎繁に従って三河攻めに参加し、足助城《あすけじょう》（豊田市）番を勤めた。元亀三年十月に秋山虎繁は伊奈の軍勢を率いて、美濃岩村城（岐阜県恵那市）を陥れた。信玄はこの城を信氏に守らせた。

勝頼との関係

信氏は信玄没後も天正三年（一五七五）八月まで岩村城番を勤めた。

天正三年八月十日に武田家が保科筑前守（正俊）へ宛てた「覚」の第二条には、小笠原信嶺・下条信氏・春近衆《はるちかしゅう》（現在の伊那市春近に住んだ土豪集団）をはじめとし、主人については論じるまでもないが、家中の有力者や部類眷属《けんぞく》が多くいる者は、妻子をことごとく高遠（伊那市）へ召し寄せるべきこと、とある。第八条には、下条信氏は波合口（阿智村）・新野《にいの》口（阿南町）以下へ貴賤上下ともすべての人数を召し連れて警固し、自身は山本（飯田市）に在陣すること。第九条では、小笠原信嶺と下条信氏の領地の一般民衆以下は、期日より前から取り締まりをしておき、背かない旨の誓紙をとったり人質を求めておくようにすること。第十七条では、万一敵によって諸口が破られたならば、小笠原信嶺と下条信氏は大島城へ、春近衆は高遠城へ移るようにすること、などとある。このような記載で明らかなように、信氏は伊奈郡全体の中でも小笠原信嶺に次ぐ特別な領主と目されていた。

大島城跡 三日月堀
（松川町・同町資料館 提供）

信氏は天正九年十月二十八日に平沢勘四郎を伊奈郡知久平《ちくだいら》（飯田市）代官とし、三石新左衛門分の地を宛がった。同年十一月十九日には知久平代官の平沢道性に契状《けいじょう》を送り、同郷百姓の訴訟を直裁しないことを約束している。

勢力を築く

天正十年二月六日、信長による甲州征伐が始まり、先鋒の河尻秀隆や森長可らが、木曽・美濃岩村両口より武田領国に攻め入ってきた。信氏は滝か沢の要害を守っていたが、一族で家老の下条氏長の謀反によって、要害から追い出されてしまった。織田方に内通した氏長は、その後、信長によって下条氏の旧領を安堵された。

滝か沢の要害（平谷村・同村 提供）

しかし、信長が本能寺で横死すると、氏長の立場は不安定なものとなった。人心が彼から離れ、旧臣らは信氏の子で嫡男信正の弟にあたる頼安をたてようとした。これに、徳川家康も同調した。頼安は天正十年七月二十八日に瑞光院（阿南町）の寺規を定めており、地域の支配を開始した。

この間、信氏は三河国黒瀬（愛知県新城市）に落ち延びて、かろうじて難を避けていたが、同行した子の信正が病死した。信氏も本能寺の変を経た六月二十五日に遠江宮脇（静岡県掛川市）で死去した。享年五十四歳であった。

下条頼安は徳川家康の麾下に属し、信濃において反徳川勢力と戦った。この頼安の忠勤に対して家康は書を送って褒賞した。そして、家康から伊奈郡において松尾の小笠原信嶺と、知久郷の知久頼氏の所領を除く地域を与えられた。これにより、下条氏は伊奈郡の大半を領有することになり、南信濃に一勢力を築き上げるに至った。

第二節　小笠原信嶺

注意すべき家

小笠原信嶺像（個人蔵）

天正十年（一五八二）の鳥居峠の合戦に名前を見せた小笠原信嶺は、天文十六年（一五四七）に松尾城主である小笠原信貴の長男として生まれた。武田信玄が信濃を支配に組み込むと、父と同様に信濃先方衆として働いた。彼の正室は信玄の弟である信廉《のぶかど》の娘（久旺院尼《くおういんに》）なので、信玄も配慮をしなければならない家であった。

元亀二年（一五七一）四月、信嶺は山県昌景などとともに武田軍の一翼として三河野田城（愛知県新城市）を攻落し、二十九日に吉田城（愛知県豊橋市）を攻め落とすなど、三河攻撃にあたった。信嶺は元亀三年十一月十五日、某に自分は「境目」に在陣している、遠州表は大略信玄の幕下となり、近日中に信玄も三河に馬を進めるので、忠節を尽くすようにと書状を送った。

信嶺は信玄の死後も引き続き勝頼に仕えて、遠江方面の要衝を守った。彼の名前は天正三年八月十日に武田家が保科正俊に宛てた「覚」に散見する。すなわち、第二条で妻子をことごとく高遠（伊那市）へ出すように、第七条で清内路口（阿智村）の防御を固めた上で山本（飯田市）に在陣するように、第九条で領地の民衆から誓紙や人質を取るように、第十七条で万一敵によって諸口が破られたならば大島城へ移るように、などの指令があった。

長篠合戦図（小笠原信嶺部分・名古屋市博物館 蔵）

この内容からしても、信嶺が伊奈の有力者とみなされ、武田家によって行動に注意が払われていたことがわかる。

家康の麾下となる

天正十年二月、武田攻撃の織田軍が下伊奈に入ってくると、信嶺は織田信忠に降り、道案内役を務めた。十四日に団景春・森長可などが木曽峠を越えて伊奈郡へ進むと、飯田城を守っていた坂西織部・保科正直は敗走した。三月二十日、信嶺は木曽義昌とともに諏方に至り、信長に会見し、旧領を安堵してもらった。

同年六月に信長が本能寺の変で死去すると、信嶺は家康の麾下に属し、松尾城などの知行を安堵され、酒井忠次の配下として各地を転戦することになった。信嶺は下条頼安と謀って藤沢頼親を誘降して、高遠城を奪取した。これを七月十五日に家康より賞され、諏方郡高島城および川中島の情勢を伝えられ、兵を諏方に出すように求められた。八月十二日になると、家康は下条頼安に信嶺と知久頼氏の所領を除く伊奈郡の地を与え、奥平信昌等を飯田に派遣して、頼安を支援させた。こうして信嶺は下伊奈で下条頼安に次ぐ勢力を持った。九月十七日になると、信嶺の家臣が家康からの使いとして木曽義昌のもとに派遣され、佐久郡芦田（北佐久郡立科町）の人質を受け取った。

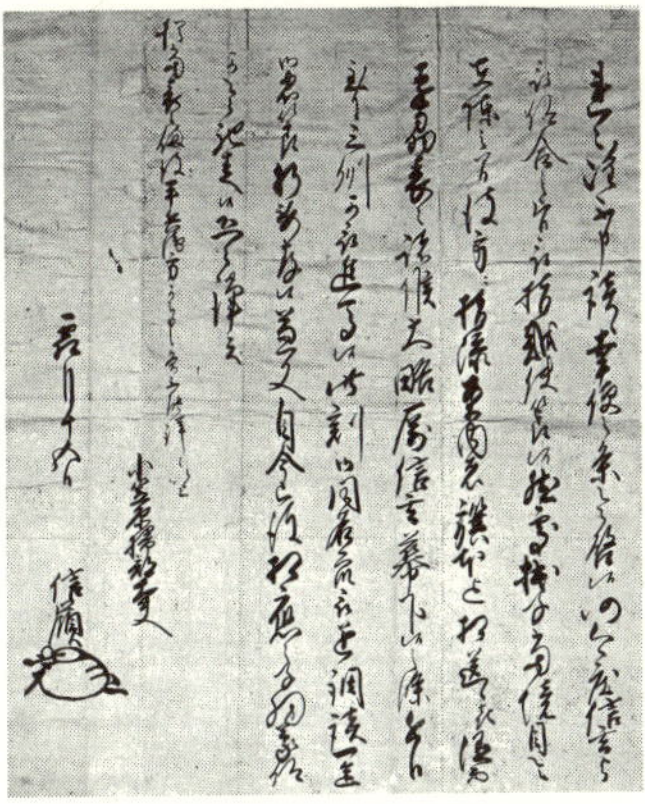

小笠原信嶺書状（個人蔵・静岡県立中央図書館歴史文化情報センター 提供）

天正十一年二月十日、信嶺は中島新三郎に伊奈郡山村のうち山中分・田中居屋敷分等を宛がった。地域支配も推進したのである。翌年の正月二十日、信嶺は松尾城において下条頼安を誘殺した。下条氏を除くことによって、彼は伊奈で最も大きな勢力となった。

天正十三年八月二十日、家康は真田昌幸を討とうとして、信嶺や松岡城（高森町）の松岡貞利等に小県郡出陣を促した。家康にとって信嶺は信濃平定の有力な持ち駒だったのである。

天正十七年、豊臣秀吉は信嶺などに命じて、京都方広寺大仏殿の材木を駿河富士山より曳かせた。

本庄城主として

天正十八年、豊臣秀吉によって北条氏が滅ぼされると、家康は関東へ移封された。家康に臣従していた信嶺は、武蔵国児玉郡本庄（埼玉県本庄市）において一万石を与えられ、九月に入部した。彼はかつての城を廃して、久城堀西側に新たに本庄城を築き、低地である花の木で生活していた住民を移住させ、新しい町造りを開始した。

翌年の天正十九年（一五九一）には、夫人の兄である甲斐国永岳寺（山梨県韮崎市）の救山宗温禅和尚を迎え、自らが開基となり、畳秀山開善寺（小笠原氏の菩提寺と同名の寺）を本庄宿の中宿（その後の仲町にあたる地域）に建立した。

（上）開善寺の門・（下）小笠原信嶺の墓
（埼玉県本庄市・開善寺）

信嶺は豊臣秀吉の朝鮮出兵に応じて九州まで出向いた。また、伏見城の築城工事の際には人足二百人を引率した。その後、慶長三年（一五九八）二月十九日、江戸で死去した。享年五十二歳であった。家督は養嗣子の信之（三河国出身で酒井忠次の三男）が継いだ。信嶺の墓所は埼玉県本庄市内の開善寺にある。

第三節　保科正直

武田の家臣

保科正俊は永正八年（一五一一）に高遠（伊那市）を根拠とする保科正則を父として生まれた。高遠の領主であった高遠氏は信玄と戦ったが、保科氏は比較的早くから信玄の配下に入ったようである。

天文十六年（一五四七）九月二十八日、信玄は保科正俊に諏方郡栗林の地を宛がった。翌年五月十一日に高遠の高遠（諏方）頼継が保科因幡《いなば》に所領を安堵しており、保科氏の一部は高遠氏に臣従していた。ちなみに、この間の天文十一年に正俊には正直が生まれた。

天文二十年六月二十八日、信玄は恩賞をもって正俊に参陣を促した。永禄四年（一五六一）八月九日に信玄は高遠の新衆に知行を宛がい、戦功を励ませた。「上杉年譜」では永禄四年九月十日の川中島の戦いで、先陣の次に真田一徳斎（幸綱）・同源太左衛門（信綱）・保科弾正（正俊）が記されている。保科弾正は槍弾正として有名であるが、信玄家臣として次第に登用されてきたのであろう。そして、彼の背後には軍事力増強のため武田氏に徴用された新衆がいた。

永禄五年九月二十三日、勝頼は埋橋《うずはし》弥次郎に保科源六郎知行分埋橋（伊那市）の年貢を納めさせている。高遠の領主である勝頼はこの時点で、諏方氏を継ぐと目されていた。なお、永禄五年十二月二十日には信玄が保科八郎左衛門へ殿島（伊那市）・藤沢（同）の地を宛がっており、保科氏一族は高遠を中心として大きな勢力を持っていた。

天正元年（一五七三）十一月十四日、勝頼が奥平信光へ送った書状では、詳細について保科正俊が述べるとしており、彼が勝頼の手足となって働いていた状況が垣間見られる。天正二年八月十日、栗原信盛・原昌胤は連署の形で保科八郎左衛門尉へ田地問答裁許の手形を出した。同年十二月二十日には勝頼が保科八郎左衛門に殿島（伊那市）などの知行を宛がった。高遠城主であった勝頼が武田家の当主となったことによって、保科と武田との結びつきは強化された。

天正三年八月十日に武田家は「覚」として条々を定め、保科正俊に下した。その第一条に「この度首尾あり、遠州に向かって出馬を企て、一大事のてだて候の間、しばらく張陣たるべく候。然らばすなわち必ず家康信長に訴訟し、木曽（義昌）は伊奈へ後詰めに及ぶべきか。伊奈郡上下の貴賤兼日その覚悟をなし、大細とともに典厩の下知ならびに玄徳斎（日向宗栄）・保科（正俊・正直）父子異見を守り、忠節をぬきんずるべく候様申し付けらるべきこと」（武田神社所蔵文書）とあるように、遠江出馬にあたって伊奈谷全体の守備の重責を負った。保科父子がいかに重要視されていたかわかる。

天正九年三月二十一日に武田家は保科正直に片蔵（伊那市）の人返し令を出した。同年五月二十二日、保科正直は宮内左衛門と藤沢の八郎左衛門尉へ闕所地《けっしょち》安堵の証文を与えており、地域の領主として活動していた一端を知ることができる。

混乱の中で

正直は天正十年（一五八二）、織田軍が攻めてきた際、飯田城を守備していたが、二月十四日に松尾城の小笠原信嶺が織田信忠に降り、信長の家臣団景春・森長可などが木曽峠を越えて伊奈郡に入ると、坂西織部と高遠城へ敗走した。高遠城では仁科信盛とともに籠城していたが退去し、弟である内藤昌月《まさあき》を頼って上野箕輪城（群馬県高崎市）へ逃れた。

正直は同年三月六日に諏方社上社の権祝《ごんのほうり》に書状を出し、八月六日に諏方社上社の権祝矢島某に玉会（祈禱を修したことを記した札）・守符を贈ってくれた礼状を書いた。

本能寺の変で信長が亡くなると、正直は昌月とともに北条氏に帰属し、高遠を奪還した。その上で領地支配を推し進め、八月二十一日には埋橋彦助へ埋橋の地などを宛がい、十月八日には保科善兵衛に領地を与えた。

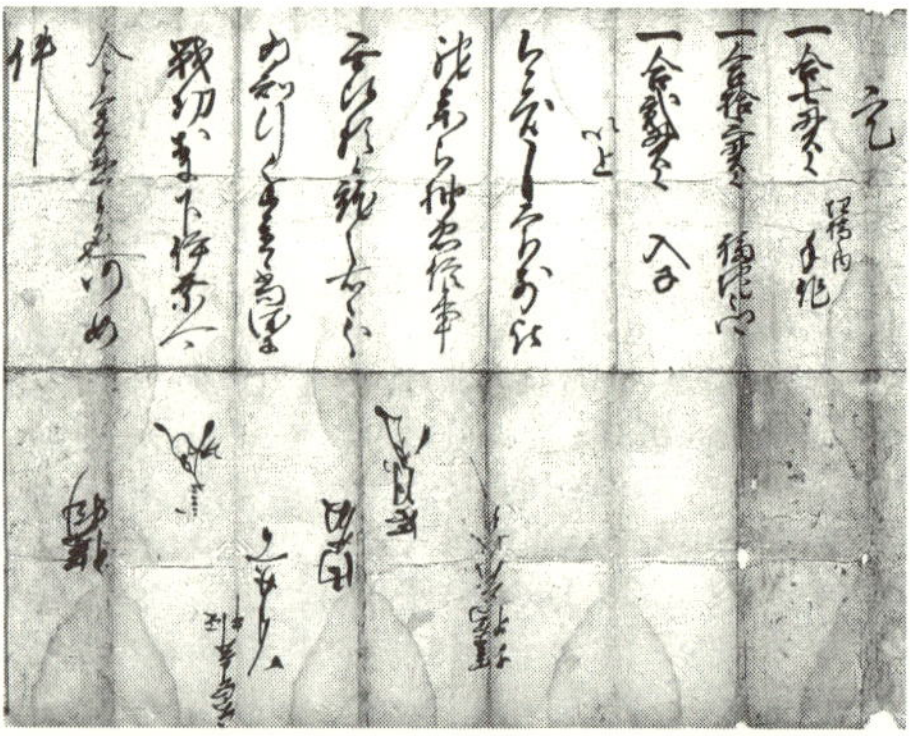
保科正直・内藤昌月連署 知行宛行状
（個人蔵・伊那市教育委員会 提供）

その後、甲斐において家康が北条氏より優勢に立つと、依田信蕃や木曽義昌などは家康に味方した。正直も徳川の家臣である酒井忠次を介して家康に属し、十月二十四日に家康から伊奈半郡を与えるとの約束を得た。十一月になると、箕輪城（箕輪町）の藤沢頼親が家康の命に従わなかったため、正直は城を攻め落とした。

翌天正十一年十二月十七日、正直は建福寺（伊那市）に禁制を掲げた。天正十二年五月、上社権祝矢島某が正直に玉会を贈ったので、二十一日に礼状をしたためた。

天正十二年七月、正直は徳川家康の異父妹久松氏を娶り、家康との関係を密にしながら、勢力を拡大した。当時、筑摩郡・安曇郡をめぐって、上杉景勝を背後におく小笠原洞雪斎、徳川家康をバックとする小笠原貞慶、豊臣秀吉を後ろ盾とする木曽義昌が争っていた。三月に小牧・長久手の戦いが起きると、家康は正直や諏方頼忠、小笠原貞慶ら信濃衆を木曽に派遣し、木曽義昌の根拠地である福島（木曽町）を焼いた。八月五日、正直は菅沼定利の指揮に従って義昌を討つよう命じられたが、十分な成果を上げることができなかった。

高遠城跡遠望（伊那市）

高遠城二ノ丸土塁
（伊那市・同市教育委員会 提供）

十一月、徳川家重臣の石川数正が出奔すると、小笠原貞慶も家康と断交し、高遠に攻め入ってきたが、正俊は鉾持除《ほこじよけ》（伊那市）の戦いで小笠原軍に大勝し、退けたので、十二月十四日に家康から戦功を賞された。天正十三年になると、正俊は徳川氏の上田城攻めなどに従軍して活躍した。

天正十四年三月二日に正直は洗馬

の三村勝親に本領安堵を約束しているので、筑摩郡南部にまで保科氏が影響力を持つようになったものであろう。

天正十八年正月十二日、正直は上島吉三に地を宛がった。

秀吉のもとで

多古町の田園風景（千葉県多古町提供）

正直は天正十七年に豊臣秀吉が方広寺を造営するにあたり、家康の命令で富士山の木材伐採役を務めた。天正十八年の秀吉による小田原攻撃に参加し、家康の関東入部に伴って下総国多胡（千葉県香取郡多古町）に一万石の領地を与えられた。間もなく家督を長子正光に譲った。

天正十九年正月、諏方社上社権祝の矢島某が下総多古の保科正直に玉会を贈ったので、十二月二十七日に御礼の書状を書いている。上社と保科氏との関係は依然として密接だったのである。

正直は天正十九年三月の九戸政実《くのへまさざね》の乱鎮圧にも参加した。文禄二年（一五九三）八月六日、正俊が亡くなった。

保科正直は慶長五年（一六〇〇）の関ヶ原の戦いで東軍が勝利すると

保科正直の墓
（伊那市・建福寺・同市教育委員会提供）

高遠に戻ったが、翌年九月二十九日に高遠城で死去した。享年六十歳であった。

正直の跡を継いだ正光は、大坂の陣での戦功により三万石に加増された。正光の養嗣子として家督を相続したのが、二代将軍徳川秀忠の庶子であった正之《まさゆき》である。彼は寛永十三年（一六三六）に出羽二十万石を与えられ、さらに寛永二十年には加増され会津二十三万石へと移った。

第四節　諏方頼忠

武田氏の治下で

天文十一年（一五四二）に諏方頼重が信玄によって殺害されてから、諏方を担ったのは頼満の次男の満隣《みつちか》であったが、彼もまた天文十四年に信玄に殺された。残されたのは満隣の子頼豊とその弟の頼忠であった。両人は兄の頼豊が総領として政治面を担い、弟が大祝として上社の祭事を司る役割分担を行った。

天文十六年正月十一日、上社大祝の頼忠は去年諏方大明神の御神渡《おみわた》り（湖水が結氷し、気温の下降に伴って収縮して裂け、下の水が上がって結氷し、気温の上昇に伴って氷が膨張して、裂け目の氷が持ち上げられる現象。諏訪湖では諏訪大社の神が渡ったものとした）がなかったことを幕府に注進した。天文二十二年十二月、頼忠らは「信濃国一宮諏方上社上宮御鎮座秘伝記」を書いた。

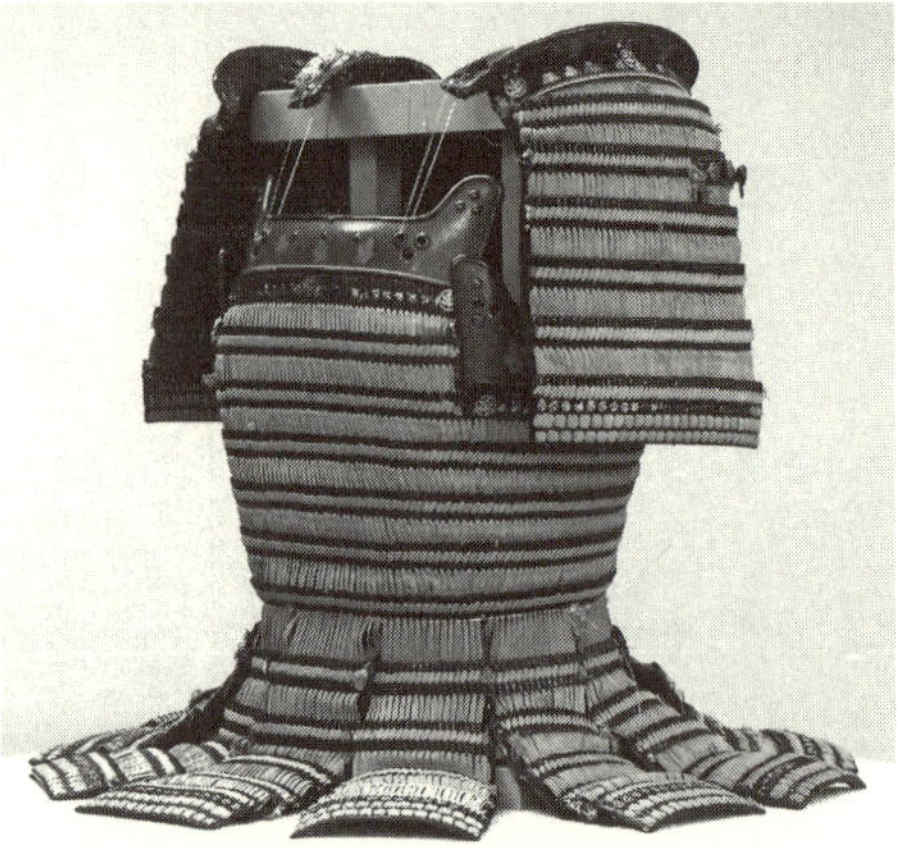

伝 諏方小太郎（頼忠）所用本小札紅糸威胴丸
（諏訪市博物館 蔵）

永禄十年（一五六七）十一月十二日、信玄は上社の如法院に対し上桑原（諏訪市）備進の籾《もみ》を大祝諏方頼忠へ還付させ、替地として田辺郷（諏訪市）内の地を寄進した。

天正元年（一五七三）十二月吉日に頼忠は御神渡りについて幕府へ報告した。天正四年七月二十七日、大祝の頼忠は岩代会津諏方社大祝某が上社に社参し、同社物忌み令の書写を求めたので、これを与えた。

天正五年十一月二十五日、武田家は頼忠の訴えを容れ、網渡《あど》御奉行衆に諏方湖で網を引くことを許可した。天正六年は諏方社の御柱祭の年だったので、頼豊は大祝頼忠とともに、中心となって七年に一度の宝殿などの建設にあたった。二月十二日付などの頼豊等が出した造営手形が長野県内に多く残っている。二月二十日には諏方禰宜大夫が頼豊に役銭覚書を出している。

このように武田氏治下において、信玄や勝頼にとって諏方氏が重要だったのは大祝としての側面であった。

大名への道

天正十年に織田信長が武田領に攻め込むと、家臣たちが武田氏から離反して諏方氏の再興を図るべきと進言したが、頼豊はそれを拒んで出陣した。結局、頼豊は鳥居峠の戦いで敗れた後、織田軍に捕らえられて処刑されたという。政治的な中心者を失った諏方の家臣たちは、弟の頼忠を擁して諏方氏再興を図った。

頼忠は天正十年六月二十八日、諏方郡にある油川内記分等の地を林治部右衛門に宛がった。本能寺の変の情報を得て即座に地域へ権力を浸透させようとしたものであろう。

当時、諏方へは甲斐から徳川家康が、佐久郡から北条氏政が勢力を伸ばそうとしていた。高島城を手に入れた頼忠は北条氏政と手を結ぶことにし、七月十三日に氏政から所領を安堵された。当然、家康とは敵対関係となり、七月二十三日に酒井忠次が諏方へ攻めてきた。

頼忠は九月十六日に篠原六丞へ南大塩（茅野市）などの地を、九月二十日に小平義大夫へ有賀右衛門尉兵衛分の地を、十月五日に小沢源七郎へ上原（茅野市）古町屋敷などの地を、それぞれ宛がった。十月二十日には諏方郡内大工の屋敷伝馬役を旧規のごとく免除しており、職人支配をも進展させた。こうして、頼忠の諏方支配は浸透していった。

しかし、情勢は北条氏に不利であったため、頼忠は家康と結ぼうとし、家康の帰陣を祝し、馬等を贈り、十一月十五日に礼状を得た。

天正十一年閏正月二十六日、頼忠は慈雲寺（下諏訪町）の寺領を安堵し、禁制を掲げた。同月二十八日には安国寺（茅野市）門前衆に同寺山林の伐採を禁止し、三月十四日には某の諏方社上社神宮寺上坊職相続を許した。

頼忠は三月二十八日、甲府に来た家康から諏方郡を与えられたので、大きな権力を背後において諏方統治を行えるようになった。四月十日に随竹軒某に所領を与え、五月二十六日に尾張万徳寺（稲沢市）尊朝へ仏法寺（諏訪市）の地を支配させるなど、次々に領内支配の文書を出した。着々と諏方支配が進展していった

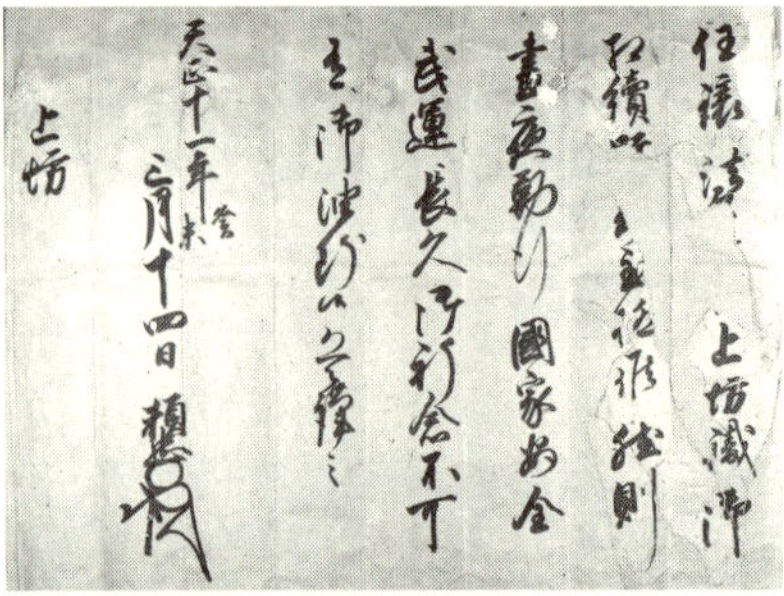

諏方頼忠書状（個人蔵・諏訪市博物館 提供）

諏方頼忠の墓（茅野市・頼岳寺・同市尖石縄文考古館 提供）

復元された高島城（諏訪市）

のである。

秀吉による小田原攻撃の最中、天正十八年六月十日に家康は、頼忠の子頼水《よりみず》に諏方郡を、同頼定《よりさだ》に諏方社下社一跡を安堵した。七月五日、小田原城の氏直は己の切腹と引き換えに城兵を助けるよう申し出た。七月九日に主戦派であった氏政と弟の北条氏照が小田原城を出、十一日に自害した。十三日に秀吉は家康の旧領を収め、代わりに北条氏の故地を与えた。また、諏方頼忠などの家康麾下の信濃の諸将を関東に移した。

七月二十六日に家康は頼忠に武蔵奈良梨（埼玉県小川町）・羽生（羽生市）・蛭川《ひるがわ》（本庄市）の地を宛がった。さらに、文禄元年（一五九二）十二月二十八日には上野総社（群馬県前橋市）の地を領知させた。

頼忠は慶長五年（一六〇〇）の関ヶ原の戦いで江戸城の留守居役を勤め、戦後の慶長六年十月、信濃国高島二万七千石へ復帰を許された。この時に頼忠が入城したのは、日根野高吉が築いた現在復興されている高島城であった。頼忠は慶長十一年八月十一日に死没した。

第五節　依田信蕃

信濃先方衆

一時期は真田昌幸にも劣らぬ活躍をし、戦死しなければ大名となったであろう武士に依田氏系の依田《よだ》(芦田《あしだ》)信蕃がいる。依田氏は小県郡依田庄(上田市)から丸子郷(同)に進出して勢力を拡大したが、佐久郡の大井氏との抗争に敗れ、その傘下に入った。文明十六年(一四八四)、村上政清《まさきよ》により大井城(佐久市)が落城してからは、村上氏に属して自立したようである。

永正十四年(一五一七)九月二十日に熊野三山検校山城聖護院道増が、大井法華堂の檀那である大井・依田等の一族被官人の熊野二所先達職を安堵している。

芦田氏の祖とされ、芦田に基盤を築いた光徳《みつのり》は応仁二年(一四六八)に没した。その子光玄が文明九年(一四七七)、その跡を継いだ義玄が天文六年(一五三七)に亡くなった。義玄の子が信守である。天文十年、武田信虎が小県郡を攻めた折、諏方頼重は帰途に芦田城を攻めた。その結果、芦田信守は諏方氏の傘下に入ったが、天文十一年に諏方惣領家が武田氏に滅ぼされたため、翌年の信玄の佐久侵攻に際して臣従し、以後信濃先方衆として活躍した。

　天文十五年（一五四六）八月十一日、信玄が志賀城（佐久市）を攻撃した時、依田一門、高田一族、志賀氏の家老など三百人ばかりが討ち死にした。依田氏一族の中には志賀城の中に籠もった者もいたのである。天文十六年八月六日、信玄が依田右京進に小田井原（御代田町）合戦の戦功を賞した。依田一族は前年の志賀城攻撃などにより信玄の力を見せつけられ、武田に味方することになったのであろう。

　天文十七年八月十七日、依田春賢《はるかた》が高野山蓮華定院へ手紙を出した。信玄は春賢に対して天文二十二年二月十三日に中丸子（上田市）等の地を安堵した。天文十八年三月十四日、信玄から望月源三郎方へ七百貫文を与える文書を真田が渡した時、これを受け取ったのは依田新左衛門（貞次）であった。弘治三年（一五五七）十二月、依田長繁は佐久郡湯原大明神（湯原神社。佐久市）に鰐口《わにぐち》（堂前の軒に吊り下げる平たい鈴）を寄進した。

　永禄六年（一五六三）閏十二月二十八日、信守の嫡子信蕃は柳沢宮内助へ、遠江・駿河両国の軍勢が甲府に到着することを

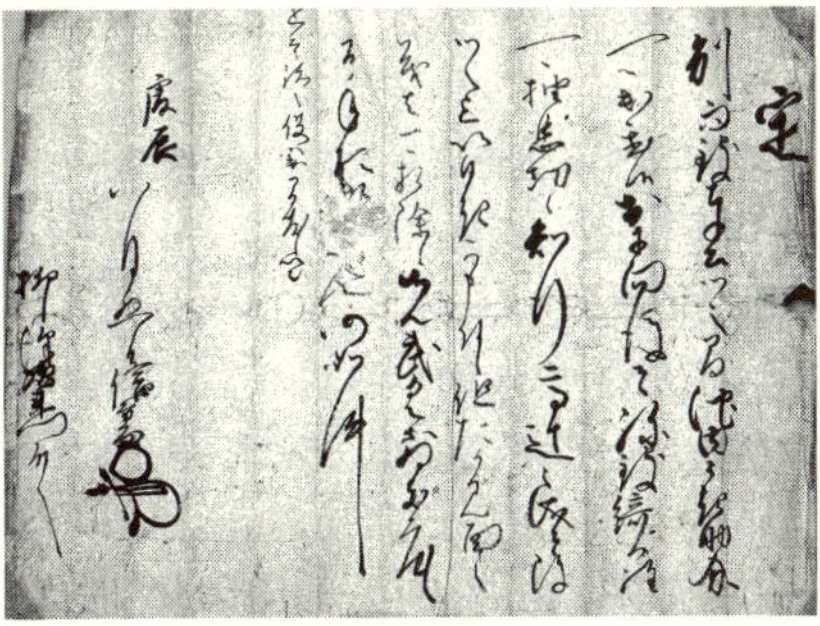

依田信蕃書状（藤岡市蔵）

報じた。彼は信濃先方衆として武田軍の一翼を担っていたのである。

信玄は永禄十年八月七日、家臣団諸士から背かない旨の起請文を提出させたが、その中に依田又左衛門尉信盛、依田兵部助隆総といった名前が見られる。依田采女助は永禄十一年三月二十日に佐久郡十二明神を造立した。

永禄十一年、信玄が家康とともに今川氏真を駿河に攻めた時、依田信守・信蕃父子などは信玄に属し、十二月十二日に駿河薩埵山で戦った。

高天神城跡遠望（静岡県掛川市）

天正元年（一五七三）九月八日、勝頼は上野の警固に関して上条伊勢入道（後閑信純）・依田能登守（常林カ）などに書状を出した。武田家は天正二年閏十一月十一日、深山宗三へ堪忍分を宛がい、信蕃とともに二俣城（浜松市）に在城させた。二俣城へは信蕃だけでなく父の信守も入っていた。

天正三年五月二十一日、長篠合戦において武田軍は惨敗した。二俣城の信蕃は病床にあった父信守が死亡しても、わずかな手勢で徳川軍の攻撃から城を死守した。十二月二十四日、勝頼が信蕃に城を家康に渡すように命じたので、信蕃は全員の助命を条件に開城し、高天神城《たかてんじんじょう》（掛川市）に退去した。

天正六年正月、信蕃は高野山蓮華定院に日牌（毎日位牌の前で供養を行う）料として春日郷（佐久市）内の屋敷を寄進した。天正七年十月二十七日に武田家から藤枝鬼岩寺（藤枝市）分の堤普請を命じられた。天正八年三月一日に信蕃は高野山蓮華定院を領内住民の宿坊に定めたが、この年、彼は勝頼の命によって駿河田中城（静岡県藤枝市）を守っていた。

家康を選ぶ

天正十年に織田信長の武田領国への攻撃が始まると、田中城は家康の攻撃を受けたが堅く守備し、信蕃は攻めあぐねた家康の使者成瀬正一《なるせまさかず》による開城の説得を拒絶した。しかし、勝頼が戦死し、武田の一族である穴山梅雪から開城を勧められると、大久保忠世《おおくぼただよ》へ城を引き渡し、三月十四日に本拠地の春日城に帰った。

信蕃には家康より召し抱えるとの要請があったが、勝頼の安否の詳細が不明だとして謝絶し、自領へ帰還し、小諸城代となった森長可と対面した。その後、信長が武田旧臣に対して苛烈な姿勢で臨んでいるとの風評を聞き、家康の計らいで三月二十日に遠江二俣の小川郷（浜松市）に蟄居《ちっきょ》した。六月二日に起きた本能寺の変の情報を得て、彼は六月二十日に二俣から佐久郡へ帰着した。

信長の死によって織田政権に組み込まれたばかりの信濃は混乱に陥り、徳川・北条・上杉の争奪地となった。信蕃は当初北条氏に属したが、その後徳川氏に与《くみ》したため、北条氏直の攻撃を受けて、小諸から三沢に退いた。七月十二日、家康は柴田康忠に信蕃を支援させた。

一方、北条氏政は七月十五日、宇津木下総守などへ、番所を依田源五等に預け参陣するようにと命じた。こうした中で信蕃は伴野（佐久市）を攻めたので、家康が七月十九日に彼らの戦功を賞した。

小諸城天守閣跡（小諸市）

七月二十六日、信蕃は家康から諏方・佐久両郡を宛がわれ、小諸城代となった。家康が九月八日に信蕃へ扶持を送ったので、信蕃は北条氏直軍と戦って獲得した首帳を家康に献じた。

信蕃は加津野信昌などとともに、佐久・小県地方の動向に対応するため、家康から真田昌幸を説得するように求められ、属させることに成功した。この功により信昌は九月二十八日に家康から恩賞を宛がわれた。また同日、昌幸にも当知行の安堵などがなされた。信蕃は九月三十日に丸山左衛門太郎へ、佐久郡が思う通りになったら郡中大工を沙汰させると文書を発給した。

信蕃は真田昌幸とともに佐久郡伴野と小諸の間に進出したので、十月二十四日に北条氏直が坪和氏続《はがうじつぐ》などに守備を堅固にするよう命じた。前山城（佐久市）主の伴野某は家康の命に応じなかったので、信蕃は柴田康忠などとともに十一月四日これを攻めて降し、ついで同郡高棚（佐久市）・小田井（御代田町）・岩村田（佐久市）の諸城を攻めた。十一月十二日に家康が小山田藤四郎の岩村田における戦功を賞したので、信蕃は藤四郎に内山（佐久市）の地を宛がった。また、信蕃は十一月十四日に佐久郡の高見沢庄左衛門へ所領を宛がい、十二月十七日には縫殿左衛門などへ駿河のうちにおいて所領を宛がった。

十二月、信蕃は田口城（佐久市）南麓に居館を新築して移った。翌天正十一年二月八日に丸山左衛門太郎へ阿江木《あえぎ》領中（南相木村・北相木村）の番匠を安堵しているので、彼が中心になって建築したのであろう。

夢半ばで

天正十一年になると信蕃は田口城（佐久市）の阿江木（相木）能登守を攻め破った。二月十二日、家康から阿江木の守兵を減らすよう命じられた。

このように、信蕃は自分が徳川方に引き入れた真田昌幸とともに、信濃の東部で北条軍に対してゲリラ戦を展開し、甲斐国若神子（山梨県北杜市）まで進出していた北条軍の補給線を寸断した。こうしたこともあって、それまで劣勢であったにもかかわらず、徳川に有利な条件で後北条氏との講和が成立した。一連の功績によって信蕃は小諸城を任されたので、周辺の国人たちが続々と出仕してきた。

信蕃の動きを快く思わない者たちが、北条氏と結んでいた岩尾城(佐久市)の大井行吉《ゆきよし》のもとに集まったので、信蕃は佐久郡を平定しようと、二月二十日に岩尾城を攻めた。岩尾城では逆茂木を並べ、依田軍に鉄砲や弓矢を打ちかけた。家康が付けた軍監の柴田康忠は力攻めをやめるように勧めたが、信蕃は力攻めを強行し、攻めあぐんだ。信蕃は翌日も戦法を変えることなく遮二無二《しゃにむに》攻城を繰り返し、大手門を破り台郭に突入して乱戦となった。城方が矢倉の上から狙撃したが、信蕃は次々と新手を繰り出し、激戦が夕方まで続いた。

攻撃三日目の二十二日に信蕃は陣頭に立って攻撃を仕掛けた。彼の姿を目にとめた城方の浅沼平兵衛配下の鉄砲隊の放った弾丸が命中し、信蕃はこの傷によって落命した。享年三十六歳であった。弟の信幸にも弾丸が当たり、依田兄弟は討ち死にした。主将を失った依田勢は戦意を喪失し、信蕃の末弟信春が兵を引き揚げた。

柴田康忠は開城勧告の使者を送り、大井行吉の奮戦ぶりを讃え、これ以上の戦いは無駄であると説得した。行吉も説得を容れ、城中の将士に城内の財物を分け与えると、柴田に城を明け渡した。

戦後、家康は依田信蕃兄弟の死をあわれみ、信蕃の子竹福丸に家康の「康」の字を与えて康国と名乗らせ、「松平」の名字をも与えて松平康国として小諸城主とした。そして、大久保忠世を後見人として佐久郡を治めさせた。

康国が信蕃の住んだ館跡へ、館の西にあった明法寺を移し、父を供養するために建立したのが蕃松院《ばんしょういん》（佐久市）である。

第六節　須田満親

須田氏について

須田氏は清和源氏頼季《よりすえ》流の井上満実の子為実を祖とすると伝えられ、須坂扇状地の中央部分にある須田郷（須坂市）を本貫の地とし名字としたが、同族とされる井上・高梨氏ほど有力な存在ではなかった。須田氏は鎌倉時代後期の頃から大岩郷（須坂市）にも進出したようで、郷内の大谷の鎌田山にある古城と呼ばれる要害の麓にある二町歩ほどの平地が、居館跡であったと考えられている。

須田入又四郎は足利尊氏と弟の直義が争った観応の擾乱《じょうらん》（一三五〇～五二）に際して、尊氏に属し米子城（須坂市）に立て籠もって直義党軍と戦った。

須田氏居館跡（須坂市）

応永七年（一四〇〇）、新信濃守護の小笠原長秀と村上氏を盟主とする国人連合が激突した（大塔合戦）際、須田伊豆守が国人勢力に属して出陣した。永享の乱（一四三八）の頃には須田為矩《ためのり》、須田式部丞らがいた。また、『諏訪御符礼之古書』から室町時代後半に須田上総介満繁《みつしげ》、須田信濃守祐国《すけくに》らがいたことが知られる。

戦国争乱の渦

須田氏は室町時代末から戦国時代にかけて、地域領主として発展した。戦国時代には須田雅政が須田郷に乱入した井上某を撃退し、大永六年（一五二六）に満国の子として生まれた満親の代には、千曲川より西の布野（長野市）、古野（同）方面にまで勢力が拡大した。

その後、須田氏は須田城主信頼の子信正の系統と、大岩城主満国の系統とに分かれ、対立した。その中で少しでも領域を増やし優位に立とうと、互いに坂木を拠点とし川中島地方にまで勢力を拡大しつつあった村上氏と結び付いた。

天文十一年（一五四二）、武田信玄が諏方頼重を滅ぼし、伊奈・佐久郡へ侵攻し、さらに北進してきたので村上義清は戦うことになり、天文十七年に武田軍を上田原で破ったが、小笠原長時の軍が塩尻峠の合戦で大敗した。天文十九年九月九日、信玄は義清を砥石城に攻めた。信玄は北信の諸領主に対する調略を着々と進め、『高白斎記』によれば、九月十九日に須田新左衛門（信頼）が信玄に誓句して臣従した。須田氏は須田郷の須田氏が武田方、大岩郷の須田氏が村上方にと二派に分裂したのである。その後十月一日、村上軍は武田軍に大勝した。

天文二十年、砥石城が真田幸綱の計略によって落ち、二十二年になると村上氏の本拠地葛尾城（坂城町）へ武田軍の攻撃が始まった。八月、ついに義清は葛尾城から越後へ逃れ、上杉謙信を頼った。

弘治二年（一五五六）六月二十八日、謙信は今川義元の仲介により信玄と和睦したことを、長慶寺の天室光育《てんしつこういく》に告げたが、その中には「信州の儀、隣州は勿論に候。村上（義清）方を始めとし、井上（昌満）・須田・島津（忠直）・栗田、その外連々申し談じ候。殊に高梨（政頼）事は、取り分け好有《よしみ》る儀の条、傍らもって見除せしむべきに非ず」（「歴代古案」）とある。すでにこの時点で、村上氏に属した須田氏は謙信と結びつい

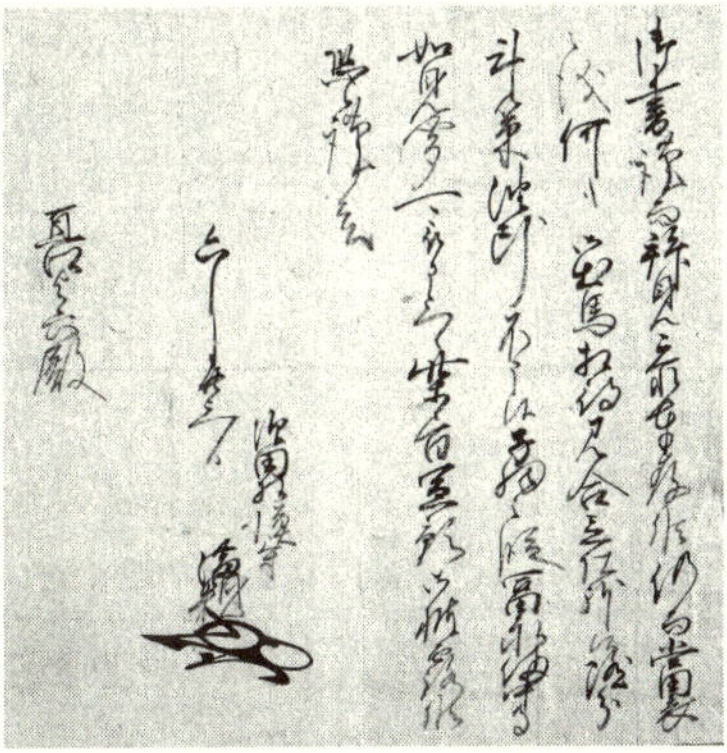

須田満親書状（米沢市上杉博物館蔵）

ていたのである。

謙信に属す

永禄二年（一五五九）、信玄は北信濃をほとんど占領し、越後境へ乱入した。須田満親は満国らとともに謙信を頼った。越後に逃れた満親は越中舟見（黒部市）の名代職となり、舟見宮内少輔を名乗ったこともあったが、後に須田に復した。満親は信濃の一向宗と親しかったため、謙信からは北陸地方の一向宗との交渉役として用いられることが多かった。

信玄と謙信は川中島で戦ったが、その代名詞ともいえる永禄四年九月十日の合戦においては、上杉の先陣として高梨政頼・村上義清・井上昌満《まさみつ》・須田満親・島津忠直《ただなお》ら信濃衆が戦った。しかし、彼らの奮戦にもかかわらず信玄の侵略は着々と進んだ。

永禄九年六月五日に信玄に味方していた須田信頼は伊勢大神宮に願文を捧げ、信玄より八重森（須坂市）の地を安堵されることを祈った。信頼の子の信政が天正六年十二月二十四日に順堯《じゅんぎょう》を興国寺（長和町）住持とし、同寺寺領を安堵しているので、信頼はこの頃に亡くなった可能性がある。

一方、越後にいた満親は天正八年六月二十日、上杉景勝が三条城（三条市）の神余親綱《かなまりちかつな》の投降を勧告した黒滝城（新潟県弥彦村）の山岸秀能《やまぎしひでよし》父子等を賞した時、三条城検使として派遣された。

河田長親の死後は長親に代わって越中方面の総指揮官となって松倉城に入り、佐々成政との戦いに従事した。この頃には一時、越中国人舟見氏の名跡を継いで舟見宮内少輔規泰《のりやす》と名乗った。

七尾城跡（石川県七尾市）

　天正九年（一五八一）二月十八日、景勝の家臣菅生綱輔《すごうつなすけ》は満親からの情報により、越中在陣の斎藤朝信等に同国西口への助勢を指示した。織田信長の家臣菅谷長頼《すがやながより》は能登七尾城（石川県七尾市）に入り、四月二十八日に須田満親・上条宜順《じょうじょうぎじゅん》に宛て、富山城主神保長住《じんぼながずみ》・佐々成政の上洛中に新川郡小出城を攻めたことを非難した。

松倉城主

　天正十年二月十日、上杉景勝は唐人親広《かろうどちかひろ》などの服属を賞したが、須田満親もこの旨を伝えた。同年二月二十八日、越中で戦っていた満親は景勝に支援を求めたが、海路を出陣しようとして風波のために果たすことができないと返事があった。武田氏を滅ぼした織田軍は、三月に魚津城《うおづじょう》（富山県魚津市）を囲んだが、小島職鎮《こじまもとしげ》が上杉景勝と手を組んで神保長住の富山城を乗っ取ったため、三月十一日に柴田勝家・佐々成政・前田利家・佐久間盛政は攻撃を中止し、富山城を奪還した。その後、織田軍は魚津城への攻撃を再開した。

三月二十四日、景勝は越中の上野九兵衛尉に、満親の指揮に従い、信濃口の仕置を堅固にするように命じた。この頃、信濃は信長の支配下に入っており、上杉領との間で緊張が走っていたのである。

織田軍の魚津城攻撃は続き、六月三日ついに落城した。六月二日の本能寺の変の後、六月二十三日に満親は上杉景勝に越中出馬を求めた。本能寺の変によって主を失った織田軍は魚津城から撤退し、須田満親が入城した。満親は二十七日に越中弓庄(富山県上市町)の土肥政繁《どいまさしげ》家臣の有沢図書助《ずしょのすけ》の忠功を賞して地を宛がい、七月四日には安部入道に同国紹井手の地を宛がっており、越中で独自の支配を開始した。七月五日に越中の神保昌国等は上杉景勝に信濃・甲斐の経略が成ったことを祝し、松倉城将の須田満親とともに越中静謐をはかるべき旨を知らせた。

一方、景勝は七月七日に武田家滅亡とその後の混乱の中にあった信濃在住の須田一族、須田対馬守などに高井郡の本領を安堵した。

十一月二十一日に将軍の足利義昭は須田満親へ書を送り、上杉景勝が柴田勝家と和睦し、義昭の入洛に協力するように取りはからわせた。須田信正は天正十一年二月九日に伊勢皇太神宮に井上郷(須坂市)内の地などを寄進した。八月一日に信正は某に監物の跡職を宛がっており、高井郡においても須田氏は勢力を維持していた。

天正十一年になると、景勝は誓紙を織田信雄・豊臣秀吉に送り好《よしみ》を通じたが、二月七日に秀吉も誓紙を須田満親へ送り、景勝に速やかに兵を越中に出すよう求めた。春日山城の守将黒金《くろがね》景信《かげのぶ》は二月十日に景勝へ須田満親の意を伝え、速やかに飛驒の諸士を誘致するよう求めた。また、二十日には景勝重臣の上条宜順（政繁）が満親より得た越中の情報を景勝に報せた。こうした状況の中で景勝は満親に守備を指図し、満親から越中が無事であるとの報告を得て上条宜順に報せた。

三月十七日に豊臣秀吉は伊勢および江北の戦況を須田満親に報じた。三月二十四日、景勝は越中在陣の上野九兵衛へ須田満親の指図に従うよう指示した。八月十八日に本願寺の素休は満親等に書を送り、越後滞在中の厚誼を謝した。八月二十一日に上条宜順は唐人親広に新発田《しばた》攻撃の状況を告げ、須田満親と議して厳重に守備するように命じた。

満親は七月二十八日、吉江宗清に知行を宛がった。九月十三日、小島内膳佐《ないぜんのすけ》へ書を送り、満親の子満義が上杉景勝に従って出陣したので、その扶助を依頼した。景勝が須田満親等に前田利家と呼応して佐々成政の属城越中境城を攻めさせたので、九月十八日に満親は、景勝が近いうちに越中に出馬することを利家に報せた。その後、満親は景勝が越中に入り、佐々成政の属城を落としたことを秀吉へ報せた。十二月十五日に秀吉は織田信雄・徳川家康と和睦したと満親および景勝に伝えた。

海津城代として

天正十一年、佐々成政に魚津城を囲まれた満親は、城を明け渡して退去し、海津城代に転じ、上杉領の北信四郡(高井、水内、更級、埴科)の押さえを任された。

天正十二年二月二十八日、須田信正は芦川因獄《ひとや》等へ中条銚子塚(小布施町)の地を宛がった。須田信正・市川信房等が羽尾源六郎を助けて上野丸岩(群馬県長野原町)・三原(嬬恋村)の両城を奪取したので、景勝は信正の戦功を賞し、安曇郡千見城(大町市)番を命じたが、断られた。そこで、四月一日に直江兼続が信正を説得して景勝の命に従わせた。その後、信正が真田昌幸に与して景勝に叛いたので、景勝は五月八日に上条宜順に信正の成敗を命じ、福島城(須坂市)で討ち取った。

天正十三年三月十二日、上杉景勝は須田満親へ家中の諸士の軍役を励ませた。六月十二日、海津城代の満親に信濃四郡の諸士を指揮させ、仕置を厳しくさせた。これにより、満親は四郡を統括する立場で海津城将となり、検断権を含めた幅広い権限を委譲された。海津城での知行高は一万二千余石、上杉家中信州侍衆の筆頭であった。

真田昌幸は徳川家康と対立し、景勝に味方して家康から攻められたため、海津城の満親に救援を求めた。これを満親が伝えたので、景勝は八月二十六日に川中島の諸将に参陣させ、満親の指揮に従わせた。昌幸が次男の信繁を送ってきたので、満親は八月二十九日に昌幸の臣矢沢頼幸に書を送って、曲尾（上田市）に助勢を出したことを告げた。

十月十日、景勝が満親に条目を出した。また、この月に所々の領主へ満親の荷三駄を勘過させた。さらに、景勝は十二月十日に満親へ信濃四郡の将士の仕置に関して条目を渡した。

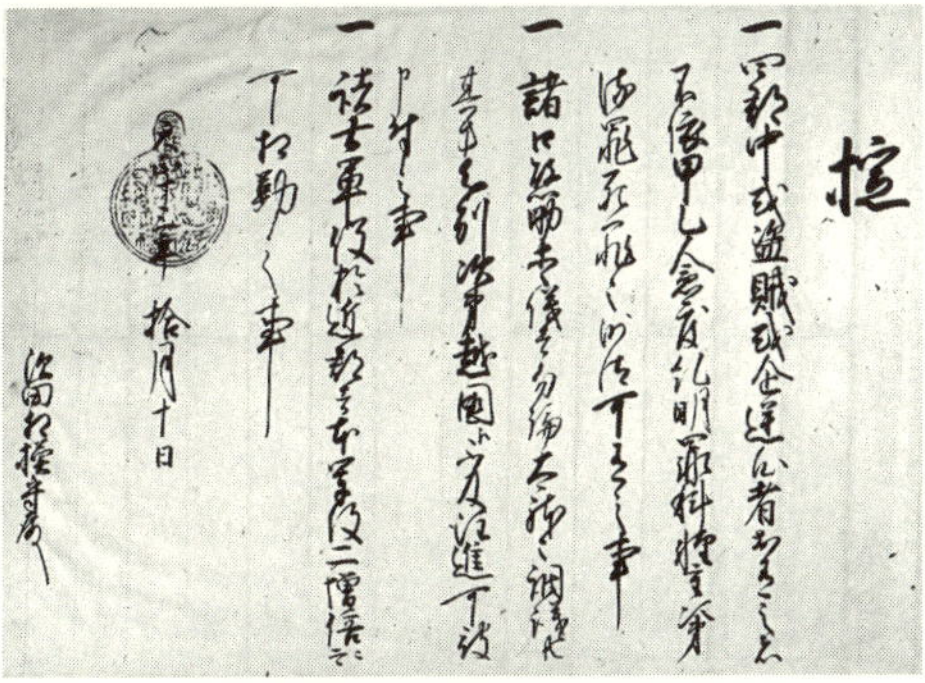

須田満親宛上杉景勝朱印状
（個人蔵・長野県立歴史館 提供）

天正十四年に所伊賀守が松田民部助と争い、知行に不満を持って他国に移ろうとしたので、満親は五月十日に堪忍分を与えて慰留した。満親は九月二十六日に林部宮内助に岡田（長野市）・富田（同）の地を給し、十二月二十一日に常楽寺・満龍寺（須坂市）を再興した。さらに、天正十五年五月二十四日に所伊賀守へ東条（長野市）の地を与えた。また、この年に小河原式部少輔を水内・高井両郡の領民の諸山参詣の先達職とした。

満親は景勝が天正十六年五月に上洛し、聚楽第で豊臣秀吉と対面した時に同道し、同行した直江兼続、色部長真《いろべながざね》らとともに豊臣の姓を授けられた。

天正十七年二月二十四日、家康は満親へ書を送り、景勝よりの音問に答謝した。八月三十日、満親は海津城の鎮守諏方社に土地を寄進した。秋になると上洛して豊臣秀吉に謁し、十月三日に高井郡高井野大明神（高社神社）に大鷹を献じ、豊臣秀吉との謁見が大変満足のいくものであったと祈念成就を感謝した。この年十二月三十日に満親は従五位下に叙せられ、相模守に任じられた。

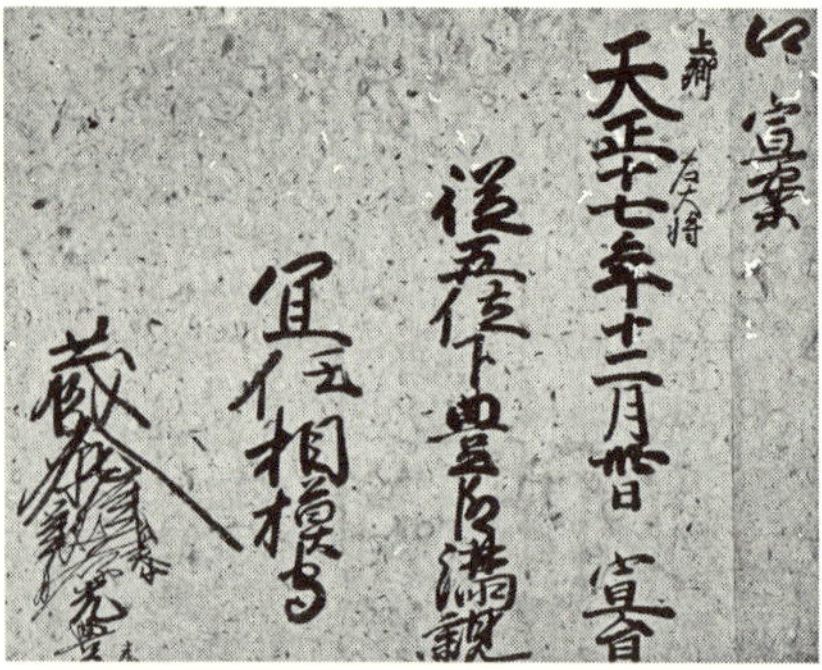

須田満親宛 後陽成天皇口宣案（任相模守）
（個人蔵・長野県立歴史館 提供）

天正十八年の秀吉による北条氏攻めにあたって、七月に景勝に武蔵八王子城を守らせたが、満親の長男満胤《みつたね》がその鎮将となった。

満親は徳川家康に歳暮を賀し、文禄三年（一五九四）二月二十四日に家康が答謝した。「文禄三年定納員数目録」には、海津城主・知行高一万二千八十六石と記され、上杉家中では兼続に次ぐ大身であった。

慶長二年（一五九七）、秀吉の命により上杉氏の会津移封を前提として、松坂城主古田重勝等が北信濃の検地に送り込まれた。その最中に満親の嫡男満胤は、兼続を総奉行とする伏見城舟入普請において不手際があったとして、本庄顕長《ほんじょうあきなが》・高梨頼親《よりちか》らの重臣とともに改易され、上杉家から追放された。

慶長三年正月、上杉氏の会津移封が正式に通達された。満親は家督を次男長義《ながよし》に継がせ、自らは先祖以来の信濃の地にある海津城において切腹した。一説には病死したのだともいう。享年七十三歳であった。

第七節　芋川親正

境目の防御と芋川一揆

芋川《いもかわ》氏は現在の上水内郡飯綱町を中心に勢力を持った土豪である。戦国時代の代表者は天文八年（一五三九）に正章《まさあき》の子として生まれた親正《ちかまさ》であった。

父の正章は武田信玄に降伏し、武田家臣となったという。芋川氏の領する若宮城（飯綱町）は武田氏と上杉氏の領土境界付近にあり、信濃防御上重要な拠点であったため、信玄も親正に気を遣った。信玄は永禄十二年（一五六九）二月二十四日に親正に書状を送り、雪解けを待って越後に出陣するので、境を無事に守って欲しいと伝えた。信玄は年未詳正月十六日に親正へ年賀状も送っている。

天正六年（一五七八）に起きた御館の乱を契機にして、勝頼と景勝との間で甲越同盟が結ばれると、武田と上杉の緊張はひとまずなくなった。

天正十年三月十一日に織田軍に攻められた勝頼が自害すると、武田領国は信長の支配に組み

芋川氏伝来の甲冑と旗差物（米沢市上杉博物館蔵）

込まれ、北信濃四郡は森長可に与えられた。このため、芋川氏を取り巻く環境は急変した。

　四月になると長可が海津城に入城し、降伏した北信濃の国人の所領安堵の沙汰などを行ったが、親正は出仕しなかった。長可は親正に上杉討伐の兵を出すよう要請する書状を送り、去就を決めさせようとした。四月四日、景勝は信濃在陣の千坂景親《ちさかかげちか》などに書を送り、芋川・外様の者への協力を求めた。結局、親正は長可に従わず景勝側につくことを決め、四月五日に領内の一向宗門徒、反織田を掲げる信濃国人を扇動して八千の兵を集め、廃城となっていた大倉城（長野市）を改修し、長沼城（長野市）主島津忠直らと連携した。親正等の一揆勢は即座に守備の手薄な稲葉貞通《いなばさだみち》の守る飯山城（飯山市）を包囲した。

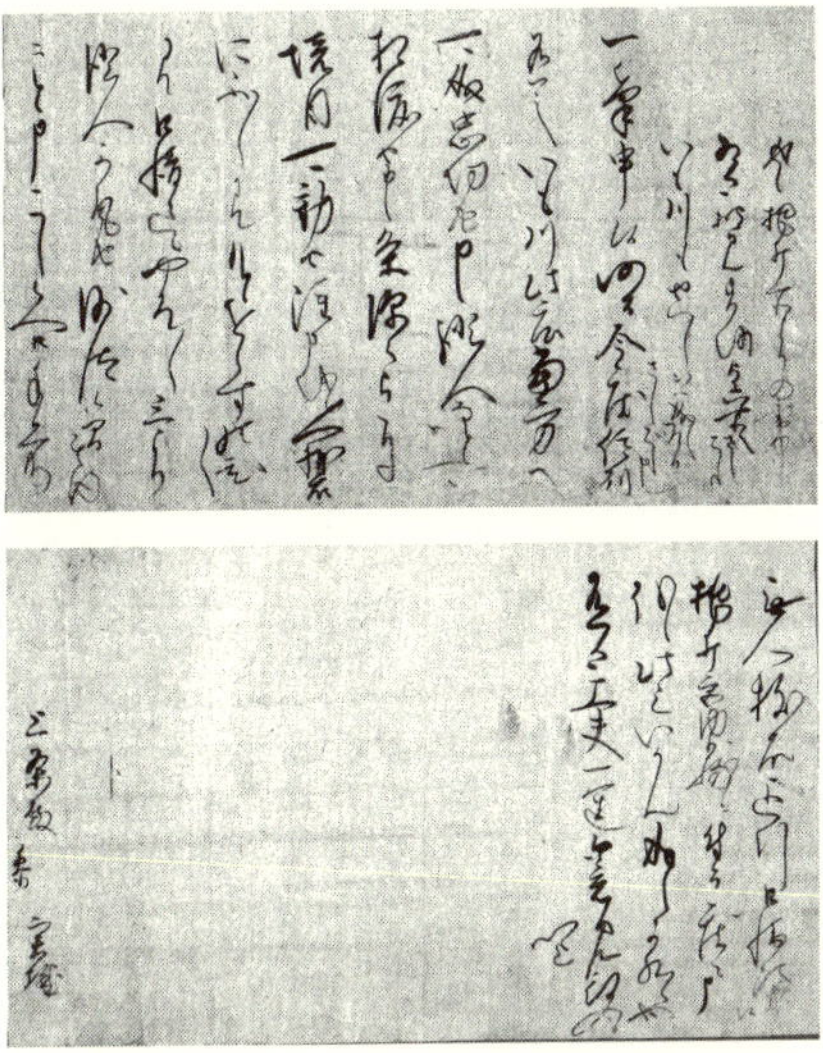

芋川親正が上杉家に服属したことを示す上杉景勝書状（国宝・米沢市上杉博物館 蔵）

　長可はこれに素早く対応し、稲葉重通《しげみち》らの稲葉一門を派遣した。さらに、上野北部に布陣していた織田信忠にも連絡し、団忠正《だんただまさ》が送られたので、一揆勢はひとまず大倉城に引き返した。

　四月七日、一揆勢は防衛力の弱い大倉

長沼城跡（長野市）

城から長沼城を目指して移動を開始したが、すでに長沼城は長可によって攻略されていた。一揆勢は長沼口で長可軍三千の奇襲攻撃を受け、一千二百五十人余りが殺され、大倉城も進撃してきた長可の兵によって陥落した。長可軍は女子供も構わず斬りつけ、敗残兵を追撃し、二千四百五十にも及ぶ首を取った。こうして一揆はわずか一日で壊滅的打撃を受け、瓦解した。

親正も信濃に留まっていることができず、上杉景勝を頼って落ち延びた。

景勝の家臣

四月十九日、親正は景勝から上杉景信分の地を宛がわれ、信濃との国境付近の守備隊に名を連ねた。上杉軍の備えは五月に森長可軍の越後侵攻が始まると突破され、春日山城にほど近い二本木（上越市）まで侵攻を許した。

六月十五日、景勝が島津忠直を通して親正へ戦功を励むよう伝えた。六月二日、本能寺の変で信長が没した。この報せを聞くと長可は陣をたたんで、越後から撤退を開始した。上杉軍は北信濃の国人たちを扇動して一揆を起こさせ、撤退の妨害を試みたが、長可が人質を大量に取っていたので攻勢に出ることができず、長可の撤退を許した。ちなみに、人質は森軍によって皆殺しにされた。やがて、長可は信濃から京に向かった。

上杉軍は空白地帯となった北信濃に侵攻し、勢力を回復した。この動きの中で親正は牧之島城（長野市）を与えられ、家康に従った小笠原貞慶に備えた。七月八日、景勝は親正等に某城の普請を申し付けており、上杉と徳川の関係は緊迫した状況であった。

七月二十六日、景勝は牧之島城を守る芋川親正に条目を付し、八月三日に水内郡の親正の本領知行地を郡司不入とした。こうして親正は独立した領主としての地位を与えられたのである。

牧之島城の枡形土塁（長野市）

上杉景勝は天正十一年四月十二日、牧之島の親正に佐久郡の情勢を伝え、仕置を堅固にするように命じた。景勝は親正の勧めによって、四月二十八日に岩井信能に親正とともに仁科（大町市）を経略させ、西片房家に仁科口の通行を止めさせた。仁科氏を破った親正は六月二十一日、景勝より戦功を賞された。

天正十二年正月二十八日、親正は飯縄社に小島田（長野市）の同社社領を安堵し、地域領主として役割を示した。この頃、小笠原貞慶を庇護する徳川家康と上杉景勝は領域の拡大をめぐって争っており、三月七日に景勝が親正へ大野田（松本市）の築城を命じた。こうした中で、小笠原軍が上杉領に攻め入ったので、麻績城（麻績村）付近で戦闘になり、親正は島津義忠とともに奮戦し、敵を撃破した。三月二十八日に親正は景勝から境目守備における軍功を賞された。

天正十五年三月、芋川親正は天宗寺（長野市）に禁制を掲げた。

文禄元年（一五九二）九月二十四日、豊臣秀吉は芋川親正等に陸奥九戸・藤島一揆の残党を討たせた。

慶長三年（一五九八）、親正は上杉氏の会津移封に従って信濃を離れ、白河小峰城（福島県白河市）六千石の領主となった。関ヶ原の戦いの直前、大森城（福島市）主の栗田国時が徳川方への内通で処刑されると、大森城へと配置換えになった。

親正が没したのは慶長十三年（一六〇八）、享年七十であった。跡継ぎには養子の芋川元親《もとちか》（弟である芋川親守の子）と、後に生まれた実子の芋川綱親とがいたが、ひとまずは親正の所領を元親が継ぎ、綱親は元親の旧領を継ぐことになった。

第八節　岩井信能

上杉家臣として

岩井信能《いわいのぶよし》は天文二十二年（一五五三）に信濃泉氏の一族で山口城（飯山市）を根拠とする、満長《みつなが》の子として生まれた。永禄六年（一五六三）、満長が信玄との争いに敗れて謙信を頼ると、彼は謙信の小姓として仕えた。

天正四年（一五七六）二月二十日に能登畠山氏に仕える長綱連《ちょうつなつら》などが、岩井信能等へ書を送り、謙信の出兵を求めているので、信能は謙信の側近となっていたのであろう。

天正六年三月十三日に謙信が亡くなると、景虎と景勝が争う御館の乱が勃発した。信能は叔父である岩井成能などと袂《たもと》を分かち、景勝に味方した。このため九月一日に至り、景勝は信能に所領を宛がった。

天正七年二月二十三日、景勝は上野九兵衛尉等に景虎の党を攻めさせ、信能に支援させた。三月二十四日に景虎が自害し、御館の乱は景勝の勝利に終わった。この結果、信能の地位も向上した。

天正八年二月十七日、景勝は柏崎町（新潟県柏崎市）の掟を定め、岩井信能等に取り締まりにあたらせた。信能から中郡在陣中に物を贈られた景勝は、六月二十九日に礼状を書いた。七月十二日、景勝は信能へ三条城（三条市）の普請を終え、近く春日山城に帰ると報せた。十月二日、越中に出陣していた景勝は信能などに春日山城の守備を厳しくするように命じたが、府内の川隅忠清《かわずみただきよ》の邸が焼けたので、十月四日に懈怠《けたい》を責めた。景勝は十月七日にも糸魚川《いといがわ》（糸魚川市）の陣から信能等へ書を送り、春日山城の守備を堅固にさせた。天正九年二月七日には能登の畠山義隆《はたけやまよしたか》の老臣である長綱連等が、信能等がいる越中の陣に書を送り、景勝の能登・越中への出馬を請うた。このように、信能は景勝政権の中枢に位置していた。

天正九年九月九日、御館の乱の論功行賞の不満から毛利秀広が直江信綱と山崎秀仙《やまざきしゅうせん》を斬殺した時、信能は偶然現場にいて秀広を討ち取った。

景勝は十一月四日、信能が酒肴《しゅこう》を贈ってくれた礼にあわせて越中表の戦況を報じた。

飯山城主

天正十年三月九日、景勝は織田軍によって勝頼が追い詰められていく中で、信能が海津（長野市）以北の諸士を服属させたことを賞した。勝頼は十一日に自害したが、十三日に直江兼続は岩井信能に誓紙を送り、今後の執り成しを約束した。信能は四月一日になると直江兼続へ、仁科口警備の任を解いて、飯山（飯山市）に差し向けて欲しいと求めた。しかしながら、川中島四郡は森長可の領するところとなり、故地に帰ることはできなかった。

六月二日に本能寺の変で信長が没すると情勢は一気に変わり、景勝が北信濃を領したことを契機にして信能は飯山城に戻った。八月八日に景勝が信能等へ飯山城の条規を示した。信能は十二月一日に益村源七郎へ名乗り一字を許しており、統治を始めたといえる。この後、信能は現在につながる城下町飯山の形成に大きな役割を果たした。

景勝は家康が佐久郡に入ったと聞き、十二月二日に信能等に守備を厳しくするように命じた。そして、年が明けた天正十一年正月十三日、信能へ信・越境の雪解けを待って、佐久郡に出陣することを告げた。閏正月十四日、景勝は岩井信能を備中守とした。

佐久地方は北条氏と徳川氏、上杉氏の取り合いの地であったが、北条氏直が小諸城から敗退した跡に禰津昌綱などが入り景勝に応じたので、景勝は二月十四日に信能へ海津・長沼城将等と相談して、彼らを支援するように命じた。三月十三日、岩井信能などは古間村（上水内郡信濃町）に伝馬役・普請人足役等を免除した。

景勝は四月一日に屋代秀正が海津城を去ったので、飯山城の信能をその跡に入れ、信濃の諸将に秀正を攻撃させた。四月十二日、徳川家康が埴科郡虚空蔵山城（坂城町）を攻めようとしていると聞いた景勝は、信能へ援兵を送るように命じた。四月二十八日には芋川親正の勧めにより、信能とともに安曇郡仁科を経略させた。

七月三日、景勝が新発田重家《しばたしげいえ》を討つのに乗じて佐々成政が越後西浜新地を襲うとの風聞があったので、景勝は信能を春日山城に入れ、守備を厳しくさせた。このように、景勝から信用されていた信能は、ことあるごとに春日山城の警備にかり出されたのである。

景勝は九月十六日に信能へ飯山城の修理を命じ、十月十三日に国境の備えを厳しくさせた。

天正十二年九月十二日に信能は上野の浦野民部少輔等に書を送り、彼の功を上杉景勝に上申することを約束した。十一月四日には景勝が信能に越中境で佐々成政の軍を破ったことを報せた。この年には反景勝派である新発田重家の討伐に出陣し、数々の武功を挙げた。

天正十四年八月、景勝が新発田重家を攻めようと越後赤野川に陣を張った折、信能もこれに従った。

亀岡文殊堂
（山形県高畠町・高畠町観光協会提供）

信能は天正十六年正月十一日に景勝が春日山城で和歌会を催した際、参加した。翌天正十七年には小笠原秀政救援のために兵を挙げた。文禄元年（一五九二）の文禄の役では領国の留守を任された。泉沢久秀が作成した「文禄三年定納員数目録」によると、信能の知行高は二千九百八十三石で、家臣団での序列が十五位であった。

文禄三年四月、信能は五束《ごそく》諏方社（飯山市）に鰐口を寄進した。

慶長三年に上杉氏が陸奥国会津百二十万石に国替えになると、信能も飯山から去った。その後、要害である宮代城（福島市）を任され、同時に安田能元、大石綱元とともに会津三奉行の一人に任じられた。この時点での信能の知行高は、家臣たちの知行地も合わせると約八千四百石で、家臣団での序列が十五位といわれている。

慶長五年、会津征伐の際には本庄繁長などと福島城（福島市）の守備を務めた。その後、伊達《だて》政宗《まさむね》と上杉景勝が戦った松川の戦いでは、福島城において繁長、須田長義などとともに政宗の大軍を押し返した。しかしながら、関ヶ原の戦いでは景勝が属した石田三成が率いる西軍が敗北を喫した。

慶長六年、上杉氏が出羽国米沢三十万石に減封されると、信能も宮代城を退去した。慶長七年、直江兼続が亀岡文殊堂（山形県高畠町）で歌会を行った際には大国実頼《おおくにさねより》、安田能元《やすだよしもと》、前田利益《まえだとします》などとともに参加した。その時の和歌や漢詩は「直江兼続等詩歌百首帖」として奉納されているが、信能は和歌や茶の湯なども得意とする文化人の側面をも持っていたのである。

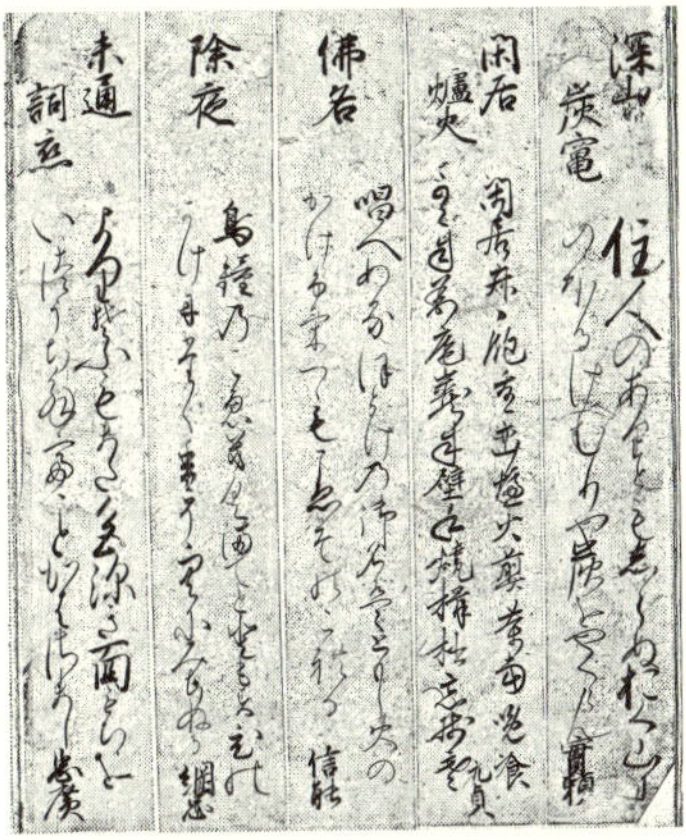

「直江兼続等 詩歌百首帖」（大聖寺蔵）
中央が信能の和歌短冊。大国実頼、楡井綱忠、蔵田忠広らの短冊も並ぶ。

信能は慶長十九年、大坂冬の陣に出陣し、元和六年（一六二〇）十月十四日に死去した。家督は、三男の岩井相高が継いだ。

あとがき

現在、信州大学の副学長（広報、学術情報担当）、附属図書館長、地域戦略センター長の重責を負っている私にとって、毎日は公務を果たすだけ、その日を終えるだけで必死という状況である（副学長・附属図書館長職は平成二十七年九月いっぱいで終わった）。自分の人生を豊かにするために職業を選び、未来を明るくする術として歴史学という学問に拘泥したはずなのに、主客逆転したように思える。おそらく、読者の皆さんも日常を生きていくに際しては、同じような思いがあるのではないだろうか。

私たちの日常生活では瞬間瞬間に様々な判断を下している。その決定は、過去の経験と現在の状況をみて、どうすれば自分にとって利益が大きいか、社会のためになるかなどを、多面的に考察した上でなされている。すなわち、私たちの日常は過去と現在の上に立ちながら、未来を模索してなされているのである。その判断の大きな基礎になる過去認識の手段の一つが歴史ゆえに、私たちのやっている学問は重要だと自分に言い聞かせながら仕事をしてきた。

自己の立場を有利にし、子供や社会をよりよい状況に置きたいと思うのは、人類であればいつの時代であっても、誰であっても基本的に同じであろう。このことは、戦国時代の信濃に生きた武将たちにも当てはまる。戦国という厳しい時代に生きていただけに、彼らのちょっとした判断ミスが自身および家族や家臣たちなどの生死に直結するので、時々の判断はシビアであったろう。

戦国時代に生きた武将などの、個人の判断基準を具体的に知ることは大変に難しい。歴史学は古文書や記録といった文字を媒介として過去を組み立てていくので、史料が残っていないことは想像するしかない。小説家などの書く戦国大名の行動判断は、小説家が生きている時代の常識に従いながら、自分だったらという判断を前提に理解し、綴っていく。当然のことながら、現代に生きている私たちと共通の常識が作家にもあるので、読者として理解しやすい。

ところが、戦国時代は私たちの生きている時代とは明らかに異なり、常識も現代とは違っていた。たとえば、現代人の多くにとって家族や親戚といった血のつながり、その維持は戦国時代の人々ほどの重みを持たない。また、現代の日本人にとって戦国時代の人々が意識した神仏のあり方は、とうてい理解しがたい。学生に来世を信じるかと問うたところ、全員が信じないと答えた。来世を信じない者にとっては現世の利益だけがすべてであるが、中世の人は来世を信じていた。そういった意味で、彼らの判断基準がどこにあったかを知ることは難しい。少なくとも私たちの価値基準がそのまま戦国時代の人に当てはまると思ったら、大きな間違いである。

本書で何度も引用してきた『勝山記』(『妙法寺記』)の延徳四年(明応元年。一四九二)の条には、「六月一日甲州乱国に成り始める也」とある。武田信玄が天文十六年(一五四七)に定めた『甲州法度之次第』の第二十条には、「天下戦国の上は、諸事をなげうち武具の用意肝要たるべし」とある。すなわち、当時の人々は現状が「乱国」であり「戦国」だと認識していたのである。

「乱国」「戦国」ならば、戦をし、人と人が殺し合わねばならない。その際、当時の人々は殺し合うことをどのように認識していたか知りたいものである。私たちにとっては日常生活で人を傷つけたり、殺人をすることは大きな罪科である。しかしながら、戦争下においては人を多く殺した者が賞賛される。戦国大名が出している感状においても、敵の首を取ることは褒賞の対象である。とするならば、殺人は是認されるのか。中世は仏教の時代であるが、仏教では他者の生命を取ることは禁止されている。信玄のように出家した者は、人を殺すことと、仏教の教義とをどのように折り合いを付けさせていたのであろうか。

一方で、戦国時代は気候異常の中で食料を求めての戦いという側面も持っていた。飢えて死んでいくか、他人の食べ物を奪ってでも生き延びるかは、究極の選択かもしれない。

ここで扱った信濃の武将たちが戦う時、実際に最前線にいたのは家臣たちであった。その家臣たちにもまた家に仕える者がおり、彼らの背後にはそれぞれ家族がいた。武士たちが戦争を続けることができたのは、直接生産に関わらないでも済むからで、領内の百姓たちがそれを支えていた。

領民や家臣などに大きな影響を与えた信濃の武将たちは、武田信玄や上杉謙信といった周辺の戦国大名の活動の波をかぶった。信濃の場合、とりわけ武田信玄とその跡を継いだ勝頼の動向が直接関係した。信濃の武将の意にかかわらず、彼らより大きな権力の影響を受けたのである。

日本のほんの一部を成すに過ぎない信濃であっても、文化が均一であったわけではない。現在でも長野県の南と北では方言が異なり、いわゆる信州弁といった信濃共通の方言は育たなかった。信濃を代表すると他県民から思われがちな道祖神でも、双体道祖神は中信地方に、文字道祖神は北信地方に、祠型道祖神は東信地方に多いなど、地域差が大きい。家の造りも松本地方に見られるような本棟《ほんむね》造りの、広い面積で屋根の勾配の緩い家は、雪の多い地方ではあり得ない。村の習慣や食べ物など、地域ごとの差は大きいのである。

信玄や謙信の動向は日本の中の局地的な動きにすぎず、日本全体の動きに制約されていた。二人が直接関わった人物は織田信長であるが、その後の豊臣秀吉や徳川家康の動きは、自己の意識とは関わりなく、周囲の人々に大きな影響を与えたのである。

ところが、信濃でも使う元号は日本全体と共通した。日本の範囲は元号の通用する範囲であり、元号を通して国民は時間を共有していた。また、日本語は日本語として共通であった。その表現手段としてひらがなやカタカナがあり、これが通用する範囲が日本だという意識をも醸成した。ひらがなを前提とした日本独自な文化として和歌があり、教養人なら同じ価値観のもとで和歌を詠む能力が求められた。同じように茶の湯の文化も地域を超えてつながった。さらに、戦国大名や戦国武将の居館は京都の将軍の御所を模倣し、共通性を有していた。このように、当時の日本を日本として結び付ける文化は、日本のどこにいても共通することが求められ、そのつながりが人々の日本意識を育てていたのである。

ただし、現在の日本の領域全体がこの枠組みの中に入っていたわけではない。琉球王国は独自の王国として存在し、中国、朝鮮、日本との間で、貿易などを行い、個性的な文化を育てていた。現在の北海道においては統一した国は成立しなかったが、アイヌ民族が独自の文化を育てていた。

戦国時代の信濃で使われていた文字の根底をなすのは漢字であった。僧侶のみならず、教養ある戦国大名は漢詩、漢文に接していた。漢字は国を超えて、東アジア全体で使うことのできる、意思伝達手段であった。また、当時信濃の人々が使っていた貨幣もそのほとんどが中国製であった。戦国時代の遺跡を掘ると、必ずと言っていいほど中国からもたらされた陶磁器が出る。すなわち、信濃国も東アジア文化圏の中にきちんと位置づけられていたのである。

『鉄炮記』によれば、天文十二年（一五四三）に二人のポルトガル人とともに種子島へ鉄砲が伝来した。鉄砲はその後、日本の戦争のあり方を大きく変えた。そして、一五四九年にはフランシスコ・ザビエルが日本にやって来ている。つまり戦国時代に日本は西洋との接触をし、それまでの東アジア世界だけでなく、地球上全体の影響を強く受けるようになるのである。

私たちの現在の日常もまったく同じような構造になっている。家族であっても家族のルールが個人を規制する。隣近所のつきあいは、個別の家族を縛り付ける。行政が決めれば、個人を超えて従わねばならない。さらに市町村も国の法に従う。重層的に存在する縛りの中には、個人の意志を通せる部分と通せない部分とがある。さらに、世界経済のあり方は我々を規制し、社会のあり方そのものがグローバルになって、地球全体が一つにつながっている。

かつて信濃国は広いものと意識された。その後、日本国が広いものと意識された。世界を知るにしたがって、それがどれだけ狭いものであるかを認識せざるを得なくなった。そして今や地球がいかに小さいものであり、いかにもろいものであるかを知っている。

戦国時代の争乱の背後に災害があったことを本書では強く主張したつもりである。この気候異常は決して日本だけを襲ったものではなかった。私たちは気がつく、気がつかないにかかわらず、私たちが生きている地球という太陽をめぐる惑星の一つの環境動向に左右されているのである。地球温暖化、世界的な気候異常が懸念されている今、私たちは戦国時代以上の危機的な状況にあるのかもしれない。その際に、私たちは一人一人として何をすべきか自覚すべきである。

歴史を見ると一人一人があらがうことのできない潮流は多く存在する。しかしながら、一人一人が頑張らないと、社会が勝手な方向に流れることも事実である。まずは個人として、このような状況にどのように向かっていくべきかを考えてみたいものである。

〔著者紹介〕
笹本正治（ささもと しょうじ）

1951年 山梨県生まれ。
1977年 名古屋大学大学院文学研究科博士課程前期修了。
信州大学人文学部教授。博士（歴史学・名古屋大学）。
信州大学副学長（同大学附属図書館長・地域戦略センター長兼務）を経て、
2016年4月から長野県立歴史館館長。
著　書『戦国大名武田氏の信濃支配』（名著出版、1990年）
『戦国大名武田氏の研究』（思文閣出版、1993年）
『武田信玄―芳声天下に伝わり仁道寰中に鳴る―』（ミネルヴァ書房、2005年）
『村上義清とその一族』（信毎書籍出版センター、2007年）
『真田氏三代―真田は日本一の兵―』（ミネルヴァ書房、2009年）
『武田勝頼―日本にかくれなき弓取』（ミネルヴァ書房、2011年）
『武田・上杉・真田氏の合戦』（宮帯出版社、2011年）など
編　著『長野県の武田信玄伝説』（岩田書院、1996年）

信濃の戦国武将たち

2016年4月1日　第1刷発行
著　者　笹本正治
発行者　宮下玄覇
発行所　株式会社宮帯出版社
京都本社　〒602-8488
京都市上京区寺之内通下ル真倉町739-1
営業（075）441-7747　編集（075）441-7722
東京支社　〒102-0085
東京都千代田区六番町9-2
電話（03）3265-5999
http://www.miyaobi.com/publishing/
振替口座 00960-7-279886
印刷所　シナノ書籍印刷株式会社

ISBN978-4-8016-0011-9 C0021

宮帯出版社の本　〈価格税抜〉

武田・上杉・真田氏の合戦

笹本正治 著　四六判／並製／240頁　1,500円

ISBN978-4-86366-084-7

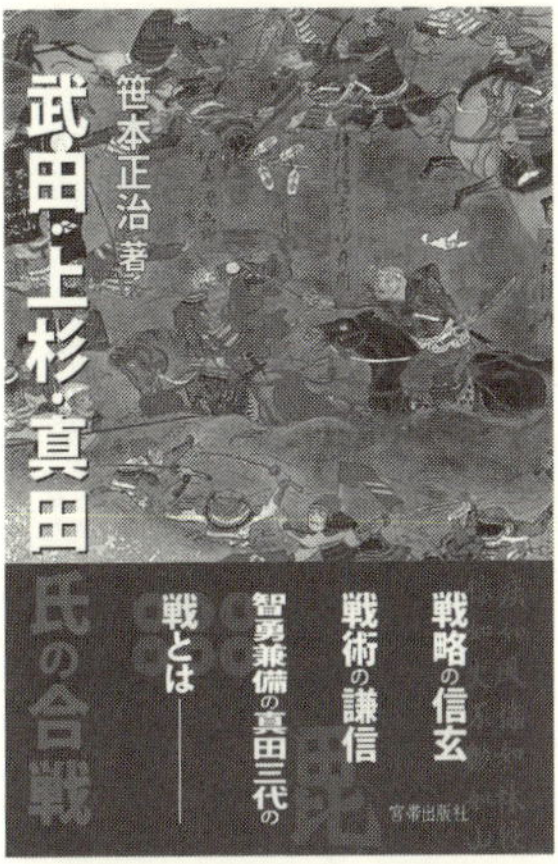

戦略の信玄、戦術の謙信、智勇兼備の真田三代——

真田昌幸は武田氏の家臣で、信玄から「我が眼」と呼ばれる程の信頼を得ていた。しかし武田氏は滅亡、昌幸は子の幸村(信繁)を、武田の宿敵上杉氏に人質として差し出した。真田氏らの知略を尽した戦いをわかりやすく描く。

信濃の甲冑と刀剣

三浦一郎 著　A5判／並製／280頁(口絵32頁)　4,500円

ISBN978-4-86366-927-7

今に伝わる信濃武士の武具・甲冑——

古代から近世に至る信濃の武将の甲冑・刀剣や、江戸時代に信濃を治めた大名の甲冑を多数紹介。新発見の桃山期の甲冑、佐久市の佐藤コレクション、数少ない信濃で作刀した刀工の刀剣など、貴重な資料を収録する。

武田信玄・勝頼の甲冑と刀剣

三浦一郎 著　　A5判／並製／352頁（口絵48頁）　3,800円

ISBN978-4-86366-091-5

武田氏の
甲冑・刀剣の集大成——

信玄・勝頼と家臣の甲冑・武具を徹底調査。新庄藩伝来伝「諏方法性の兜」や勝頼と同型の諏方頼忠所用 紅糸威胴丸、また古文書「穴山信君（梅雪）具足注文状」ほか、富士山本宮浅間大社の重宝を中心に未公開カラー写真を多数収録。

信濃武士 ～鎌倉幕府を創った人々～

宮下玄覇 著　　四六判／並製／250頁　1,800円

ISBN978-4-86366-855-3

信濃国における
武士の登場と活躍を描く

鎌倉時代、信濃は相模・武蔵に次ぐ武士の中心地だった!! 保元・平治の乱、源平内乱から幕府を揺るがした比企の乱・承久の乱まで、平安末期から鎌倉前期にかけて歴史の表舞台で躍動した、朝日将軍木曽義仲を始め、「信濃武士」の歴史像を照らし出す。

北条氏康の子供たち

黒田基樹
浅倉直美 編

戦国時代、関東に覇を唱えた後北条氏。氏康・氏政ら当主を支えたのは、支城を預かる兄弟と、諸大名・武将に嫁いだ姉妹であった。北条氏政と６人の兄弟、５人の姉妹、５つの支城についての最新研究を収載する。

A5判／並製／358頁（口絵8頁）　3,500円

義に生きたもう一人の武将 石田三成

三池純正 著

近年明らかになった石田三成の容姿、石田村の謎、絢爛豪華な佐和山城の姿を解明。関ヶ原での決戦のために周到に準備されていた三成の作戦を現地取材に基づき詳細に分析。

四六判／並製／284頁　1,300円

戦国甲冑うらばなし

井伊達夫 著

大河ドラマでおなじみのあの甲冑は、真っ赤な偽物？ 後世に作られ、戦国武将所用の伝承を付与された約30点の甲冑について、着用者や実際の製作年代を考述する。

四六判／並製／288頁　1,800円

戦国武将と茶の湯

桑田忠親 著
小和田哲男 監修

戦国武将たちの慰みの時間、それは茶の湯だった──。黒田如水、柴田勝家、明智光秀、伊達政宗、福島正則、加藤清正、高山右近、石田三成ら25人の茶の湯を、挿図も交えて詳細に語る。

新書判／並製／374頁　1,800円

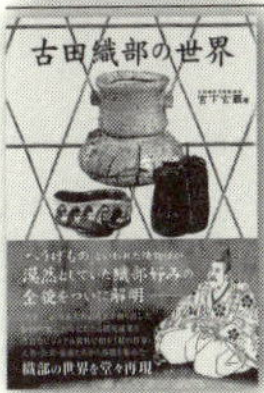

（画像は旧版）

古田織部の世界〔改訂版〕

宮下玄覇 著

「へうげもの」といわれた茶碗のほか、漠然としていた織部好みのすべてが、ここに解明。著者の20年にわたる研究成果を、国宝3点、重文13点を含むビジュアル資料約300点で紹介する。

B5判／並製／カラー180頁　1,800円

佐久間象山伝

大平喜間多 原著

ペリー来航に先んじて、西洋列強の日本進出をいち早く予見、吉田松陰・勝海舟ら幕末の偉人達を開明思想に導いた佐久間象山の逸話を収録。

A5判／並製／220頁　1,800円